本书系国家社会科学基金青年项目"新媒体时代社会主义核心价值观的传播机制创新研究"（17CKS044）结项成果

智媒时代
社会主义核心价值观
传播机制创新研究

陈界亭 著

INNOVATIVE COMMUNICATION MECHANISM
FOR CORE SOCIALIST VALUES
IN THE INTELLIGENT MEDIA ERA

社会科学文献出版社
SOCIAL SCIENCES ACADEMIC PRESS (CHINA)

前　言

社会主义核心价值观集中体现当代中国精神，凝结着全国各族人民共同的价值追求。培育和践行社会主义核心价值观是新时代我国文化建设的重大战略任务，也是人们认同社会主义文化、中国特色社会主义、中华民族的重要途径。习近平总书记强调："培育和弘扬社会主义核心价值观，不仅要靠思想教育、实践养成，而且要用体制机制来保障。"[①] 智媒时代社会主义核心价值观传播机制的创新表现为，通过完善体制机制来规范社会主义核心价值观的传播活动，保障社会主义核心价值观的传播效果，实现智媒时代发展与社会主义核心价值观弘扬的有机结合。

构建契合智媒时代发展规律和发展趋势的社会主义核心价值观传播机制既是当今理论界关注的前沿问题，也是建设社会主义文化强国、推进国家治理体系和治理能力现代化的必要之举。当前，人工智能技术被运用于媒体信息采集、生产、分发、反馈等各个环节，产生了新的媒体样态，被人们称为"智媒体"或"智能媒体"。越来越多具体的、现实的人深受智媒体思维方式、认知方式的影响，运用智媒体来认识自我、表达自我，并将其视为实现自我价值的重要方面。智媒体正在成为我们认识世界的"中介"，重塑着人与机器、人与人、人与社会的关系，影响着我们对历史、现状与未来的价值认知和价值评判。我们把智媒体被广泛

---

① 《习近平关于社会主义文化建设论述摘编》，中央文献出版社，2017，第111页。

地运用于社会实践之中的时代称为智媒时代。智媒时代打破了媒体与非媒体、虚拟与现实、人与机器之间的界限，出现了万物皆媒、人机共生的传播格局，引发了整个传媒领域的巨大变革。在这一背景之下，社会主义核心价值观传播机制应契合智媒时代的传播规律和发展趋势，运用智媒体来动态地把握用户的价值需求，才能更好地凝聚人们的价值共识。

如何构建符合智媒时代发展规律和发展趋势的社会主义核心价值观传播机制？这需要基于马克思主义的立场、观点和方法来把握智媒体与社会主义核心价值观传播机制的内在逻辑，回应智媒时代对社会主义核心价值观传播机制的现实要求，建构起以历史唯物主义为基石、以智媒时代发展趋势为导向、与中国特色社会主义相契合的智媒时代社会主义核心价值观传播机制。鉴于此，本书以唯物史观为指导，分析了智媒时代与社会主义核心价值观传播机制之间的内在关系，梳理了社会主义核心价值观传播机制发展演进的历史脉络，考察了社会主义核心价值观传播机制的现状，剖析了社会主义核心价值观传播机制存在的突出问题和面临的风险挑战，明确了智媒时代社会主义核心价值观传播机制的建构原则，进而提出智媒时代我国社会主义核心价值观传播机制的建构策略。

总体上看，智媒时代社会主义核心价值观传播机制的创新研究是一个内容逐渐深化、逻辑递升的过程。本书运用历史唯物主义的社会形态理论、世界历史理论、历史主体理论来分析媒体技术变革与社会主义核心价值观传播机制的关系，为智媒时代社会主义核心价值观传播机制的研究提供直接的理论支撑，特别是从技术社会形态理论与经济社会形态理论相结合的视角审视了智媒时代与社会主义核心价值观传播机制的关系，阐明媒介技术变革（属于技术社会形态理论范畴）与核心价值观传播机制更替（属于经济社会形态理论范畴）的内在逻辑。本书坚持经济社会形态理论在历史唯物主义社会形态理论中的主导地位，强调社会主义核心价值观传播机制取代资本主义价值观传播机制的历史必然性。这有助于我们更自信地运用智媒体来创新社会主义核心价值观传播机制。

前　言

同时，基于智媒时代的传播特点，我们明确了智媒时代社会主义核心价值观传播机制的建构原则——坚持党的领导、坚持实事求是、坚持公开透明、坚持法治规范、坚持以人为本。

构建契合智媒时代发展规律和发展趋势的社会主义核心价值观传播机制是智媒时代创新社会主义核心价值观传播机制的目的所在，体现了我们对社会主义核心价值观传播机制认识的深度，反映着我们创新社会主义核心价值观传播机制的时代感。深化智媒时代社会主义核心价值观传播机制的研究、健全多元传播主体的社会主义核心价值观共建机制、创新智媒时代社会主义核心价值观传播内容的激励机制、完善智媒时代社会主义核心价值观传播活动的监督机制是创新社会主义核心价值观传播机制的具体路径，意在实现智媒时代的传播理念与社会主义核心价值观传播机制的有机结合，更好地建构智媒时代的社会主义核心价值观传播机制。在这一建构过程中，中国共产党领导是中国特色社会主义制度的最大优势，也是创新智媒时代社会主义核心价值观传播机制的根本保证，更是推进智媒时代人的全面发展的必要之举。

当然，构建契合智媒时代发展规律和发展趋势的社会主义核心价值观传播机制既是一个跨学科的、具有相当大难度的重大理论问题，也是一个极具时代性和实践性的重大现实问题。这一问题涉及哲学、传播学、政治学、语言学、心理学、计算机科学、认知科学等多个学科。研究这一问题需要对这些学科的相关内容进行搜集整理，形成一个比较清晰的层次，也需要运用马克思主义的立场、观点和方法更正关于智媒时代传播关系的不正确观点或是错误理念，形成一种新的、正确的认识。基于此，我们应积极地面对智媒时代社会主义核心价值观传播机制的各类风险和挑战。这些问题非常复杂，且具有不确定性。同时，本书涉及许多本可"自成一书"的重大问题，尚需进一步深入地、具体地展开研究。例如，产生于印刷媒体时代的唯物史观研究方法能否用来研究智媒时代的传播机制（特别是能否用来分析虚拟时空的传播问题），如何基于智媒时代的发展趋势来评判智媒体与社会主义核心价值观传播机制的契合度等。当然，智媒体的发展是永无止境的，智媒时代的人们亦将不断地改变现有的传播关系。因而，创新社会主义核心价值观传播机制的研究，使社会主义核心价值观传播机制更好地满足人们的价值诉求，推动人们的价值创造活动，促进人的全面发展，亦将是永无止境的。

目 录

导 论 …………………………………………………… 001

第一章 智媒时代的传播逻辑 ………………………… 035
 第一节 智媒体的范畴及相关概念辨析 ………………… 035
 第二节 智媒体的传播特征 ……………………………… 044
 第三节 智媒时代传播的逻辑框架 ……………………… 052

第二章 社会主义核心价值观传播机制的元思考 ……… 064
 第一节 社会主义核心价值观与科学社会主义的
    价值意蕴 ………………………………………… 065
 第二节 社会主义核心价值观的传播机制 ……………… 080

第三章 媒体技术变革与核心价值观传播机制的唯物史观解答 …… 092
 第一节 社会形态理论的系统分析 ……………………… 093
 第二节 世界历史理论的时代回应 ……………………… 103
 第三节 历史主体理论的实践指向 ……………………… 110

第四章 社会主义核心价值观传播机制的生成与时代特征 …… 122
 第一节 社会主义核心价值观传播机制的生成 ………… 122

第二节　社会主义核心价值观传播机制的时代特征 …………… 136

第五章　智媒时代社会主义核心价值观传播机制的风险分析 ………… 144
　　第一节　智媒时代社会主义核心价值观传播机制的
　　　　　　技术风险 ……………………………………………… 144
　　第二节　智媒时代社会主义核心价值观传播机制的
　　　　　　治理风险 ……………………………………………… 153
　　第三节　智媒时代社会主义核心价值观传播机制的
　　　　　　话语风险 ……………………………………………… 161

第六章　智媒时代社会主义核心价值观传播机制的构建原则 ………… 169
　　第一节　坚持党的领导 …………………………………… 169
　　第二节　坚持实事求是 …………………………………… 176
　　第三节　坚持公开透明 …………………………………… 181
　　第四节　坚持法治规范 …………………………………… 187
　　第五节　坚持以人为本 …………………………………… 195

第七章　智媒时代社会主义核心价值观传播机制的当代建构 ………… 204
　　第一节　深化智媒时代社会主义核心价值观传播机制的
　　　　　　研究 …………………………………………………… 205
　　第二节　健全多元传播主体的社会主义核心价值观共建
　　　　　　机制 …………………………………………………… 211
　　第三节　创新智媒时代社会主义核心价值观传播内容的
　　　　　　激励机制 ……………………………………………… 216
　　第四节　完善智媒时代社会主义核心价值观传播活动的
　　　　　　监督机制 ……………………………………………… 224

第五节　坚持中国共产党领导社会主义核心价值观传播
　　　　机制的建构 ………………………………………… 230

结语　构建面向未来社会的传播机制 …………………………… 242

参考文献 ……………………………………………………………… 247

后　记 ………………………………………………………………… 261

导　论

社会主义核心价值观集中体现当代中国精神，凝结着全国各族人民共同的价值追求。培育和践行社会主义核心价值观是新时代中国特色社会主义文化建设的重大战略任务，也是增强人们对社会主义文化、中国特色社会主义、中华民族认同感的重要途径。习近平总书记强调："培育和弘扬社会主义核心价值观，不仅要靠思想教育、实践养成，而且要用体制机制来保障。"[①] 智媒时代社会主义核心价值观传播机制的创新表现为，通过完善体制机制来规范社会主义核心价值观的传播活动，发挥智媒体创新社会主义核心价值观传播机制的作用，提升社会主义核心价值观在智媒时代的传播力、引导力、影响力、感染力，实现智媒时代发展与社会主义核心价值观弘扬的有机结合。

一　构建社会主义核心价值观传播机制需要智媒时代的维度

智媒时代的到来引发传播领域的巨大变革，构建契合智媒时代发展规律的社会主义核心价值观传播机制既是当今理论界关注的热点和焦点问题，也是建设社会主义文化强国、推进国家治理体系和治理能力现代化的重大时代课题。智媒体的快速发展和广泛应用，极大地丰富了我们的表达方式和交往方式，深刻地变革着我们已有的思维方式、认识方式、

[①] 《习近平关于社会主义文化建设论述摘编》，中央文献出版社，2017，第111页。

生产方式、生活方式，生成当今时代传播的新样态。社会主义核心价值观传播机制既是智媒时代传播活动规范化、系统化、制度化的重要保证，也是提升社会主义核心价值观传播效果的必要之举，而顺应智媒体的发展潮流创新社会主义核心价值观传播机制有助于丰富人们的精神交往关系，推动人的全面发展。

（一）时代之问：智媒时代社会主义核心价值观传播机制走向何方

时代之问是习近平在博鳌亚洲论坛2018年年会开幕式上就人类社会的未来发展趋势提出的。针对当今世界正在经历大变革大调整的发展现状，习近平深刻地指出："面对复杂变化的世界，人类社会向何处去？亚洲前途在哪里？我认为，回答这些时代之问，我们要不畏浮云遮望眼，善于拨云见日，把握历史规律，认清世界大势。"① 习近平不仅提出"人类社会向何处去"的时代之问，而且指出了解决时代之问的方法——透过现象看本质，把握人类社会的发展规律。这一方法同样适用于智媒时代社会主义核心价值观的传播机制创新研究。鉴于此，我们需要透过智媒时代所引发的社会主义核心价值观传播机制的种种变化，准确地回答智媒时代社会主义核心价值观传播机制向何处去的"时代之问"。

智媒时代蕴含着媒体和时代的双重维度。从媒体的角度来看，智媒体是智能技术与媒体的高度融合，是智能技术全面地渗透到媒体信息采集、内容生产和分发、用户反馈等各个环节，变革着媒体内部及整个行业。智能主播、写作机器人、智能播报、AI新闻等智媒体纷纷面世，使得媒体不再单纯地作为传播渠道、传播工具、传播手段，其同时通过算法、算力等智能技术高效地处理海量数据，实现传播内容与传播对象的精准化匹配。智媒体可以根据用户输入的文本自动生成文本、图片、视频等传播内容，极大地丰富传播内容，增强用户的创造性，提高参与性与体验感。同时，智媒体以智能的方式来整合非智能的媒体，消解着传

---

① 习近平：《开放共创繁荣 创新引领未来——在博鳌亚洲论坛2018年年会开幕式上的主旨演讲》，人民出版社，2018，第6页。

媒业内部以及传媒业与非传媒业之间的边界，推动着整个媒体行业的变革。恰如国际著名传播学者麦克卢汉（Marshall McLuhan）所言："新媒介从来就不是旧媒介的附加物，也永远不会置旧媒介于不顾。它会永不停息地强迫旧媒介去找寻其在新媒介中的新形式和新位置。"[①] 智媒体作为未来媒体发展的方向，不断地变革着非智能媒体，促进非智能媒体智能化。

从时代的视角出发，智媒体深刻地变革着人们的思维方式、认知方式、生产方式和生活方式，呈现出万物皆媒、人机共生、虚实结合的时代特征。时代是一个历史概念，是在特定领域内具有里程碑意义的历史时期。这一特定的历史时期改变了事物之前的发展历程，开创了新的历史阶段，并且顺应历史发展的趋势。因而，时代具有"改变历史"和"顺应历史潮流"两层含义。智媒时代把所有的人与物都纳入媒体的视域之中，使其具有媒体属性，并通过信息传递和数据更新，实现着万物皆媒、万众皆媒。万物皆媒、万众皆媒意味着每一个事物、每一个人都可以成为信息的采集者、传播者，乃至生产者，能够成为传播主体并参与到信息的传播进程之中。

从发展趋势来看，智媒体在一定程度上具有拟主体性或"类主体性"的特征，是一种具有能动性的主体。这样，人机关系发生了根本性的改变，形成了智媒时代新型的人机关系。"人机共生不仅会改变人的信息获取能力，还会改变人对自身的认知方式，身体数据将成为人与身体对话、人对身体进行控制的基础。而这些数据也同样会被外部力量获得，人也因此会受到更多来自外部的监测甚至控制。"[②] 人本身与智媒体紧密相连，同时，人们积极地把自身的现实活动记录下来，把它上传、分享在媒体上，并视这种记录、上传、分享的过程为个人价值实现的重要方面。尤

---

① Marshall McLuhan, *Understanding Media: The Extensions of Man*, New York: McGraw-Hill, 1964, p.158.
② 彭兰：《智能与涌现：智能传播时代的新媒介、新关系、新生存》，电子工业出版社，2023，第19页。

智媒时代社会主义核心价值观传播机制创新研究

瓦尔·赫拉利（Yuval Noah Harari）曾形象地描述现代人们的生活方式："现代的新座右铭是：'如果你体验到了什么，就记录下来。如果你记录下了什么，就上传。如果你上传了什么，就分享。'"① 这一描述体现了人们自愿地把自己的体验分享出来，上传到微博等媒体平台上，并将其转化为数据，使得智媒系统更为丰富。而人们也从上传和分享中获得了自身的价值。在某种程度上，如果我们经历了某种实践，而没有把这种实践转化为媒体平台上的数据，那么，我们就没有在智媒系统中证明自己的价值。因而，人的价值不仅在于自身的体验，而且在于把体验呈现在智媒体平台上。在智媒时代，后者的重要性更甚于前者。美国著名学者皮埃罗·斯加鲁菲（Piero Scaruffi）提出"后社交世界"一词并用其来描述这一现象，指出"我们正从一个社交世界向'后社交'世界过渡而已，在这个后社交世界里，社交一词显然已被 Facebook 和微信等重新定义和再发明，变成了一场全民线上秀场和派对"②。智媒时代，不少人为了拍出自己想要的图片或视频不惜铤而走险，甚至失去生命。例如，悬崖峭壁边缘的拍照者、无限度的吃喝主播、极限运动的拍摄者等。

智媒体在 VR、AR、3D、AI 生成视频等技术的支持下，使客观事物能够以虚拟的状态呈现在人们面前，模糊虚拟与现实之间的界限，赋予人们更好地创造虚拟传播内容的机会。智媒体创造了一种全新的交往方式，既可以为人类创造一个独立的虚拟世界，也可以与人类共同创造一个理想的虚拟世界，丰富了人类的精神交往活动。智媒体不仅能够使智能机器人拥有与人类相似的外貌、声音，而且可以使智能机器人具有与人类一样的思维方式、表达方式。这就使得很多专家预测，随着人工智能的进一步发展，人们将很难辨别他们是在与机器人进行交流还是与人进行交流。皮埃罗·斯加鲁菲强调发挥人在虚拟现实中的主动性，指出

---

① 〔以色列〕尤瓦尔·赫拉利：《未来简史：从智人到神人》，林俊宏译，中信出版社，2017，第 352 页。
② 〔美〕皮埃罗·斯加鲁菲：《人类 2.0：在硅谷探索科技未来》，牛金霞、闫景立译，中信出版社，2017，第 207 页。

"真正的虚拟现实应该是积极主动的，应该是由你来掌控世界，而不仅仅是体验所发生的一切"[①]。在未来，人类需要运用智媒体创造自己所需的虚拟内容，并在我们所亲手创造的虚拟时空中自主交流、生活。面对智媒体所创造的种种虚拟场景，我们应防止沉溺其中，掌握智媒时代传播的主动权。

基于智媒时代的发展规律和发展趋势来创新社会主义核心价值观传播机制是智媒时代社会主义核心价值观传播机制的变革方向。在智媒时代的引领之下，创新社会主义核心价值观传播机制势必要打破以往媒体从业者与非媒体从业者、国内传播与国际传播、体制内传播与体制外传播、线上传播与线下传播、有形传播与无形传播等之间的明显界限，通过传播理念、传播内容、传播形式、传播方法、传播手段、传播机构等的创新，全面提升社会主义核心价值观的影响力和引导力。此外，社会主义核心价值观是社会主义国家文化软实力的灵魂。完善契合智媒时代发展趋势的社会主义核心价值观传播机制必将有助于社会主义核心价值观传播活动在技术和道德上占据时代制高点，推动时代朝着有利于社会主义的方向发展。

（二）现实之需：创新社会主义核心价值观传播机制的原因所在

当今世界正经历百年未有之大变局，我国正处于实现中华民族伟大复兴的关键时期。古今中外的多元价值观共时态地出现在智媒体平台上，一系列价值冲突、价值矛盾在智媒时代日益尖锐化、普遍化，而先进价值观的引导成为当务之急。究其原因，主要是与智媒时代相适应的社会主义现代化传播体系尚未完全地确立下来，社会主义核心价值观传播机制尚未完成变革的任务。智媒时代社会主义核心价值观传播机制的创新有助于解决社会主义传播体系中存在的突出问题，推进国家治理体系和治理能力现代化，让社会主义核心价值观成为全社会的共识。这也是智

---

① 〔美〕皮埃罗·斯加鲁菲:《人类2.0：在硅谷探索科技未来》，牛金霞、闫景立译，中信出版社，2017，第171页。

媒时代坚持和完善中国特色社会主义制度的题中应有之义。

智媒时代创新社会主义核心价值观传播机制有助于提升社会主义意识形态网络话语权、领导权、管理权，是维护意识形态安全的必然之举。习近平总书记强调："人在哪儿，宣传思想工作的重点就在哪儿，网络空间已经成为人们生产生活的新空间，那就也应该成为我们党凝聚共识的新空间。"[①] 智媒体适用于不同的个体、不同的群体、不同的组织，在互联网上有庞大的、高黏度的受众群体。随着智媒体的广泛应用，信息的采集、制作、分发和反馈更为智能化，人们可以更快速地获得所需的知识，提升工作和学习的效率，也可以把智媒体作为聊天对象，丰富自我表达、拓展交流互动的模式。智媒体可以强大到学习每个人的个性特征，运用所掌握的个体信息来生产个性化的传播内容，并与他人进行互动。但是，ChatGPT、Sora等智媒技术大多为国外科技公司所设计，在AI算法编制、语料库选取等方面存在技术"黑箱"，具有被西方国家用来输出资本主义意识形态的可能性。我们应意识到国家正面临的社会主义核心价值观认同风险，要冲破西方国家在智媒体领域的话语霸权。

智媒时代社会主义核心价值观传播机制的创新是全面提升我国国际传播效能、丰富外宣传播途径、推动中华文化走出去的必然之举。智媒体使得社会主义核心价值观的国内传播与国际传播日益融合，国内舆论场与国际舆论场的互动更为频繁、更加多样化。当前，我国的国际传播依然存在着"有理说不出""说了传不开""传开叫不响"的问题，我国需要在国际舆论话语中更多地采用各种"软话题"来传播社会主义核心价值观。这类传播应基于人们生活中真实发生的故事来更加巧妙地阐述中国价值。人们能够运用智媒体直接与国外民众进行交流互动，更有针对性地澄清国外民众对我国文化的误解，更真实地展示我国的实际情况。智媒体的发展有助于"推进中国故事和中国声音的全球化表达、区域化

---

① 《习近平谈治国理政》第3卷，外文出版社，2020，第318页。

表达、分众化表达，增强国际传播的亲和力和实效性"①。智媒体拥有庞大的数据库和强大的算力，有利于找寻我国与其他国家的共情点和契合点，让他们听得懂我们所言的内容、认同我们的所行，提升社会主义核心价值观在国际社会上的影响力。

智媒时代社会主义核心价值观传播机制的创新有利于推进智媒体与社会治理的有机结合，推进国家治理体系和治理能力现代化，以社会主义国家传播体系的智能化助推中华民族伟大复兴。党的二十大报告指出："中国共产党的中心任务就是团结带领全国各族人民全面建成社会主义现代化强国、实现第二个百年奋斗目标，以中国式现代化全面推进中华民族伟大复兴。"② 实现中华民族伟大复兴是近代以来中国人民最伟大的梦想，而中国式现代化是实现中华民族伟大复兴的根本之路。中国式现代化是"基本实现国家治理体系和治理能力现代化，人民平等参与、平等发展权利得到充分保障，基本建成法治国家、法治政府、法治社会；建成文化强国、教育强国、人才强国、体育强国、健康中国，国民素质和社会文明程度达到新高度，国家文化软实力显著增强"③。智媒时代社会主义核心价值观传播机制的创新要推进社会主义核心价值观的传播机制契合智媒时代的发展规律和发展趋势，更加充分地保障人们在智媒体平台上的精神交流活动，并且通过体制机制的创新来提升社会主义核心价值观在智媒时代的影响力，增强人们对社会主义核心价值观的认知度和认同感。鉴于此，智媒时代社会主义核心价值观传播机制的创新目的与中国式现代化的目标高度一致。

（三）理论之源：创新社会主义核心价值观传播机制的理论基础所在

要回答智媒时代社会主义核心价值观传播机制的理论基础关键是理清传播机制到底是什么。严格地说，传播机制是传播系统内部各要素之

---

① 《习近平谈治国理政》第4卷，外文出版社，2022，第318页。
② 《习近平著作选读》第1卷，人民出版社，2023，第18页。
③ 《十九大以来重要文献选编》（中），中央文献出版社，2021，第789~790页。

间的相互关系，以及由各传播要素共同形成的传播系统的运行方式。传播机制揭示了传播系统的结构、功能，以及整个传播系统的演变规律。社会主义核心价值观传播机制是社会主义核心价值观的传播主体、传播媒介、传播受众、传播途径等共同构成的社会主义核心价值观传播体系，包括社会主义核心价值观传播的形式、方法以及流程等各个环节的总体性概括。同时，社会主义核心价值观传播机制作为社会主义社会形态的价值观传播机制，与封建主义社会形态的价值观传播机制、资本主义社会形态的价值观传播机制有着天壤之别，因此，历史唯物主义社会形态理论成为把握智媒时代社会主义核心价值观传播机制创新的理论基础。

首先，社会形态理论是历史唯物主义理论的重要组成部分，体现了人类社会由低级社会形态向高级社会形态演进的客观规律，是科学地把握社会历史、认清社会现实、预测社会未来的方法论。历史唯物主义否定人类社会的抽象存在，强调社会形态是具体的、现实的存在，主张从经济社会形态、技术社会形态、人的发展形态等不同侧面来深入地分析和理解特定历史时期的社会形态及其演进过程。其中，经济社会形态理论在历史唯物主义社会形态理论中占据主导地位。经济社会形态理论把人类历史的整体进程分为原始社会、奴隶社会、封建社会、资本主义社会、共产主义社会（社会主义社会是共产主义社会的第一阶段）五个阶段。从社会形态演变的客观规律来看，社会主义核心价值观作为社会主义社会形态的核心价值观，契合经济社会形态的发展趋势，亦应当作为智媒时代的价值准则，贯穿智媒体传播活动的全过程、全方面。鉴于此，智媒时代需要社会主义核心价值观的引领，需要将智媒技术置于社会主义核心价值观的坐标上来进行反思，加大社会主义核心价值观与智媒体的融合力度。历史唯物主义社会形态理论使我们更加坚定智媒时代创新社会主义核心价值观传播机制的自信心。

其次，理清现实的人与智媒体之间的关系成为智媒时代信息传播机制的重要内容，也是创新社会主义核心价值观传播机制的理论前提，更是把握当今时代人类发展状态的重要维度。随着智媒技术的飞速发展，人们深入地思考智媒体在人类信息传播机制中的地位与作用，特别是智媒体与人的传播关系。毋庸置疑，人们对智媒体的依赖性逐渐增强，社会实践活动也日益智媒化。智媒体广泛地渗透到人们的社会实践之中，人们把对智媒体的使用视为日常生活中不可或缺的重要组成部分。由此，人们开始探讨智媒体是否会取代人类在传播中的主体地位。部分学者认为智媒体具有"拟主体性"的特征，强调智媒体将成为传播主体，形成人机共生的传播局面。还有一部分学者强调维护人类在智媒时代社会主义核心价值观传播机制中的主导地位，积极地应对人类的主体性在智媒时代社会主义核心价值观传播机制中面临的诸多挑战，坚决地维护人类在智媒体传播活动中的独立性甚至支配性。智媒体可能给人类带来"信息茧房"、隐私泄露、"全景监狱"、深度思考能力退化等问题。同时，"数据不当收集与使用、机器流量与数据欺诈、精准推送与信息茧房，以及知识产权侵犯等问题成为智能媒体的伦理风险点"[①]。因此，提升智能媒介素养、增强独立鉴别能力既是智媒时代人类发展的重要方面，也是破除智媒体对人类发展的束缚、走向人的全面发展的必要之举。

最后，社会形态理论能够用来研究智媒时代所建构的传播关系，特别是有助于把握智媒体营造的虚拟世界传播机制，构成智媒时代社会主义核心价值观传播机制创新的理论基石。智媒体的快速发展，能够自动生成信息，创造出比真实世界更真实的"超真实世界"，而虚拟世界的信息传播机制与现实世界的信息传播机制有何差异？虚拟世界的价值观传播应当遵循什么样的信息传播规律？现实世界的价值观传播机制应作出何种调整才能使社会主义核心价值观在智媒时代产生强大的传播影响力？这些都是我们需要回答的问题，而回答这一系列问题的根源在于确认智媒时代的社会主义核心价值观传播机制到底是以何种理论为基础的，或

---

① 方兴东、钟祥铭：《智能媒体和智能传播概念辨析——路径依赖和技术迷思双重困境下的传播学范式转变》，《现代出版》2022年第3期。

者说哪种理论能在更大范围内，更恰当地解释智媒时代价值观的传播现象。智媒时代的传播不同于以往的传播样态，是一种新型的精神交往样态，具有延伸到虚拟世界的特征。但是，这种延伸归根结底是由现实社会的生产方式所决定的，并没有完全地脱离当今时代的社会生产方式和交往方式。虚拟世界的价值观传播依然受到现实人们自身的价值认知系统、社会的价值模式、现实的价值规范等多重因素的影响。由此可见，虽然马克思、恩格斯所生活的时代没有基于人工智能技术的智媒体，但他们是从整个社会结构来阐释媒体技术与核心价值观传播的关系，并不是简单地就传播技术而谈传播技术，因此，社会形态理论仍然适用于智媒时代社会主义核心价值观传播机制的研究。

二 智媒时代与社会主义核心价值观传播机制的研究现状

研究智媒时代社会主义核心价值观传播机制创新问题需要基于国内外智媒体发展态势和核心价值观传播机制的理论和现实，目前为止，国内外研究智媒体与核心价值观的文献尽管很多，但是很少从智媒体与社会主义核心价值观传播机制相结合的角度来展开研究。此外，国内外许多学者对智媒体与核心价值观本身的争论颇多，莫衷一是，缺乏统一的认知。

（一）国内研究现状

国内对智媒时代社会主义核心价值观传播机制的研究主要是从智媒时代与社会主义核心价值观传播机制两个方面展开的。对智媒时代的研究主要是在2015年之后，特别是在2016年智媒体迅速发展的基础上展开的。学界围绕智媒体的概念和传播特征、智媒体的理论逻辑与实践研究，以及智媒时代的基本内涵、发展趋势、治理建议等开展研究。对社会主义核心价值观传播机制的研究主要是在2013年中共中央印发《关于培育和践行社会主义核心价值观的意见》之后展开的，学界聚焦社会主义核心价值观的传播主体、传播内容、传播方式、传播途径等内容进行研究。就智媒时代与社会主义核心价值观传播机制关系的研究主要是从舆论引导、算法规范等视角展开的，强调发挥智媒体的优势来推动社会主义核心价值观引导网络舆论。

1. 智媒体的概念与传播特征

对智媒体进行理论研究是开展智媒时代研究的前提。智媒体也被称为智能媒体、智慧媒体、智媒、智能化媒体等。理论界围绕智媒体的概念、特征、发展路径、使用现状与未来图景等进行了大量研究，形成了丰富的成果。就智媒体的概念而言，学界主要是从技术和功能两个角度来界定的。一方面，学界从智能技术的角度强调智媒体作为一种全新的媒体形态，深刻地变革了传媒行业的各个环节、各个方面。吕尚彬、李鹏等学者从人工智能的角度来定义智媒体，认为智媒体是"人工智能技术与既有媒介体系深度融合的产物"[1]，是"一种人工智能与人类智能协同的在线社会信息传播系统"[2]，是"技术驱动的媒体形态，是以人工智能技术为内核的媒体阶段"[3]，"是数据、算法和算力的集成，是具有'大脑'的新媒体"[4]，是"用人工智能技术重构的新闻信息生产与传播全流程的媒体"[5]。此外，部分学者从智媒体所依赖的算法、大数据等技术出发来定义智媒体，强调智媒体是"基于算法，以实时、动态的大规模数据为核心驱动的内容生产和传播的媒体形态"[6]，是"大数据、人工智能等新兴科技日益广泛应用于信息采集、内容生成、新闻分发等生产环节而形成的媒体新生态"[7]，"是以大数据为基础，以人工智能为核心，借助物联网技术全场景的数据采集、5G技术高速率和低延时的信息传播、云计算技术强大的算力和区

---

[1] 吕尚彬、李雅岚、侯佳：《智媒体建设的三重逻辑：数据驱动、平台打造与生态构建》，《新闻界》2022年第12期。
[2] 吕尚彬、刘奕夫：《传媒智能化与智能传媒》，《当代传播》2016年第4期。
[3] 李鹏：《打造智媒体，实现媒体自我革命》，《传媒》2018年第21期。
[4] 李卫东编著《智能新媒体：微课版》，人民邮电出版社，2021，第18页。
[5] 何倩等编著《实用新媒体简论》，四川大学出版社，2021，第326页。
[6] 方兴东、钟祥铭：《智能媒体和智能传播概念辨析——路径依赖和技术迷思双重困境下的传播学范式转变》，《现代出版》2022年第3期。
[7] 程曼丽：《华文媒体应主动迎接智媒体时代》，《人民日报》（海外版）2019年7月10日，第6版。

块链技术独有的信任机制而逐渐形成的具有强连通性和强交互性的智能化媒体系统"[1]。

另一方面,学界从功能的角度阐释智媒体给人们生产和生活带来的重大改变,强调智媒体有利于满足用户需求、提供更好的服务。胡正荣、喻国明等认为智媒体是"在技术助力下出现的更懂得人类需求的信息服务介质或机制"[2],是"可以自动感受并迎合用户需求、为他们在服务和信息这两个终端提供上乘的使用体验"[3],是"完全以用户为中心,服务基于你的时空,基于你的场景"[4],是可以"通过模拟人类智能实现各种认知能力以及协同机制,使人与人、物与物以及人与物产生联系的自主实体"[5],是"具备较高的识别与理解能力,能够在营销传播场景中进行最优决策,并具备通用性进化与自我创造潜力的媒体"[6]。当然,也有学者综合技术和功能双重视角来界定智媒体。例如,耿磊认为,"智媒体是以物联网、大数据、云计算、人工智能等技术为基础,通过对新闻的策、采、编、发全流程的智能化,实现新闻信息的智能生产分发,从而为用户提供更加高效的信息服务的新型媒体形态"[7]。

理论界主要采用与非智能媒体相比较的方法,从传播技术、传播模式、传播手段、传播内容、传播效果等方面凸显智媒体传播的独特性。当前理论界研究了智媒体发展的技术(互联网、大数据、云计算、物联网、AR、VR、5G 等)基础,总结出智媒体的传播特征有自我进化性、

---

[1] 程明、程阳:《论智能媒体的演进逻辑及未来发展——基于补偿性媒介理论视角》,《现代传播(中国传媒大学学报)》2020 年第 9 期。

[2] 卿清:《智能媒体:一个媒介社会学的概念》,《青年记者》2021 年第 4 期。

[3] 段鹏:《智能媒体语境下的未来影像发展初探》,《当代电视》2018 年第 9 期。

[4] 胡正荣:《媒体的未来发展方向:建构一个全媒体的生态系统》,《中国广播》2016 年第 11 期。

[5] 喻国明、杨名宜:《平台型智能媒介的机制构建与评估方法——以智能音箱为例》,《新疆师范大学学报》(哲学社会科学版)2019 年第 2 期。

[6] 黄升民、刘珊:《重新定义智能媒体》,《现代传播(中国传媒大学学报)》2022 年第 1 期。

[7] 耿磊:《智媒体——媒体融合发展的下一个关键词》,《新闻战线》2018 年第 22 期。

去边界性、体验性、参与性、交互性、聚合性、精准性、全息性、泛媒化、个性化、临场化、传感化、无中心化、虚拟化、拟人化、数字化、自主化、人机共生、用户主导等。

2. 智媒体建设的理论与实践

就理论而言，理论界主要从补偿性媒介理论、发展基础、发生机制、发展趋势等角度展开宏观研究。基于保罗·莱文森（Paul Levinson）的补偿性媒介理论，程明、程阳指出，智媒体"是对社会化媒体在技术、连通以及分发等三个层面的补偿"，因此"社会化媒体到智能媒体的演进遵循三大逻辑：技术的逻辑、分发的逻辑和连通的逻辑"，明确了智媒体未来发展是"智能接触点媒体"和"信息生产的协同共创"，① 从而实现智媒体"从技术融合到人媒合一"的发展；② 吕尚彬、黄荣根据智媒体复杂演进的发生基础、发生机制和产生结果提出了智媒体演进的四重复杂性维度，即系统复杂化、网络复杂化、关系复杂化和环境复杂化；③ 黄升民、刘珊认为，智媒体的基础是"让计算机能够准确'认知'并'理解'，进而完成'理解力'到'决策力'的进阶，最终实现'决策力'到'创造力'的突破"，之后智媒体"还需要完成从'专用'到'通用'的突破，以及从'学习'到'创造'的突破"，而当前智媒体的"理解力和决策力已经基本实现，但距通用性进化与自我创造潜力的实现，还有较远的距离"；④ 许志强探讨了智媒体发展的生态系统，"从内容生产、内容消费、制播体制、传播体系、观看体验、用户体验、屏幕内容和媒介功能等八个维度提出了未来智能媒体创新发展的模式"；⑤ 栾轶玫认为，"智能化技术

---

① 程明、程阳：《论智能媒体的演进逻辑及未来发展——基于补偿性媒介理论视角》，《现代传播（中国传媒大学学报）》2020年第9期。
② 程明、程阳：《5G时代智能媒体发展逻辑再思考：从技术融合到人媒合一》，《现代传播（中国传媒大学学报）》2021年第11期。
③ 吕尚彬、黄荣：《论智能媒体演进的复杂性维度》，《山东社会科学》2022年第2期。
④ 黄升民、刘珊：《重新定义智能媒体》，《现代传播（中国传媒大学学报）》2022年第1期。
⑤ 许志强：《智能媒体创新发展模式研究》，《中国出版》2016年第12期。

对融媒体新闻理念产生了深刻的影响……未来的媒介融合将不再局限于介质间的组合与打通，而将实现跨界融、智能融、结构融"①。

同时，学界指出智媒体具有较强的实践性与应用性，探讨了智媒体付诸实践的方式、主流媒体与智媒体的融合等现实问题。吕尚彬、李雅岚、侯佳发现，智媒体存在"数据驱动的智能化基础""系统平台支撑智能化生产""平台模式赋能智能化经营""生态理念拓展智能化发展前景"四个一级节点，要求智媒体建设实践应"以数据驱动作为前提基础""以平台赋能生产和经营""以构建生态拓展发展空间"。② 基于智媒时代信息的情感化、体验化的需求，杨欣雨倡导"媒体积极利用数字技术，以人格化传播消弭严肃性，以具身传播增强互动性"③；郭全中提出，"对数智媒体生态的演进进行深入分析，认为在实践路径上应通过打造互联网平台生态圈和主流媒体的'小生态'优化数智媒体生态结构"④；李鹏强调，主流媒体必须"准确把握时代和科技的发展逻辑，在移动互联网与人工智能的发展潮流中加快推动自我革命，打造'智能+智慧+智库'的智媒体，加强全媒体传播体系建设"⑤；吴屹桠认为，"智能化技术将渗透到新闻信息生产和传播的整个流程，成为媒体深度融合的关键着力点，为媒体发展赋能"⑥。就智媒体的现实运用，国内媒体从业者结合自身实践，探讨了智媒体通过算法分发、云端赋能、机器写作等方式广泛地应用到媒体内容生产、分发、运营等各个环节中。陆小华、姜明、王欢论

---

① 转引自吴屹桠《智媒时代媒体发展新趋势》，《中国社会科学报》2020年2月26日，第1版。
② 吕尚彬、李雅岚、侯佳：《智媒体建设的三重逻辑：数据驱动、平台打造与生态构建》，《新闻界》2022年第12期。
③ 杨欣雨：《智媒体时代重大新闻报道的实践创新与未来进路》，《东南传播》2023年第5期。
④ 郭全中：《技术迭代与深度媒介化：数智媒体生态的演进、实践与未来》，《编辑之友》2024年第2期。
⑤ 李鹏：《深融进化论：技术逻辑与智媒体未来》，《中国记者》2023年第8期。
⑥ 吴屹桠：《智媒时代媒体发展新趋势》，《中国社会科学报》2020年2月26日，第1版。

述了新华社[1]、四川日报报业集团[2]等在主流媒体与智媒体融合方面的新探索。

3. 智媒时代的深刻变革、发展趋势及治理

智媒时代通常被认为是智媒技术广泛地应用于媒体行业的时代，代表着社会智媒化的程度。在《2020 中国智能媒体使用研究报告》中，浙江大学融媒体研究中心基于我国用户使用智能应用来体验新闻报道和智能产品支出的金额等视角，明确指出"中国已正式进入智媒时代"。理论界从传媒行业、人机关系、运行机理、人文关怀等角度开展了智媒时代的相关研究。

一是从传媒行业的角度探讨智媒时代的媒体业态，包括传媒产业生态变化的关键维度、传媒产业业务链的新变化、媒体叙事方式的新表现等。彭兰认为，"智媒化时代将是一个传统传媒业边界消失、格局重塑的时代"[3]，"其中，用户平台、新闻生产系统、新闻分发平台及信息终端是生态变化的几个关键维度"[4]。喻国明、兰美娜、李玮指出，智媒时代不仅"形塑了整个传媒业的业态面貌，也在微观上重塑了传媒产业的业务链"，他们进而"探讨了人工智能技术如何改变新闻生产与推送的具体环节、如何优化受众的感官和认知体验，以及如何让新闻产品更懂用户的基本运作范式"[5]。梅晓敏、吴晨倩认为，智媒时代的新闻叙事模式发生变革，"'智媒'时代的新闻叙事主要通过视频、图表或其他视觉化的形式来实现叙事。可视化成为'智媒'时代数据新闻的主要呈现形式，简

---

[1] 陆小华：《增强体系竞争力：媒体融合平台构建的核心目标——新华社全球视频智媒体平台的探索与思考》，《新闻记者》2019 年第 3 期。

[2] 姜明、王欢：《走好全媒体时代群众路线激活社会治理"智媒体"新动能——以四川日报全媒体为例》，《新闻界》2021 年第 12 期。

[3] 彭兰：《智媒化：未来媒体浪潮——新媒体发展趋势报告（2016）》，《国际新闻界》2016 年第 11 期。

[4] 彭兰：《未来传媒生态：消失的边界与重构的版图》，《现代传播（中国传媒大学学报）》2017 年第 1 期。

[5] 喻国明、兰美娜、李玮：《智能化：未来传播模式创新的核心逻辑——兼论"人工智能+媒体"的基本运作范式》，《新闻与写作》2017 年第 3 期。

洁、形象、交互式的可视化效果图成为新闻叙事的新型语言，文字成了效果图与VR呈现的补充，去文本化成为'智媒'时代新闻叙事的显著特征"①。

二是从人机关系的角度来把握智媒时代人与智媒体的关系，呈现人机合一、自我进化的趋势，彰显智媒体对全人类的重大影响。喻国明、彭兰等指出，智媒时代变革了人与人之间的关系，"极大地强化人的社会关系属性、状态及连接、激活和整合它的渠道、场景及方式，是在社会关系领域服务于特定主体并获得赋能赋权的'利器'"②，其"具有全新的人机交互模式，能够生成适于用户理解的内容并与用户建立关系"，能"直接影响社会认知，建构社会议程"③。在此基础之上，不少学者指出，智媒体具有"人机合一"和"自我进化"的特征，例如，彭兰认为，"万物皆媒：过去的媒体是以人为主导的媒体，而未来，机器及各种智能物体都有媒体化可能。人机合一：智能化机器、智能物体将与人的智能融合，共同作用，构建新的媒体业务模式。自我进化：人机合一的媒介具有自我进化的能力，机器洞察人心的能力、人对机器的驾驭能力互为推进"④。

三是探讨智媒时代的运行机理，包括智媒时代的传播机制、传媒产业的经济运行过程。方兴东、钟祥铭指出，智媒时代是"自下而上、数据驱动的智能传播机制，是全民参与传播的数字传播范式"⑤；刘志杰在《智媒时代的传媒经济学》一书中围绕智媒时代传媒产业的变化与发展，研究智媒环境下传媒产业经济运行的新特点，从经济学视角认识智媒时

---

① 梅晓敏、吴晨倩：《"智媒"时代新闻业态的再造与重构》，《新闻战线》2018年第23期。
② 喻国明：《技术革命主导下新闻学与传播学的学科重构与未来方向》，《新闻与写作》2020年第7期。
③ 喻国明、苏健威：《生成式人工智能浪潮下的传播革命与媒介生态——从ChatGPT到全面智能化时代的未来》，《新疆师范大学学报》（哲学社会科学版）2023年第5期。
④ 彭兰：《智媒化：未来媒体浪潮——新媒体发展趋势报告（2016）》，《国际新闻界》2016年第11期。
⑤ 方兴东、钟祥铭：《智能媒体和智能传播概念辨析——路径依赖和技术迷思双重困境下的传播学范式转变》，《现代出版》2022年第3期。

代的传媒现象,如智媒时代传媒产品的需求与供给、智媒时代传媒企业的生产与成本、智媒时代传媒产业的市场结构、智媒时代传媒商品的全球化等,深入理解传媒业的生产和经营活动。①

四是从技术与人文的关系出发研究智媒时代的伦理问题与传播风险,强调发挥人的主体性,凸显智媒时代的人文关怀。方正、叶海涛指出,"智能媒体的'致瘾'机制遮蔽了用户的主体意识与思维能力;沉浸式视觉文化消费磨损理性认知与价值判断能力"②。有学者认为,"智媒时代媒介的深度融合,亦真亦幻的虚拟现实的确能够增强受众获得某种超越现实时空的自由感。但是,这种所谓的'感觉'(其实质是电子束流)也存在限度,它以人主体性的消减为代价,其本质是人被外在虚拟影像错觉所支配"③。鉴于智媒时代的传播风险,陈昌凤等强调,在智媒体建设过程中发挥人的主体性,如"让人工智能更好地体现人的主导性和价值观"④、"从内容生产者的专业主义和伦理出发……需要内容方与算法的共同合作"⑤,"关涉到社会大众的精神生活,更应该以人的价值为先导,回归人文轨道,明确人与媒介技术之间的边界,重塑人的主体性"⑥。

4. 社会主义核心价值观基本内涵与现实建构的研究

一方面,基于价值、价值观、核心价值观等相关概念,在辨析社会主义核心价值观与社会主义核心价值体系、资本主义价值观关系的基础之上界定社会主义核心价值观的概念,明确社会主义核心价值观的基本内涵。学界主要是从价值观所处的主导性、基础性地位来把握核心价值

---

① 刘志杰:《智媒时代的传媒经济学》,上海交通大学出版社,2021,第23~262页。
② 方正、叶海涛:《智媒时代凝聚社会价值共识的三点思索》,《理论探索》2020年第2期。
③ 曹勇:《对智媒时代媒介技术迷思的批判》,《中国社会科学报》2022年9月8日,第A06版。
④ 陈昌凤、石泽:《技术与价值的理性交往:人工智能时代信息传播——算法推荐中工具理性与价值理性的思考》,《新闻战线》2017年第17期。
⑤ 刘胜男:《算法时代"好内容"的定义》,《新闻与写作》2017年第6期。
⑥ 曹勇:《对智媒时代媒介技术迷思的批判》,《中国社会科学报》2022年9月8日,第A06版。

观,如李德顺①、孙伟平②、宋惠昌③;从功能、特征来理解核心价值观的外延,如韩振峰④,戴木才⑤,公方彬、崔春来、张明仓⑥等。对社会主义核心价值观的定义,学界主要是从来源、构成、作用等方面进行界定。陈秉公等从来源和构成的视角提出,社会主义核心价值观"指在中国特色社会主义实践基础上,由国家凝练和建构并由国家公共权力普及推行的价值观念系统。它由一组价值观念有序构成,集中表现了中华民族和当代中国人的价值追求、价值理想、价值取向和价值规范"⑦,"是在社会主义实践中形成的关于社会主义价值问题的根本看法和观点,是社会主义社会倡导的最基本、最主要的价值目标、价值取向、价值信念、价值标准的总和"⑧。孙其昂、侯勇从作用和构成的角度强调,"社会主义核心价值观是在整个社会价值观系统中起主导作用,由具有鲜明社会主义特色的价值信念、价值信仰、价值目标、价值观念、价值规范等维度组成并发挥正向性行为导向的多维度多层次的心理倾向系统,包括以马克思主义为理论指导,以人民群众为价值主体,以为人民服务为价值取向,以共同富裕为价值目标,以集体主义为价值原则,以促进人的全面发展为价值旨归的逻辑结构系统"⑨。理论界就社会主义核心价值观与社会

---

① 李德顺:《关于价值与核心价值》,《学术研究》2007年第12期。
② 孙伟平:《论中国特色社会主义核心价值理念》,《湖北大学学报》(哲学社会科学版) 2011年第3期。
③ 宋惠昌主编《社会主义核心价值观专题解读》,中共中央党校出版社,2010,第13~14页。
④ 韩振峰:《社会主义核心价值体系与核心价值观是一回事吗?》,《光明日报》2011年1月24日,第11版。
⑤ 戴木才:《中国特色核心价值观的传统、现实与前景》,广西人民出版社,2011,第2页。
⑥ 公方彬、崔春来、张明仓:《关于构建社会主义核心价值观若干问题的思考》,《南京政治学院学报》2008年第5期。
⑦ 陈秉公:《如何认识社会主义核心价值观与社会主义意识形态的关系》,《光明日报》2011年2月25日,第7版。
⑧ 中华战略文化论坛丛书编委会编《社会主义核心价值观与中华战略文化》,时事出版社,2010,第3页。
⑨ 孙其昂、侯勇:《论社会主义核心价值观建设的现代性境遇与超越》,《中国特色社会主义研究》2011年第2期。

主义核心价值体系的关系形成了"内核说""一致说""一致且区别说""概括说"等观点；关于社会主义核心价值观与资本主义价值观之间的关系形成了"对立说""超越包含说""普遍与特殊关系说"等观点。理论界在对社会主义核心价值观基本内涵的研究中，进一步强调提炼、概括、凝练社会主义核心价值观，深入把握社会主义核心价值观的本质。

另一方面，社会主义核心价值观的现实建构，主要是社会主义核心价值观的培育和践行问题。理论界探究了社会主义核心价值观培育和践行的目标、意义、基本原则、方法论、载体等重要问题，强调用社会主义核心价值观引领社会思潮、凝聚社会共识，探索社会主义核心价值观融入法治建设、融入社会发展、融入日常生活的现实路径。理论界认为，网络媒体是培育社会主义核心价值观的重要渠道，是思想宣传的重要载体。例如，郑秀芝、程雪峰提出通过构建主流媒体"办网"、网民文明"上网"、文艺工作者精心"织网"、各级宣传思想文化部门善于"用网"、新媒体自媒体健康"播网"、监管部门依法"滤网"的"六网"网络健康体系，来加强网络环境下社会主义核心价值观的培育。[①] 有学者认为，我们应通过发挥网络"议程设置"功能，强化高校思想政治理论课。[②] 还有学者指出，在新媒体传播中各级党员干部要敢于担当，争取各方面力量，弘扬正能量。[③]

5. 社会主义核心价值观传播机制的相关研究

理论界认识到社会主义核心价值观传播机制的重要意义，研究了社会主义核心价值观传播机制的基本理论，探索了包括网络媒体在内的新媒体、高校、农村、国际等相关领域的社会主义核心价值观传播机制。一方面，

---

① 郑秀芝、程雪峰：《网络环境下社会主义核心价值观培育》，《中国特色社会主义研究》2015年第3期。
② 周丰生：《网络背景下大学生社会主义核心价值观培育的路径探讨》，《企业科技与发展》2013年第Z1期。
③ 郭彩霞：《试论新媒体在社会主义核心价值观培育中的作用》，《中共福建省委党校学报》2014年第4期。

智媒时代社会主义核心价值观传播机制创新研究

学界对社会主义核心价值观传播机制的基本内涵、构成要素、运行模式、构建路径等方面进行研究。例如，有学者认为，"为了更好地认识一般传播机制的基本过程、特点及其模式，需要充分了解传播机制的各要素和各环节之间的相互联系及其运行规律，以便能够对传播活动的结构、环节和要素进行解剖和分析"[1]；有学者认为，社会主义核心价值观传播机制是指"传播过程的各要素共同作用与联系达到既定传播效果的系统"[2]；还有学者从传播者、传播信息、传播受众、传播渠道、传播效果五个方面探讨了社会主义核心价值观有效传播机制的运行模式;[3] 朱莉涛、陈延斌通过研究传播领域各要素结构及运行规律，探索建立合力凝聚与递升、舆论调研与反馈、媒体资源整合与互动、网络信息管理与干预等协同作用机制。[4] 此外，理论界还探讨了社会主义核心价值观传播的动力机制[5]、心理机制[6]、认同机制[7]、互动机制[8]、内在机制[9]、内化机制[10]、引导机制[11]、

---

[1] 郭鹏：《思想政治教育网络传播研究》，武汉大学出版社，2022，第65页。
[2] 舒毅彪、公红艳：《论社会主义核心价值观传播机制的优化》，《淮北师范大学学报》（哲学社会科学版）2016年第6期。
[3] 程霞：《论社会主义核心价值观有效传播机制的构建》，《科学·经济·社会》2014年第1期。
[4] 朱莉涛、陈延斌：《社会主义核心价值观传播体制机制论略》，《马克思主义理论学科研究》2019年第1期。
[5] 邓纯余：《论社会主义核心价值观传播的动力机制》，《社会主义核心价值观研究》2022年第1期。
[6] 李越阳：《社会主义核心价值观传播的心理机制》，《吉林工程技术师范学院学报》2018年第7期。
[7] 张宗峰、焦娅敏：《社会主义核心价值观培育的文化认同机制探究》，《思想理论教育》2017年第1期。
[8] 张文明：《社会主义核心价值观的新媒体圈群互动传播机制探究》，《西部广播电视》2016年第10期。
[9] 陆树程、杨倩：《论培育和践行社会主义核心价值观的内在机制》，《毛泽东邓小平理论研究》2014年第8期。
[10] 汪立夏、李曦：《当代大学生社会主义核心价值观内化机制的创新》，《思想教育研究》2012年第12期。
[11] 严华勇、吴新颖：《论社会主义核心价值观情感认同的行为引导机制》，《贵州师范大学学报》（社会科学版）2021年第6期。

培育机制①等。

另一方面，学界还探索了高校、农村、国际等相关领域社会主义核心价值观的传播机制。有研究者探讨了高校培育和践行社会主义核心价值观的协同机制②、具象化机制③、涵养机制④、常态化机制⑤等，从高校教师、高校共青团、大学生、校园文化、中华优秀传统文化等视角来积极建构高校系统的社会主义核心价值观传播机制。此外，毕耕、阿克扎肯、刘瑞琪探索了社会主义核心价值观在农村的传播机制，认为农村传播机制的内容体系主要包括媒体主导机制、全民参与机制、过程管控机制、信息反馈机制、资源整合机制、方法创新机制和环境协同机制等，必须通过加强党的领导、建立保障制度和完善传播体系等途径加以实现。⑥ 李嘉莉从传播主体、传播内容、传播渠道、传播受众的视角提出完善社会主义核心价值观的国际传播机制，即"要构建政府主导和多方参与的立体传播机制、'走出去'与'引进来'的双向互动机制、依托国际组织和平台的多方对话交流机制、民间文化交往与官方外交的多层互补机制"⑦。

6. 智媒时代与社会主义核心价值观传播机制关系的相关研究

理论界关于智媒时代与社会主义核心价值观传播机制关系的研究相

---

① 张耀灿：《榜样文化：社会主义核心价值观培育机制的构建》，《学校党建与思想教育》2014年第13期。
② 汪庆华：《高校构建培育和践行社会主义核心价值观协同机制探析》，《思想理论教育导刊》2015年第8期。
③ 吴刚：《构建高校培育践行社会主义核心价值观的具象化机制》，《学习与实践》2016年第2期。
④ 夏建文：《构建高校社会主义核心价值观的涵养机制》，《中国高等教育》2017年第Z3期。
⑤ 张雨婷：《社会主义核心价值观引领高校校园文化建设常态化机制研究》，《学校党建与思想教育》2020年第4期。
⑥ 毕耕、阿克扎肯、刘瑞琪：《全媒体时代社会主义核心价值观在农村的传播机制研究》，《今传媒》2018年第7期。
⑦ 李嘉莉：《社会主义核心价值观国际传播机制研究》，《社会主义核心价值观研究》2019年第6期。

对较少,其中最为密切的是从包括网络媒体、网络传播在内的新媒体视角来研究社会主义核心价值观传播机制,特别是探索新媒体时代的社会主义核心价值观传播机制。郑洁认为,"网络媒体通过选择、控制、反馈机制;引导、协调、整合机制;渗透、扩散、教育机制;大众参与机制四个方面来保障社会主义核心价值观的有效传播"[1];张文明提出,从"新媒体个体推送实现对个体的信息覆盖;通过公共领域实现对个体的圈群式信息引入;通过转发与分享实现个体的互动式信息交流"三个方面来构建新媒体传播社会主义核心价值观的个体引入机制。[2] 还有一部分学者探讨了社会主义核心价值观的网络传播机制。张翠莉指出,建立"网络舆论引导机制""有效的网络意见反馈机制""整合网络资源机制""网络大众参与机制"是社会主义核心价值观网络传播的机制保障。[3] 吴海光指出,从生成机制、聚散机制与致效机制三个方面完善社会主义核心价值观的网络传播机制,提升网络传播效率"不仅需要更多网络媒体平台作为载体支撑,而且需要构建起多元、互动的舆论场"[4]。此外,周宏菊、何振分析了新媒体时代创新社会主义核心价值观传播机制的历史机遇与现实挑战,探索了新媒体时代社会主义核心价值观传播机制创新的策略设计,如利用新媒体平台充分掌握当前时代传播受众的思想、意识与价值观的整体现状,有效调动新媒体的资源优势形成传播社会主义核心价值观的合力,切实推动媒体传播行业的法治化建设。[5]

理论界从智能新闻的伦理风险与伦理原则、用户算法素养等多个视角探讨了运用智媒体提升社会主义核心价值观传播效果,解决智媒发

---

[1] 郑洁:《网络媒体传播社会主义核心价值观的机制探析》,《社会科学家》2014年第1期。
[2] 张文明:《新媒体传播社会主义核心价值观的个体引入机制探析》,《西部广播电视》2017年第1期。
[3] 张翠莉:《社会主义核心价值观网络传播的基本原则、机制保障与路径选择》,《前进》2017年第7期。
[4] 吴海光:《社会主义核心价值观网络传播的机制研究》,《新闻战线》2017年第12期。
[5] 周宏菊、何振:《新媒体时代社会主义核心价值观传播机制创新》,《社科纵横》2017年第8期。

展存在的伦理问题与价值问题。学界指出，智媒体发展引发数据过度收集和使用不当、数据库内容冗杂、信息真伪难辨、侵犯个人隐私权、侵犯知识产权、伦理失范、用户自控力和思考力下降等问题，特别是算法推荐产生的伦理失范问题，因此，规范智媒时代的网络传播机制十分重要。在与传统新闻的比较之中，杨保军、杜辉认为，"智能新闻的伦理风险主要表现为失实风险、侵权风险和算法权力滥用的风险"，明确智能新闻的职业伦理责任主体是智能新闻软件的开发者和使用者，提出"智能新闻的伦理原则主要为透明原则、风险可控原则、知情同意原则和核查更正原则"。[①] 金泽军认为，"需要公众不断提升自身的媒介素养，如自控、隐身的媒介使用素养和开放、多元以及自我把关的信息消费素养等"[②]。罗新宇认为智媒体"设计者的意图影响着主流价值是否偏向"，提出"以'主流价值'引领为前提，建立算法+人工的新闻内容伦理'双把关'审核机制""以'多途径推荐'改革为基础，建立个性+多样性的新闻内容'双选择'推荐机制""以法律法规底线为保障，建立他律+自律的新闻传播伦理'双约束'规范责任机制""以媒介素养教育为基础，建立培训+引导的智媒体平台'双主体'个人隐私数据保护机制"。[③] 此外，理论界认为，算法是智媒体之所以智能化的基础，因此，要从算法的角度来探讨智媒时代的价值治理问题。郑玄指出，要"继续推动算法技术的创新升级""加强工具理性与价值理性的统一""贯彻公民的科学基础教育策略"。[④] 许加彪、付可欣从用户算法素养的角度来研究智媒时代的网络内容生态治理，指出"遵循用户价值导向的实践性、多维性、崇高性、人文性等维度，大力提升用户在增强偏好标签的洞察力、增强信息环境的批判力、

---

① 杨保军、杜辉：《智能新闻：伦理风险·伦理主体·伦理原则》，《西北师范大学学报》（社会科学版）2019 年第 1 期。
② 金泽军：《智媒体时代算法推送对公众媒介素养的新要求》，《新闻研究导刊》2018 年第 8 期。
③ 罗新宇：《智媒体传播中"算法推荐"伦理的冲突与规制》，《新闻爱好者》2020 年第 11 期。
④ 郑玄：《智媒体时代的算法逻辑与价值反思》，《青年记者》2020 年第 9 期。

增强低俗信息的脱敏力、增强个人隐私的保护力等方面的算法素养"①。徐桢虎、张华、余欣指出，从"健全人工干预机制""建立用户自主选择机制""优化个性化算法推荐机制"等角度来建构智媒时代的价值观。②

总之，国内学界有关社会主义核心价值观的研究成果很多，偶有涉及社会主义核心价值观传播机制中某个环节、某个要素的研究，而从智媒时代角度来系统研究社会主义核心价值观传播机制的成果较为少见。关于社会主义核心价值观传播机制的概念、内容、形成、评判要素等基本问题还未研究清楚，亟待深入、系统地展开研究。此外，关于智媒时代的研究主要是从智媒技术的视角来研究传媒领域的具体问题，有待从整个社会制度和人类历史的宏观视角来展开，研究的深度和广度有待提升。马克思坚持从经济社会形态的角度来把握技术社会形态的发展，曾说："手推磨产生的是封建主的社会，蒸汽磨产生的是工业资本家的社会。"③ 那么，智媒体产生的是什么样的社会，如何产生这样的社会，这样的社会对社会主义社会形态产生何种影响，在哪些方面影响到社会主义核心价值观传播机制以及是如何影响的，进而我们应该怎样面对智媒时代产生的机遇和挑战来完善社会主义核心价值观传播机制？问题的解答有赖于运用历史唯物主义相关理论对智媒时代社会基本结构和社会基本矛盾的现实进行考察。

（二）国外研究现状

国外关于智媒体的研究比较早，特别重视智媒体的研发和应用，产生了 ChatGPT、Sora 等智媒体程序和模型。国外理论界关注智媒体的概念，认识到智媒体发展对价值观传播的重大影响，指出了智媒体发展引发的伦理道德问题，强调以技术来规范智媒体的信息传播机制。

---

① 许加彪、付可欣：《智媒体时代网络内容生态治理——用户算法素养的视角》，《中国编辑》2022 年第 5 期。
② 徐桢虎、张华、余欣：《智媒体时代的价值观构建——深入主流媒体算法的研究与实践》，《中国传媒科技》2020 年第 12 期。
③ 《马克思恩格斯文集》第 1 卷，人民出版社，2009，第 602 页。

导 论

1. 智媒体概念与深刻影响

在英语里，智媒体通常被翻译为"Smart Media"或者"Intelligent Media"。智媒体出现之后，从哪种角度来认识和把握智媒体成为智媒体研究的首要问题。鉴于智媒体兼具技术与媒体的双重属性，国外学者采用跨学科的视角，从技术、行为、制度、文本、社交等多个角度研究智媒体的变革，深化人们对智媒体的理解。帕克（Sung-Ho Park）认为智媒体能够与用户和智能设备进行互动，它主要向用户提供不受任何时间和空间限制的广泛的内容聚合服务。① 尹尹（J. W. Yoon）也认为，智媒体是一种借助于智能设备表达的广泛且融合的媒体内容服务，它在与用户互动的层面上不受时空的限制。② 梅克尔（Graham Meikle）和杨（Sherman Young）主张从技术、工业、社交、文本四个维度把握智媒体所产生的重大变化。③

学界关于智媒体产生的深刻影响的研究主要是从个体和全人类两个视角来展开的。英国学者凯伦·杨（Karen Yeung）和马丁·洛奇（Martin Lodge）认为，智媒体极大地影响了个体生活，削弱了个体的自主权，"控制着我们数字生活的很大一部分。当我们使用他们的算法工具时，他们获得授权并得以拓延。相比之下，我们的个人生活显得微不足道"④，甚至侵犯了个体的知情权、陈情权和决策权，"算法决策剥夺了受影响个体'表达意见'和反驳决策的权利，人……有权享有尊严和尊重……而算法决策从根本上破坏了这种权利"⑤。克利福德·斯托尔（Clifford

---

① Sung-Ho Park, "A Study on the Information and Communication Policy in the Era of Smart Media and its Policy PR Direction," *Digital Policy Management*, Vol. 10, No. 1, 2012.
② J. W. Yoon, "Emergence of Smart Media Age and its Development Direction," *Broadcast Engineers Magazine*, Vol. 18, No. 1, 2013.
③ Graham Meikle and Sherman Young, *Media Convergence: Networked Digital Media in Everyday Life*, Basingstoke: Palgrave Macmillan, 2012, p. 2.
④ 彭诚信主编，〔英〕凯伦·杨、〔英〕马丁·洛奇编《驯服算法：数字歧视与算法规制》，林少伟、唐林垚译，上海人民出版社，2020，第121页。
⑤ 彭诚信主编，〔英〕凯伦·杨、〔英〕马丁·洛奇编《驯服算法：数字歧视与算法规制》，林少伟、唐林垚译，上海人民出版社，2020，第25页。

Stoll）担心人们沉溺于智媒体所创造的虚拟世界之中，因为"真实世界的生活远比媒体上出现的任何事情都更有趣"[1]。

智媒体对全人类的整体影响，主要是指对人类命运共同体和人类传播主体地位的威胁。美国学者桑斯坦（Cass R. Sunstein）指出，智媒体的发展"扩展了大众的选择自由，但个人信息选择权的加强减少了社会黏性，这种黏性是由共同经验得来的，因而对共同体的维护造成挑战"[2]。美国著名智能研究者雷·库兹韦尔（Ray Kurzweil）预言，智媒时代的人类将被超越，"在21世纪结束之前，人类将不再是地球上最有智慧或最有能力的生命实体"[3]，"到21世纪20年代，人脑与电脑的智能将越来越难以区分。电脑在运算速度，存储容量以及准确性方面将遥遥领先。相比之下，人类的智能优势将逐渐黯然无光"[4]，"未来出现的智能将继续代表人类文明——人机文明"[5]。

2. 智媒时代传播的独特性

国外学者强调智媒时代具有场景体验性、泛传播性、算法统治、分权性等传播特征。美国新闻传播领域的专家瓦瑟曼（Edward Wasserman）认为，"智媒时代也是一个泛新闻传播时代，报道、传播独特而有深度的新闻将是专业记者优于公民记者的优势所在，又是专业记者赖以生存的本钱"[6]。以色列著名学者尤瓦尔·赫拉利（Yuval Noah Harari）指出，"21世纪将是由算法主导的世纪……如果想了解我们的未来及我们的生

---

[1] Clifford Stoll, *Silicon Snake Oil: Second Thoughts on the Information Highway*, New York: Doubleday, 1995, p. 13.

[2] Cass R. Sunstein, *Republic.com 2.0*, Princeton: Princeton University Press, 2007, p. 100.

[3] 〔美〕雷·库兹韦尔：《灵魂机器的时代——当计算机超过人类智能时》，沈志彦、祁阿红、王晓冬译，上海译文出版社，2006，"序言"第2~3页。

[4] 〔美〕雷·库兹韦尔：《灵魂机器的时代——当计算机超过人类智能时》，沈志彦、祁阿红、王晓冬译，上海译文出版社，2006，"序言"第5页。

[5] 〔美〕库兹韦尔：《奇点临近》，李庆诚、董振华、田源译，机械工业出版社，2011，第15页。

[6] 罗自文等：《智媒时代传播技术的冲击与美国新闻教育的走向——专访美国加州大学伯克利分校新闻研究生院院长瓦瑟曼教授》，《新闻大学》2021年第3期。

活，就必须尽一切努力了解什么是算法，以及算法与情感有什么关系"①。美国著名人工智能研究者皮埃罗·斯加鲁菲（Piero Scaruffi）指出，"以后我们的社交生活会被一个虚拟助理全权打理。理论上来说，社交是我们在跟他人互动，但事实上，现在大多数线上互动的背后是算法"②。埃里克·施密特（Eric Schmidt）和贾里德·科恩（Jared Cohen）认为，智媒时代是"分享权力的新时代"③。美国麻省理工学院媒体实验室的创办人尼古拉·尼葛洛庞帝（Nicholas Negroponte）以"界面代理人"的概念来表示"智能机器人"，认为"界面代理人也会像信息和组织一样，逐步迈向分权式的结构"④，认为智媒时代的"一个结构内部相互沟通、权力分散的程度越高，它的适应力和存活力也就越强，也必然能更加持续地生存与发展"⑤。美国传播学者罗伯特·W.麦克切斯尼（Robert W. Mc-Chesney）则指出，"数字媒体的逻辑结果将支持正在发生的政治疏离、两极化和社会生活的非道德化"⑥。在此基础之上，加拿大传播学专家文森特·莫斯可（Vincent Mosco）表示，智媒体的发展趋势将是"历史的终结"、"地理的终结"和"政治的终结"。⑦

3. 智媒时代价值伦理规范与技术治理问题

国外主要是从技术的角度探讨智媒体道德化和智媒体治理的问题。

---

① 〔以色列〕尤瓦尔·赫拉利：《未来简史：从智人到神人》，林俊宏译，中信出版社，2017，第75页。
② 〔美〕皮埃罗·斯加鲁菲：《人类2.0：在硅谷探索科技未来》，牛金霞、闫景立译，中信出版社，2017，第211页。
③ Eric Schmidt and Jared Cohen, *The New Digital Age: Reshaping The Future of People, Nations and Business*, London: John Murray Publishers, 2013, p.82.
④ 〔美〕尼古拉·尼葛洛庞帝：《数字化生存》，胡泳、范海燕译，海南出版社，1997，第187页。
⑤ 〔美〕尼古拉·尼葛洛庞帝：《数字化生存》，胡泳、范海燕译，海南出版社，1997，第186页。
⑥ 〔美〕罗伯特·W.麦克切斯尼：《富媒体 穷民主：不确定时代的传播政治》，谢岳译，新华出版社，2004，第237页。
⑦ 〔美〕文森特·莫斯可：《数字化崇拜：迷思、权力与赛博空间》，黄典林译，曹进校，北京大学出版社，2010，第2页。

一方面，国外不少学者认识到智媒体发展所引发的伦理道德问题，如部分学者指出智媒体所依赖的算法本身的不公正性，"若源数据或算法本身的运作方式存在偏见，必定有损结果的公正性和准确性"[1]。另一方面，国外学者探讨了如何把人类倡导的价值观植入智媒体之中。美国人工智能哲学专家温德尔·瓦拉赫（Wendell Wallach）和认知科学哲学家科林·艾伦（Colin Allen）在合著的《道德机器：如何让机器人明辨是非》一书中结合自下而上式的数据驱动的学习和进化的方式，以及自上而下式的理论驱动作决策而设计了一种混合式的系统，利用这个系统来引导人工道德智能体（AMAs）的设计，确保机器人的设计符合人的道德规范。[2] 但是，英国学者尼克·波斯特洛姆（Nick Bostrom）否定了通过编程把人类价值观植入人工智能的可能性，指出"如果人们希望推动或保护任何貌似合理的人类价值观，建造一个超级智能主权的系统，那么对所要求的完整目标表达进行详尽的编码，看起来则毫无达到的希望"[3]。

在实践上，为了解决智媒时代的伦理道德问题，许多人工智能专家、政府机构、社会团体以伦理标准、人工智能原则以及人工智能伦理审查委员会等行业自律的形式来规范智能时代的伦理问题。2016年底，美国电气和电子工程师协会（IEEE）启动了人工智能伦理工程，发布了《合伦理设计：利用人工智能和自主系统（AI/AS）最大化人类福祉的愿景》，把人工智能伦理的实现分为识别特定社群的规范和价值、将发现并确定的规范和价值嵌入人工智能系统、评估嵌入人工智能系统的规范和价值是否和人类的相符三个步骤。2018年，IEEE发布了《人工智能设计的伦理准则》白皮书2.0版，希望合乎伦理地设计、开发和应用人工智

---

[1] 彭诚信主编，〔英〕凯伦·杨、〔英〕马丁·洛奇编《驯服算法：数字歧视与算法规制》，林少伟、唐林垚译，上海人民出版社，2020，第31页。

[2] 〔美〕温德尔·瓦拉赫、〔美〕科林·艾伦：《道德机器：如何让机器人明辨是非》，王小红译，北京大学出版社，2017，第71~109页。

[3] 〔英〕尼克·波斯特洛姆：《超级智能：路线图、危险性与应对策略》，张体伟、张玉青译，中信出版社，2015，第235页。

能和自主技术。2018年以来，美国政府成立人工智能国家安全委员会，统筹应对人工智能在安全领域的挑战；发布《美国人工智能倡议》，重点关注技术研发、数据算法等资源调配、技术标准设立、人力资源培养和国际合作等五个方面。2019年4月，欧盟发布《可信赖的人工智能伦理准则》，提出了人工智能治理的七个关键条件，具体包括人的能动性和监督能力、安全性、隐私数据管理、透明度、包容性、社会福祉、问责机制。联合国、欧盟、美国、英国等纷纷出台研究报告、指南、法律政策等，推进对人工智能伦理问题的认知和解决。把伦理嵌入智能时代之中，规范智能时代的发展，这也是对智媒时代的有益探索。

4. 探讨智媒时代传播机制与社会治理

不少国外学者认为，智媒体可以通过某种机制来影响社会运行，最终影响政治、军事以及整个国家的命运，甚至他国的命运，但是这些学者没有解释清楚智媒体通过何种机制来影响政治发展乃至国家命运。英国著名社会学教授约翰·B.汤普森（John B. Thompson）提出一种象征性权力，即"运用象征性形式干预事件进程的能力，影响他人行为而创造事件的能力，采用的手段是象征性形式的生产和传播"[①]。这种象征性权力的载体是媒介产品，代表着一种思想权力和观念权力，内含着意义的生产。这种意义的生产直接影响着政治价值观的认同，反映了媒介话语权具有建构社会、影响社会的能力。不少国外学者从技术—文化的角度来论述媒介技术的变革如何并在多大程度上大规模地影响包括文化在内的整个社会，或者说媒介技术产生哪些形式的、结构性的影响。哈罗德·伊尼斯（Harold Adams Innis）、马歇尔·麦克卢汉（Marshall McLuhan）、尼尔·波斯曼（Neil Postman）等学者注重从媒介技术及其变革的角度来强调"媒介决定文化"，认为传播技术所促成的各种文化的结果与媒介技术本身固有的某种偏向有关，如认识论的偏向、思想和情感的偏

---

① John B. Thompson, *The Media and Modernity: A Social Theory of the Media*, Cambridge: Polity Press, 1995, p.17.

向、时空和感知的偏向、政治偏向等。

智媒时代产生的负面社会效应不容小觑,使得部分西方专家对智媒体的发展持消极态度,提出智媒体造成隐私泄露、深度伪造、信息操纵、身份盗用等治理难题。叶夫根尼·莫罗佐夫（Evgeny Morozov）重视智媒体发展所产生的负面行为,如控制信息、操纵智媒体空间,以及透过互联网和智媒技术的棱镜去看待政治和社会变革。① 米尔斯（Mills）指出,智媒时代的隐私权被破坏,数据挖掘和用户画像等智媒技术造成个人信息"更易于收集、整理和归档,并且更易于传播"②。因为部分智媒体鼓励用户公开各类信息,有学者担心智媒体平台所收集的用户信息可能存在滥用的风险,提出需要监视智媒体平台的信息。克里斯蒂安·福克斯（Christian Fuchs）等提出"数据行为监视"一词,明确表示"这种监视经过精确调整后被用来发现和存储个体差异,并针对每一个用户实施不同的广告宣传。Web 2.0 上的监视是个体化大众监视的一种形式"③。

这些理论涉及媒介技术变革与核心价值观传播的某一方面,为我们探索智媒时代的传播规律及其对政治权力影响的机制提供了有益的参考。但是,这些研究没能站在唯物史观的角度来客观地、辩证地研究智媒时代及其传播机制,没有考虑到或者有意忽略了资本主义国家制度本身就阻碍智媒时代发展的客观事实,并且有意地通过研究智媒时代来传播资本主义价值观,扩大资本主义制度的生存空间。正因如此,西方学者研究智媒时代的传播关系及应对之举主要是站在资产阶级的立场上,是为了在国内外传播资本主义价值观,因而,其对智媒体负面效应的应对之策往往局限于技术领域,而不会从资本主义社会基本矛盾出发来更深刻地理解和把握智能时代。这也就不可避免地造成西方学者在研究智媒时

---

① Evgeny Morozov, *The Net Delusion: The Dark Side of Internet Freedom*, New York: Public Affairs, 2011, p.86.
② Jon L. Mills, *Privacy: The Lost Right*, Oxford: Oxford University Press, 2008, p.18.
③ Christian Fuchs et al., *Internet and Surveillance: The Challenges of Web 2.0 and Social Media*, London: Routledge, 2012, p.48.

代价值观传播机制方面的局限性。因而，回到马克思主义的唯物史观来探讨智媒时代与核心价值观传播机制之间的内在关系就尤为必要。

三 框架结构和研究方法

毛泽东曾指出："对于马克思主义的理论，要能够精通它、应用它，精通的目的全在于应用。如果你能应用马克思列宁主义的观点，说明一个两个实际问题，那就要受到称赞，就算有了几分成绩。被你说明的东西越多，越普遍，越深刻，你的成绩就越大。"① 理论的目的在于指导实践，并通过实践来丰富和完善理论。本书主要是运用唯物史观来把握智媒时代与社会主义核心价值观传播机制之间的内在关系，分析智媒时代社会主义核心价值观传播的现实逻辑及面临的风险挑战，提出智媒时代社会主义核心价值观传播机制建构的具体路径。

（一）研究思路与主要观点

本书首先从理论上找寻创新社会主义核心价值观传播机制的理论依据，其次从历史中追溯媒介传播技术与科学社会主义传播机制创新的历程，最后在现实中构建符合智媒时代发展规律与发展趋势的社会主义核心价值观传播机制。鉴于唯物史观作为社会主义核心价值观传播机制创新的方法论，本书主要采用唯物史观的社会形态理论、世界历史理论、历史主体理论来分析媒体技术变革与核心价值观传播机制的关系，认清智媒时代与社会主义核心价值观传播机制的内在关系。

考察社会主义核心价值观传播机制的嬗变历程，深刻把握社会主义核心价值观传播机制的历史脉络。中国共产党的成立、中华人民共和国的成立、改革开放的开启、中国特色社会主义进入新时代是社会主义核心价值观传播机制发展的关键节点，也是社会主义核心价值观传播机制与我国实际情况深入结合的过程。社会主义核心价值观是在中国特色社会主义进入新时代提出和阐释的，因此，在这之前的传播机制主要是围绕科学社会主

---

① 《毛泽东选集》第3卷，人民出版社，1991，第815页。

义的价值意蕴展开的，是科学社会主义的价值意蕴与当时我国具体发展的实际情况的展开。科学社会主义的价值意蕴是集体主义、社会主义、爱国主义，社会主义核心价值观与科学社会主义的价值意蕴是一脉相承的。

把握智媒时代社会主义核心价值观传播机制的现状是推进社会主义核心价值观智能化传播的前提。把握现状要了解社会主义核心价值观传播组织的不同职能以及如何构成传播体系，要把握社会主义核心价值观传播组织的决策程序和运行模式，并考察我们运用智媒体创新社会主义核心价值观传播所取得的成效，重视其存在的突出问题。此外，我们立足智媒时代分析社会主义核心价值观传播机制的时代特征，明确社会主义核心价值观传播机制的构建原则——坚持党的领导、坚持实事求是、坚持公开透明、坚持法治规范、坚持以人为本。

构建契合智媒时代发展规律的社会主义核心价值观传播机制是智媒时代创新社会主义核心价值观传播机制的目的所在，体现我们对智媒时代社会主义核心价值观传播机制的理论认识深度，反映着我们创新社会主义核心价值观传播机制的现实针对性。深化智媒时代社会主义核心价值观传播机制的研究、健全多元传播主体的社会主义核心价值观共建机制、创新智媒时代社会主义核心价值观传播内容的激励机制、完善智媒时代社会主义核心价值观传播活动的监督机制是创新智媒时代社会主义核心价值观传播机制的具体路径，意在实现智媒体的传播理念与社会主义核心价值观传播机制的有机结合，契合新时代中国特色社会主义传播活动的具体情况。在这一建构过程中，中国共产党领导是中国特色社会主义制度的最大优势，也是创新社会主义核心价值观传播机制的根本保证，更是推进智媒时代人的全面发展的必要之举。

（二）研究方法

智媒时代社会主义核心价值观传播机制的问题作为唯物史观的重要内容，势必将唯物史观的研究方法贯穿研究的始终。具体而言，主要采用逻辑与历史相统一的方法、比较法、过程与阶段相统一的方法。

1. 逻辑与历史相统一的方法

恩格斯曾指出,"历史从哪里开始,思想进程也应当从哪里开始,而思想进程的进一步发展不过是历史过程在抽象的、理论上前后一贯的形式上的反映;这种反映是经过修正的,然而是按照现实的历史过程本身的规律修正的"①。对我国社会主义核心价值观传播机制的形成和发展过程作历史考察,以再现媒体技术变革与社会主义核心价值观传播机制之间的内在逻辑,总结社会主义核心价值观传播机制与我国具体实际情况结合的历史经验。此外,逻辑的发展也离不开历史的发展,需要在社会实践中检验和发展。"逻辑的发展完全不必限于纯抽象的领域。相反,逻辑的发展需要历史的例证,需要不断接触现实。"② 智媒时代社会主义核心价值观的传播机制创新研究源于实践,需要实践的检验,并随着智媒时代的发展而不断发展进步。

2. 比较法

通过智媒体与传统媒体的比较研究,阐明智媒时代传播关系的独特性,明确智媒时代的发展趋势。智媒时代既要研究层出不穷的、前所未见的智媒体,如 ChatGPT、Sora,更要实现智媒体与传统媒体的深度融合,打造全媒体传播体系。当前,我们身处智媒时代,但是,很多人的思维方式、传播理念和治理方式还停留在传统媒体时代。这就需要我们从智媒时代的视角来认识传统媒体的传播机制,推动传统媒体传播机制的智能化转换。只有在智媒时代与传统媒体时代的比较之中,我们才能辩证地把握智媒体,使其更好地融入社会主义核心价值观的传播机制之中,真正地提升社会主义核心价值观的传播效果。

3. 过程与阶段相统一的方法

社会主义核心价值观的传播机制创新研究体现出过程与阶段、连续性与非连续性的统一。一方面,社会主义核心价值观的传播机制创新建

---

① 《马克思恩格斯文集》第 2 卷,人民出版社,2009,第 603 页。
② 《马克思恩格斯文集》第 2 卷,人民出版社,2009,第 605 页。

立在传统媒体的传播机制基础上,需要与智媒体深度融合,建构适合智媒时代发展规律和发展趋势的传播机制,具有连续性、过程性的特点。另一方面,智媒时代社会主义核心价值观的传播机制显然不同于传统媒体时代的社会主义核心价值观传播机制,具有自身独特性。这不同于资本主义价值观的传播机制,更加彰显出社会主义核心价值观传播机制的科学性和先进性,具有阶段性、非连续性的发展特征。

四　重点、难点

本书从理论上找寻在智媒时代背景下创新社会主义核心价值观传播机制的理论依据,从历史中追溯我国社会主义核心价值观传播机制创新的历程,在现实中分析智媒时代社会主义核心价值观传播机制所面临的挑战和困难,在实践中探寻构建契合智媒时代发展规律和发展趋势的社会主义核心价值观传播机制的可行性路径。

本书力求突破的关键问题主要有三:其一,运用历史唯物主义理论把握媒介传播技术与先进价值观传播机制之间的理论关系,是本书研究的理论基础;其二,探寻智媒时代的传播规律和发展趋势是本书研究的前沿问题,也是找寻现有社会主义核心价值观传播机制中不符合智媒时代发展规律的理论前提;其三,基于社会主义核心价值观传播机制的突出问题、智媒体的发展规律,用历史唯物主义理论来建构智媒时代社会主义核心价值观传播机制,并提出创新当前社会主义核心价值观传播机制的相关对策。构建符合智媒时代发展规律和发展趋势的社会主义核心价值观传播机制是智媒时代创新社会主义核心价值观传播机制的目的所在。

第一章 智媒时代的传播逻辑

智媒体全方位地参与到人们的精神交往之中,深刻地影响着人们的思维方式、认知方式、行为方式,形成了独具特色的传播特征和传播规律,推动着社会进入智媒时代。智媒时代在很大程度上改变、颠覆着人们已有价值认知、价值共识、价值实现的路径,因此,我们亟须从哲学层面来把握智媒时代的本质,理顺智媒时代的传播逻辑。

第一节 智媒体的范畴及相关概念辨析

在《路德维希·费尔巴哈和德国古典哲学的终结》一书中,恩格斯批判形而上学的研究方法之后,表示"必须先研究事物,尔后才能研究过程。必须先知道一个事物是什么,尔后才能觉察这个事物中所发生的变化"[1]。智媒体研究亦应采用此种方法,从智媒体的概念出发来把握智媒体引发的时代变革。

一 智媒体的内涵

智媒体作为人工智能技术与既有媒介体系相融合的产物,兼具媒体属性与智能属性。媒体(media)一词来源于拉丁语"Medius",意为两

---

[1] 《马克思恩格斯文集》第4卷,人民出版社,2009,第299页。

者之间。媒体作为传播信息的媒介，是人们用来获取信息和传递信息的工具、渠道、载体、中介物或技术手段，也指传送文字、声音等信息的工具和手段。因此，媒体既是承载信息的物体，也是存储、呈现、处理、传递信息的实体。从传统意义上来看，传统媒体的主要职能是传播积极、健康、向上的主流价值观，通过引导社会舆论来培养人民群众树立正确的价值认知，并使其认同媒体所传播的主流价值观，进而规范人们的社会实践活动。但是，智媒体的产生和发展削弱了传播机构舆论引导力，赋予人们更多的传播自主权。因此，智媒时代需要更加多样化的智能方式引导人们的价值导向。

智媒体作为一种全新的媒体形态，关键在于"智"。因而，要把握智媒体，首先需要界定"智能"的概念。李德毅院士从基础学科的角度阐释人工智能的内涵，从智能技术应用的角度把握人工智能的外延，指出"智能科学与技术的内涵，大概有4个核心学科"，即脑认知基础、机器感知与模式识别、自然语言处理与理解、知识工程，而"人工智能的外延主要讲机器人与智能系统"，而机器人"包括工业机器人、农业机器人、医疗与康健机器人、服务机器人、太空机器人、国防机器人等。对于智能系统就太多了，智能商务、智能农业、智能物流、智能政务、智能医疗、智能金融、智能法庭等"。[①] 基于此，李德毅院士指出，"人工智能的内涵与外延大概构成这一个关系，核心是4个基础学科，外围是全社会辐射的一个应用学科"[②]。这是从理论学科与应用学科的角度来把握智能的含义。

国内外从技术、媒介、传播等多个视角来阐释智媒体的概念，但是，智媒体仍然没有一个确切的、公认的概念。这既与智媒体本身的变化之大密不可分，也与智媒体未来发展的不确定性高度相关。有学者指出："智能新媒体可被定义为在人工智能环境下由新型网络、新型数据处理模式、新型计算模式、新型浏览模式、新型应用模式和新型终端构成的新

---

① 李德毅：《AI——人类社会发展的加速器》，《智能系统学报》2017年第5期。
② 李德毅：《AI——人类社会发展的加速器》，《智能系统学报》2017年第5期。

型媒介体系。"① 具体而言，智媒体的"网络之'新'是'5G'，数据处理模式之'新'是机器学习，计算模式之'新'是'人工智能云'，浏览模式之'新'是智能浏览器，终端之'新'是智能穿戴设备，应用模式之'新'是智能应用模式"②。也有学者指出，智媒体能够更便捷地服务人类的传播活动。"智媒体（Intelligent Media）是指以人工智能技术为支撑，具有智能化、自主化、交互性等特征的新型媒体形态。智媒体通过传统媒体与人工智能技术融合，利用人工智能技术优势，提高媒体的传播效率和用户体验，实现媒体内容和用户之间深入互动与个性化传播。"③ 智媒体作为人工智能与现有媒介体系深度融合的产物，全方位、全天候地实现传播内容与用户需求的智能匹配，变革着整个传播活动的业务链，形塑着传播领域的新业态。传感器等技术的广泛应用使得万物皆能成为信息的提供者和传播者，出现"万物皆媒"的发展趋势。新闻主播机器人、聊天机器人等成为智媒体的重要组成部分，逐渐形成人机一体的新型传播格局。

鉴于此，智媒体是以人工智能、大数据、传感器、算法等为基础的，能够更好地识别和感知人类的诉求，并可以自动地满足用户的信息诉求，全天候地为用户提供更为个性化、场景化、沉浸式的使用体验。这一概念主要是基于智媒体的技术特性和传播功能来把握的。传感器有利于智媒时代信息采集，互联网和大数据是媒体智能化的基础，算法是智媒时代信息匹配的关键。智媒体利用现代技术变革媒体行业，推进信息采集、信息生产、信息传播、信息反馈等环节的智能化，突出用户的体验感与个性化需求，推进媒体内容与用户信息需求的智能匹配，实现信息内容与用户需求之间的精准化、个性化、定制化传播。基于深度学习等科学

---

① 李卫东编著《智能新媒体：微课版》，人民邮电出版社，2021，第18页。
② 李卫东编著《智能新媒体：微课版》，人民邮电出版社，2021，第18页。
③ 周宏伟、匡野、宋馨谷：《智媒时代AI赋能互动叙事的传播策略探析》，《传媒》2024年第2期。

技术，智媒体可以进行自我发展、自我进化。在未来的发展进程中，智媒体能够自主地辨别真假信息，自主地解决智媒体存在的价值问题，高效地发挥主流价值观的引领作用。

当前对智媒体的研究主要集中在为传媒提供各种帮助和便利的"弱人工智能"上，而未来智媒体的发展将在与人类智能水平相当的"强人工智能"的基础上，能够实现人机对话，甚至在某些方面比人类自己更了解自己，更能实现价值创造。当前人工智能的发展阶段主要划分为弱人工智能（Weak AI）、强人工智能（Strong AI）、超强人工智能（Super AI）三个阶段。弱人工智能体现为智媒体执行人的命令，根据设计好的程序对外界信息作出相应的反应，不具备自主意识，也不能主动思考和解决问题。它主要表现为知识量的增多、运算速度的提升、运算范围的扩大。在弱人工智能条件下，智媒体作为辅助人类的工具，是受人类控制的，对人类而言是相对安全的。借助此种类型的智媒体，人类能够减少简单重复的交流互动，及时地获取所需的信息，将有限的精力投入更重要的创造性活动之中。强人工智能表现为智媒体有了自我意识，有强大的认知推理能力和独立解决问题的能力，甚至具有自己的价值评判标准和价值观体系。在强人工智能的发展下，智媒体拥有与人类思想相仿的能力，事实上可以等同于人类智能。在强人工智能条件下，人类在与智媒体交流互动的过程中，可能无法区分对方是人类还是智媒体。

超强人工智能则是超越所有人类的智能机器，可以自主地设计出更好的智能机器。全球著名思想家、哲学家尼克·波斯特洛姆曾用超级智能"指代在许多普遍的认知领域中，表现远远超越目前最聪明的人类头脑的智能"[1]，并将超级智能分为三种形式，即"高速超级智能：该系统可以完成人类智能可以完成的所有事，但是速度快很多""集体超级智能：该系统由数目庞大的小型智能组成，在很多一般领域的整体性能都大大超过

---

[1] 〔英〕尼克·波斯特洛姆：《超级智能：路线图、危险性与应对策略》，张体伟、张玉青译，中信出版社，2015，第63页。

所有现有的认知系统""素质超级智能：一个至少和人类大脑一样快，并且聪明程度与人类相比有巨大的质的超越的系统"①。在这种情况下，人类智能将会远远地落后于超级智能，而如何让智媒体的传播活动契合人类的主流价值观，将成为智媒时代的重大课题。

二 智媒体与新媒体、全媒体概念辨析

只有全面分析智媒体与新媒体、全媒体之间的关系，才能更全面地把握智媒体的范畴，进一步分析智媒体的传播特点、传播规律及传播趋势。

（一）智媒体与新媒体范畴辨析

"新媒体"的概念最早是由西方学者提出的。比较普遍性的认识是，"1967年，美国CBS（哥伦比亚广播电视网）技术研究所所长P.戈尔德马克（P. Goldmark）发表了一份关于开发EVR（电子录像，electronic video recording）商品的计划，其中首次提出了'新媒介'（new media）一词；1969年，美国传播政策总统特别委员会主席E.罗斯托（E. Rostow），在向尼克松总统提交的报告书（简称'罗斯托报告'）中，也多处使用new media一词及有关概念。自此，激发起'新媒介'用语在美国社会上上下下迅速流行，并传至其他西方国家"②。尽管"新媒介"被广泛应用，但是，迄今为止，国外理论界没有一个明确的新媒体定义。因为新媒体本身变化快，且作为全新研究领域的相关研究成果较少，待研究成熟之际很可能早已是过时之日。

国外理论界采用跨学科的视角，从技术特性、传播关系、传播内容、传播心理、社会实践等多个角度来研究新媒体的变革，深化着人们对新媒体理解程度。《在线》（*On line*）杂志曾将"新媒体"定义为"Communications for all, by all（所有人面向所有人进行的传播）"；列夫·曼诺

---

① 〔英〕尼克·波斯特洛姆：《超级智能：路线图、危险性与应对策略》，张体伟、张玉青译，中信出版社，2015，第64~67页。
② 明安香主编《信息高速公路与大众传播》，华夏出版社，1999，第72页。

维奇（Lev Manovich）认为，所有的媒体实际上是数字内容，都"简单地成为又一套计算机数据而已"①；马丁·李斯特（Martin Lister）、乔恩·多维（Jon Dovey）、赛斯·吉丁斯（Seth Giddings）、伊恩·格兰特（Iain Grant）、基兰·凯利（Kieran Kelly）等人从社会实践的角度把握新媒体，认为新媒体"已经成为传播、表现和表达的一种社会实践与方法，它们在数字、多媒体和网络计算机的使用过程中得到发展，它们也是一种机器所固有的将作品转化为其他媒介的方式"②。应当说，最后这种描述已经开始从社会关系的角度来把握新媒体的概念，具有唯物史观的特性。值得注意的是，国外关于新媒体的研究比较早，内容较为丰富，但是，有些新媒体的传播语境可能指的是广播、电视，而不是基于互联网技术和计算机技术的新媒体。

国内许多学者是从计算机技术、网络技术、通信技术、数字化技术等角度来把握新媒体。例如，有学者指出，"'新媒体'这个词，正是通信技术丰富多彩的新发展的反映"③，"所谓新传媒，或称数字媒体、网络媒体，是建立在计算机信息处理技术和互联网基础之上"④，"'新媒体'主要指基于数字技术、网络技术及其他现代信息技术或通信技术的，具有互动性、融合性的媒介形态和平台"⑤。这些学者主张新媒体的媒体功能是由新媒体的技术决定的。因而，新媒体主要是利用计算机技术、互联网技术、通信技术、移动技术等，借助电脑、手机、数字电视机等终端向用户提供信息与服务的传播形态，具有数字化、交互性、融合性、互动性等特征的媒介平台和传播样态。新媒体的"新"源于其对传统媒体特别的重塑方式，以及旧媒体在应对新媒体挑战时重塑自身的方式。

---

① Lev Manovich, *The Language of New Media*, Cambridge: The MIT Press, 2002, p. 25.
② 〔英〕马丁·李斯特等：《新媒体批判导论》，吴炜华、付晓光译，复旦大学出版社，2016，第 2 页。
③ 冯昭奎：《新技术革命对日本经济的影响》，《机械与电子》1986 年第 5 期。
④ 焦澄宇、廖毅文：《新媒体——伊拉克战争中的达摩克利斯之剑》，《中国记者》2003 年第 5 期。
⑤ 彭兰：《"新媒体"概念界定的三条线索》，《新闻与传播研究》2016 年第 3 期。

从媒体形式来看，新媒体是包括网络媒体、手机媒体等在内的数字媒体形式。新媒体与智媒体之间存在的差别主要体现在技术、传播特征、起源三个方面。

首先，从技术的角度来看，新媒体所依赖的技术基础更为广泛，而智媒体是建立在新媒体所依赖的部分技术之上，特别是依靠更为先进的人工智能等技术来实现。新媒体是相对于杂志、报纸、广播、电视等传统媒体而言的，依托的新技术支撑体系主要包括数字技术、网络技术、移动通信技术、多媒体技术等。在数字压缩和无线网络技术的支撑下，新媒体把传统媒体的传播内容转变为数字的形式，形成了网络电视、微博、微信公众号、电子杂志等，打破了传播者与接收者之间的界限。智媒体主要是建立在人工智能、大数据、算法、人脸识别等技术之上的。智媒体与新媒体的发展密不可分。智媒体极大地提升着新媒体的发展水平，将新媒体提升到一个更加自动化、个性化、精准化的阶段。

其次，从传播特征来看，新媒体主要从与传统媒体的比较之中来把握其传播的独特性，而智媒体主要是从"智"的角度来变革传播体系。新媒体作为一个比较基准的概念，是相对于传统媒体而言的。国内许多学者正是从传统媒体与新媒体的比较之中来理解新媒体的概念。蒋宏、徐剑认为，新媒体是"能使传播信息大大扩展、传播速度大大加快、传播方式大大丰富的、与传统媒体迥然相异的新型媒体"[1]。陆地、高菲并不同意这一观点，认为"新型媒体，是指在传统媒体基础上经过技术上的升级换代、与传统媒体并无本质差异的媒介或媒体"[2]，而"狭义的新媒体仅指新兴媒体，是指在传播理念、传播技术、传播方式和消费方式等方面发生了质的飞跃的媒介或媒体"[3]。恰恰由于新媒体概念具有相对性，因而显得不稳定，也不断被挑战和修正。而智媒体主要强调的是智

---

[1] 蒋宏、徐剑主编《新媒体导论》，上海交通大学出版社，2006，第14页。
[2] 陆地、高菲：《新媒体的强制性传播研究》，人民出版社，2010，第18页。
[3] 陆地、高菲：《新媒体的强制性传播研究》，人民出版社，2010，第16页。

能性，表现为自动地收集、识别人类的各类相关信息，并能对人的信息诉求进行回应，实现个性化、精准性的匹配。智媒体的发展体现为洞察人类的信息诉求，甚至可以发现人类自身所未察觉到的需求，并能主动地参与到人类的创造性活动之中，如创作歌曲、作诗、写作等。同时，机器人写稿、机器人新闻编辑、机器人视听新闻编辑（包括关键人物人脸识别、素材镜头截取、自动叠加字幕、自动生成视听新闻产品等功能）、智能数据可视化（包括自动生成图形产品）等均是智媒体的重要成果。

最后，从起源来看，新媒体的起源较早，而智媒体是建立在新媒体发展基础之上的，代表着新媒体的发展方向。新媒体主要是以数字技术为代表的媒体。具体而言，新媒体使现实事物转变为计算机可以识别的语言，以"1"和"0"两个数字为基本单元构成网络上的信息，而这恰恰是建立智媒体的前提和基础。如果我们不能把客观事物转化为数字化的内容，且不遵循互联网的传播规律，那么，就无法形成大数据。作为智媒体核心的算法推荐机制更是无从谈起。正是在新媒体已有的发展基础之上，智媒体才有了更长久的发展。美国哲学家 J. R. 塞尔（J. R. Searle）的《心灵、大脑与程序》一文从哲学角度剖析了意识与机器行为的关系。他指出，"更确切地说，带有正确程序的计算机确实可被认为具有理解和其他认知状态，在这个意义上，恰当编程的计算机其实就是一个心灵"，并且"由于编程的计算机具有认知状态，这些程序不仅是我们可用来检验心理解释的工具，而且本身就是一种解释"。[①] 他清晰地指出了未来智媒体的发展将更加智能化，而智能化的基础是对计算机进行恰当编程。

（二）智媒体与全媒体范畴辨析

全媒体（omni-media），是一种全新的媒介运营模式，能够进行媒介之间的融合，可以借助任何终端获取所需的信息。全媒体是融合各种媒

---

① 〔英〕玛格丽特·博登编著《人工智能哲学》，刘西瑞、王汉琦译，上海译文出版社，2001，第92页。

体形式、媒体终端、媒体手段等来建构的宏观传播体系。在某种程度上，全媒体是对传统媒体传播手段和传播形态的融合，是跨媒体发展的产物。因而，全媒体是一个集合的概念，是媒体内容、形式、功能、手段的融合，使人们可以获得更多角度、更多视觉和听觉的媒体体验。习近平总书记曾总结全媒体的发展现状，指出"全媒体不断发展，出现了全程媒体、全息媒体、全员媒体、全效媒体，信息无处不在、无所不及、无人不用"①。在发展趋势上，智媒体与全媒体均体现出社会媒介化的发展趋势。社会媒介化主要是指媒体渗透到当今社会的方方面面，以致媒体不能再被视为与社会部分相互分离的独立存在，而使每个人、每个机构、每个部门甚至每个物体都自觉或不自觉地融入媒体的传播活动之中。智媒体的发展趋势是万物皆媒、人机共生，全媒体的发展趋势是媒体无处不在、无时不有。智媒体与全媒体作为媒体的组成部分，是辩证统一的关系。智媒体的发展将提高全媒体融合的自动化水平，能够更加智能地完成全媒体发展过程中的信息匹配，提升全媒体发展的效能。全媒体的发展将丰富智媒体的数据信息，扩大智媒体的使用范围，推动智媒体与非智能媒体之间的融合，打造出更为智媒化的全媒体传播格局。全媒体与智媒体都为用户提供更加全面、细致的信息服务，针对不同的用户需求来生产、组合信息，并选择恰当的媒介形式和传播渠道，从而实现最佳的传播效果。智媒体与全媒体作为两种不同类型的媒体，在概念内涵、发展历程、传播特点等方面存在着本质性的差别。

第一，从概念的内涵来看，全媒体所涵盖的媒体范围更加广泛，包括智媒体在内。智媒体的范围主要包括具有智能化、自动化等传播特征的媒体，是当今时代先进的、前沿的媒体形态。全媒体的范围不仅包含智媒体，还将传统媒体的传播样态纳入其中，融合所有媒介载体、内容传播形态、传播渠道等，强调媒体发展样态的多样性。

第二，从媒体的发展历程来看，智媒体代表着媒体未来的发展方向，

---

① 《习近平谈治国理政》第3卷，外文出版社，2020，第317页。

而全媒体侧重已有媒体样态的综合运用。全媒体的发展之路并不是完全摒弃以往媒体的渠道与平台，而是在传统媒体的基础之上开展媒体的创新活动，改革现有的媒体传播体系，提升媒体的传播水平，多途径传播积极的、健康的、向上的价值观。全媒体将发挥传统媒体的优势和价值特性，并对各种媒体进行有效整合，为人们提供一个更为便捷的交流平台。智媒体体现了媒体智能化技术的运用水平，是人工智能技术运用在媒体领域的新样态，推动全媒体的智能化发展。

第三，从媒体的传播特点来看，全媒体强调系统性、融合性、多样性等整体性的传播特点，而智媒体突出自动化、精准化、及时化等智能化的传播特点。全媒体重视媒体的融合性，强调打破不同媒体之间的壁垒实现跨媒体传播，让不同媒介形态、传播形态等融合在一起，形成媒体无处不在、无时不有的发展样态。这种融合性并不是指同一内容采用不同的传播载体，而是包括信息的生产、分发、反馈等传播过程，全方位地挖掘信息，满足用户多样化的信息诉求。而智媒体是突出智能性，能更加自动化地识别用户的诉求、更加迅速地生成用户所需的个性化信息，并能及时地传送给用户。随着各种传感设备不断完善，智媒体能够自动地采集用户信息，动态地监测用户的信息变化，进而实现用户分析与匹配的场景化、精准化。

第二节　智媒体的传播特征

智媒体传播特征根植于人工智能、大数据、云计算等新技术，表现为智能技术的媒体运用、媒体融合的智能化、人机协同的传播局面、自动生成内容的新模式。

一　传播技术：智能技术的媒体运用

智媒技术与其他技术的显著不同在于智媒技术更加智能化地作用于

人们的精神世界。智媒化意味着智能技术在媒体领域的运用，更代表着越来越多的传播活动正在被智能化。媒体从业者利用智媒技术对传播内容的采集、生产、分发、反馈等环节进行创新，提升着传播内容的生产质量和效率。在某种程度上，智媒体已经突破已有的传播路径，带来全新的传播理念与传播形式。智能写作机器人、智能播音、虚拟主播、智能绘画、虚拟演播室、虚拟数字人记者、虚拟主持人等智媒形式极大地丰富了现有的传播形式，可以24小时不间断地写作和播报，有效提高了信息的传播效率。如果我们输入的信息是没有错的，那么，机器人播报可以做到无差错。这是人类难以做到的。AI生成视频软件可以根据提供的信息自动生成视频，使得文字、配音、视频之间的转换更为便捷化、丰富化。但是，当前的AI播音主要替代的是单向传播的播音工作，而双向互动的主持工作AI播音目前还无法实现。

  智媒体的核心在于数据。数据驱动信息的生产与传播是智媒时代传播的本质。如果没有数据，就不存在智媒体。如果数据不准确、不完备，那么，智媒体的传播就不够智能化。ChatGPT在用中文回答问题时之所以出现信息偏差，有时甚至是一本正经地"胡言乱语"，关键在于对其进行训练的中文语料库是有限的。获取真实的数据、正确地处理数据、科学地使用数据成为每一个智媒体使用者应具备的媒体素养。未来智媒体的发展不仅基于互联网上的各种内容数据，而且会出现越来越多基于物联网生成的"物"的数据，立足人自身实现全方位数据化。物联网传感器（包括摄像头）可以实现全天候的信息采集，弥补人类采集信息的不足。这些数据成为智媒体发展的"新资源"。数据把现实世界的复杂关系简单化，并且被特定的数据采集者、分析者所掌握。这种通过控制数据来实现对现实关系的控制，也是智媒时代的一种新权力。

  算法是智媒体传播的关键。有学者指出，算法是"一种有限、确定、有效并适合用计算机程序来实现的解决问题的方法，是计算机科学的基础"[①]。

[①] 〔美〕塞奇威克、〔美〕韦恩：《算法》，谢路云译，人民邮电出版社，2012，第1页。

可以说，算法是基于数据挖掘和数据分析，借助计算机程序来指向特定目标的一种方法。算法改变了整个传播行业，实现了传播内容的精准化，把传播内容与用户的传播需求动态地联系在一起。智媒体通过数据挖掘和数据分析技术研究互联网上的声音、视频或者文本，形成明确的用户画像，动态地掌握用户的需求，并日益完善强大的数据库。大量的、多维度的数据是算法机制发挥作用的前提。美国学者皮埃罗·斯加鲁菲曾强调算法对社交媒体的重大影响，指出："我们跟社交媒体互动的方式。简单来说，以后我们的社交生活会被一个虚拟助理全权打理。理论上来说，社交是我们在跟他人互动，但事实上，现在大多数线上互动的背后是算法。我总开玩笑说，我们应该对社交媒体的算法更感兴趣，而不是它推荐的人。"[1] 算法不仅可以发挥连接的作用，还能起到调节、控制等作用。算法可以影响用户获得何种内容，引导平台内容的传播流向，甚至可以影响内容生成者的内容生产。

二 传播媒介：媒体融合的智能化

媒介融合是理论界研究的热点问题，也是进行媒体融合的理论前提。当今国际上著名的传播和媒介研究学者亨利·詹金（Henry Jenkins）表示，"我使用的融合概念，包括横跨多种媒体平台的内容流动、多种媒体产业之间的合作以及那些四处寻求各种娱乐体验的媒体受众的迁移行为等"[2]。鉴于此，媒介融合并不意味着一些媒体取代另一些媒体，也并不表示通过某一种媒介设备就可以获得所有的内容，而是指不同媒体形式之间构成互补的关系。恰如杰·大卫·博尔特（Jay David Bolter）和理查德·格鲁辛（Richard Grusin）所认为的那样，"在我们的多元文化中，没有一种技术可以淘汰其他的技术……融合意味着在我们的文化中数字技

---

[1] 〔美〕皮埃罗·斯加鲁菲：《人类2.0：在硅谷探索科技未来》，牛金霞、闫景立译，中信出版社，2017，第211页。

[2] Henry Jenkins, *Convergence Culture: Where Old and New Media Collide*, New York: New York University Press, 2006, p. 2.

术更具丰富的多样性"①。丹麦学者克劳斯·布鲁恩·延森（Klaus Bruhn Jensen）从传播的角度来描述媒介融合，认为是"传播实践在跨越不同的物质技术和社会制度后，仍然延续着历史性转移"②。

　　智媒体的出现，整合着已有的非智能媒体，体现出非智能媒体与智媒体融合的发展趋势。智媒体出现之后，并不能让传统媒体消失。例如，广播、电视的出现并没有消灭印刷媒体，图书、报刊仍然存在。恰如麦克卢汉所言："新媒介从来就不是旧媒介的附加物，也永远不会置旧媒介于不顾。它会永不停息地强迫旧媒介去找寻其在新媒介中的新形式和新位置。"③ 智媒体把传统媒体变为自己的内容，并加速自身发展，不断地产生着全新的媒体形式和传播方式。非智能媒体在智媒体的影响下，纷纷采用智媒体的形式来传播自身的内容，扩大自身的影响力。但是，这种思维终究是传统媒体的思路，具有一定的局限性。传统媒体与智媒体的融合发展不仅是在媒体技术上共用、媒体内容上共享，更应该在传播渠道、运营方式、治理理念、人才队伍等方面进行深度融合，实现二者的优势互补，形成融合发展的现代传播体系。这既是媒体发展的内在需要，也能更好地满足人们所求所想。因为智媒时代的人们早已能够自如地在不同的媒体之间切换，清晰地知道自己在何时何地使用什么样的媒体来获取自己所需的信息。

　　媒介融合既体现着智媒技术发展的成果，也体现着传播产业、媒介关系、社会制度、用户心理等方面的重大变化。麦克卢汉提出"媒介即讯息"的著名观点，强调媒介对社会发展产生重大影响，认为"所谓媒介即讯息只不过是说：任何媒介（即人的任何延伸）对个人和社会的任

---

① Jay David Bolter and Richard Grusin, *Remediation: Understanding New Media*, Cambridge: The MIT Press, 2000, p.225.
② Klaus Bruhn Jensen, *Media Convergence: The Three Degrees of Network, Mass, and Interpersonal Communication*, London: Routledge, 2010, p.15.
③ Marshall McLuhan, *Understanding Media: The Extensions of Man*, New York: McGraw Hill, 1964, p.158.

何影响，都是由于新的尺度产生的；我们任何一种延伸（或任何一种新技术），都要在我们的事务中引进一种新的尺度"①。智媒体出现之后，媒体融合意味着智媒体被现有非智能媒体、传播产业以及传播文化所容纳，预示着人们对媒体变革的新认识和新期待。

三 传播主体：人机协同的传播局面

传统媒体时代是传播主体在整个传播活动中占据主导的时代，传播主体通过制定"议程设置""把关人"的制度等方式牢牢地控制着话语权，实现单线式的传播。传播主体通过控制传播渠道来进行传播，传播受众往往难以参与到信息的传播过程之中。传统媒体上即便开设着"读者来信""听众留言"等互动栏目，但是，这种互动方式主要是由传播主体来选择传播受众的传播内容、决定以何种形式发布传播内容，甚至修改传播受众的传播内容或相关信息，终将造成传播受众很难参与到传播活动之中。从某种意义上来看，传播受众的话语权没有得到保障，有时反而遭到了一定程度的破坏。智媒体的发展使得每个人拥有了平等地使用智媒体的机会。

智媒体不仅使用户拥有着与传播主体同等的信息制造、发布、传播的权利，而且使智能机器作为传播主体深入地参与到传播活动之中，甚至与人进行情感互动。智媒体不仅可以与用户频繁进行互动，如与用户聊天、为用户撰写文章，而且可以自动地生成信息，并进行智能传播。喻国明探讨了包括"社交机器人""写作机器人"等在内的智能机器人，即"具有真人操作所不能的种种全新的特性：7×24小时不知疲倦地工作、海量数据的高效采集与处理、迭代升级的频率极快，特别是对于利基市场、长尾需求的精确匹配与有效满足，使整个内容传播的供给侧呈现出全新的格局——它成功地把数据、算法可以达成的内容生产尽揽于

---

① Marshall McLuhan, *Understanding Media: The Extensions of Man*, New York: McGraw Hill, 1964, p. 23.

自己手中，将真人传播主体的角色、功能推送到数据和算法所不能作为或很难作为的内容生产的位置，实现了传播内容供给侧的全新的结构性分工革命"①。当前，媒体上有许多新闻、视频显示为 AI 制作。媒体人积极地利用智媒技术进行信息采集、加工、整合，提升了信息生产的质量和效率。随着智媒技术发展到强人工智能时代，智媒技术可以自动地生成文本，进行更为全面的信息生产和信息分发工作。

智媒时代的人机交流将从功能性的交流扩展为情感性的互动。在人机交流中，机器逐渐变成了与人一样的交流主体，人与机器的交互，已经从界面的交互，转向信息甚至情绪、情感的交互。智媒体可以识别人的情感，并根据人的情感变化来调整传播内容。有学者认为："人工智能系统已经能够用多种方式识别人类的情感。有些是生理的，如监测人的呼吸频率和皮肤电反应；有些是口头的，如注意说话的速度、语调和用词；有些是视觉的，如分析面部表情。"② 当然，这种方法相对简单，很容易忽略或曲解用户的情感，不能与用户进行有效的情感互动。智能机器的设计者会通过提高机器情商，使人机交流过程更有情感甚至产生类似人际交流中的人情味。当然，从本质上看，这种情感是一种"伪情感"。因为机器能识别人的情绪，并提供相应的情感回应，不等于它们真的懂情感。并且机器在表达情感时，并不意味着机器真的拥有情感。尽管有人担心，当我们的个人感受和我们的思想被智媒体获得之后，我们的隐私性也随之被冒犯。但是，越来越多的人认为，懂得情绪的智媒体在对周边世界作出自己的情绪反应之后，人与智媒体之间的交流互动会更好。例如，当我们怒气冲冲地开始与智媒体交流时，智媒体感受到了我们的这种情绪状态，便可以用温柔的语言和柔和的音乐让我们冷静下来。美国未来学家理查德·扬克（Richard Yonck）指出，"我们所了解

---

① 喻国明：《技术革命主导下新闻学与传播学的学科重构与未来方向》，《新闻与写作》2020 年第 7 期。
② 〔英〕玛格丽特·博登：《AI：人工智能的本质与未来》，孙诗惠译，中国人民大学出版社，2017，第 86 页。

的、所珍视的人类智能,其核心在于情绪智能。没有情感能力,任何想趋近人类智能的努力也许都是徒劳。如果真是这样,那么人工智能想要达到更高级、更自如以至与人类智能相提并论的水平,就需要情绪智能这样的技术"[1]。正因如此,他坚信,智媒体可以让我们觉得它们真的是以懂我们人类情感的方式来与我们进行交流互动,从而成为我们社会实践的一部分。

四 传播模式:自动生成内容的新模式

随着 AI 技术自动生成内容的出现和运用,AIGC(AI Generated Content,指利用人工智能技术来生成内容)不仅能够自动生成内容,而且能被用户用来制作图片、文字、视频等多种类型的传播内容。智能写作机器人可以收集互联网上的相关信息,利用已有的报道模板把信息转变成新闻稿件,用不到一分钟的时间完成一篇新闻报道的撰写工作。早在 2009 年,美国职业棒球大联盟季后赛上,一款名为"StatsMonkey"(数据猴子)的人工软件就率先完成一篇机器稿件。"StatsMonkey"这一软件是由美国西北大学智能信息实验室开发的,专门从事体育新闻的写作。随后,路透社、Meta 纷纷开发自动新闻写作软件,并且依靠强大的数据平台完成了商业、政治、体育等方面的稿件撰写工作。国内新华社、封面新闻、腾讯、百度等纷纷开发了写稿机器人,极大地提升了写作效率,保证了写作的准确性和一致性。生成式人工智能在文生文、文生图、文生视频等方面展现出巨大潜力。这标志着人工智能技术不仅能够自动生成文本,与人类进行对话,而且可以根据文本自动生成视频,把人的想象力变成媒体上的真实数据,使得媒体上"逼真态"信息的制作更加便捷化。

智媒体可以快速地扫描数据,完成大量的信息收集和整理工作,辅

---

[1] 〔美〕理查德·扬克:《机器情人:当情感被算法操控》,布晚译,文汇出版社,2020,第 181 页。

助人类从事更具创造性的传播活动。智媒时代,每秒都可以产出海量信息。人无法全部浏览完这些信息,更谈不上分析这些信息并完成撰稿工作,但是智能机器人是可以快速搜集信息,提炼出结构化的数据,并输出分析结果的。对话写作机器人通过在预设的角色库中选择所需要的角色,输入我们所需要了解的信息,进而生成更具针对性的内容,或者进行连续的、相关的对话。例如,我们要求智媒体"给我们作一首诗,需要包含这样的词语、语句、感受",智媒体就会按照要求的词语、语句、感受等找寻合适的词句,进行组合排列,并且可以生成几十种甚至上百种。清华大学研发的人工智能诗歌写作系统——九歌就可以根据人们输入的关键字自动生成诗歌。国外出现了Claude、Poe、Bard、Gemini、Microsoft Copilot、Jasper等众多功能丰富的AI内容生成器。由此可见,智媒体可以全方位、全时化地生产传播内容,处理数据量大、时效性高的工作,并能自动地把相关信息进行关联,丰富稿件内容。

  智媒体的相关技术正在以指数级的速度增长,自动生成内容的传播模式亦会加速发展。指数级的增长是始于极微小的增长,而后以极快的速度爆炸式增长。这种增长是具有迷惑性的。当前的智媒体既能够学习人类的知识,也可以学习人的思维方式和认知方式。随着人工智能技术的飞速发展,智媒体会自动地创造出更加优良、更加智能的智媒体,而这个更加优良、更加智能的智媒体会接着创造出"它的下一代智媒体"。例如,美国人工智能公司"开放人工智能研究中心"(Open AI)在2023年推出人工智能聊天机器人ChatGPT之后,又在2024年2月发布了首款人工智能文本生成视频大模型Sora。这款专注于视频生成的大模型,通过输入文本或图片,可以使用多种方式生成、编辑视频。相较于Runway、Pika等文生视频工具,Sora在准确地理解用户提供的文本内容之后,可以将简短的文字直接生成长达60秒的高清的、连贯的、多角度的视频,运用景物、表情、色彩等元素涵盖了从人物到动物、公园、风景等广泛的主题,传达出烦恼、开心、孤独等各种情感色彩。这种加速发展是永无止境的，甚至可能创造出当前我们人类根本无法想象的世界。在一定程度上，这一模型能够深度模拟真实物理世界，标志着人工智能在理解真实世界场景并与之互动方面的飞跃。

雷·库兹韦尔曾用"技术奇点"（Singularity）一词来表示技术的进化超过了一定的限度，达到了和以往完全不一样的境界，即达到质变。他认为："'奇点'（Singularity）是一个英文单词，表示独特的事件以及种种奇异的影响。数学家用这个词来表示一个超越了任何限制的值，如除以一个越来越趋近于零的数，其结果将激增。"[1] 当智媒体的发展逐渐地接近技术奇点，智媒体的发展就将进入一个全新的传播领域。在这一领域中，我们需要从完全不同的层面上去思考人类的传播模式，进而思考人类社会的传播机制，以及人类在传播活动中的意义。

第三节　智媒时代传播的逻辑框架

智媒体的产生和发展带来了传播体制、传播技术、传播规模、传播结构、传播内容等方面的重大变革，引发了全世界的关注。智媒时代传播的内在逻辑是从媒体和时代的双重视角来全方位地考量智媒体在传播领域产生的深刻变革，系统地把握智媒体给人们思维方式、认知方式、生产方式、生活方式带来的新变化。从智媒体的社会性可知，智媒体发展给社会组织带来了重大变革。这是从社会关系的视角来把握传播媒介的变革，与马克思主义的技术观一脉相承，体现了运用马克思主义立场、观点、方法来把握智媒时代传播逻辑的方法论自觉。

一　智媒时代传播的内在逻辑

马克思在研究机器变革的种种现象之后，深入地把握技术变革与社

---

[1]〔美〕库兹韦尔:《奇点临近》，李庆诚、董振华、田源译，机械工业出版社，2011，第10页。

会变革之间的辩证关系，阐明了技术变革与现实的人的生活方式之间的内在逻辑。马克思明确指出："一旦生产力发生了革命——这一革命表现在工艺技术方面——，生产关系也就会发生革命。"① 那么，技术作为生产力的重要组成部分，是如何对现实的人的生活方式产生影响呢？马克思详细地阐释了从技术变革到人的生活方式改变的历程，即"'机械发明'，它引起'生产方式上的改变'，并且由此引起生产关系上的改变，因而引起社会关系上的改变，'并且归根到底'引起'工人的生活方式上'的改变"②。因此，"技术变革——生产方式变革——社会关系变革——人的生活方式改变"这一顺序表明技术变革改变着人们的生活方式。智媒时代传播的逻辑框架也是从智媒技术改变媒介形态开始的，进而变革整个传播结构，引发整个传播机制的变革，最终带来人们生产方式和生活方式的重大改变。

第一，智媒技术改变媒介形态，塑造了全新的媒介传播环境。方兴东等指出信息传播演进的历程是"网络传播——社交传播——智能传播"，而"智能传播超越了人力的生产与传播的能力瓶颈，直接以算法和数据为驱动，使内容生产效率和传播能力得到极大的拓展"③。智媒体建立在算法与数据的基础之上，超越了人类生产和传播的能力，带来了传播媒介的重大变革。例如，"媒体分享内容的质变：用3D的图片和VR视频彻底颠覆目前智能手机上的'老式'平面照片和视频"④。智媒体的发展极大地扩大了数据采集的范围，以及提高了数据采集的自动化程度。智能设备、传感器等快速发展，成为数据采集的主要工具，也是信息的重要来源。例如，智能手表、运动手环等可以把人的睡眠状况、运动心

---

① 《马克思恩格斯文集》第8卷，人民出版社，2009，第341页。
② 《马克思恩格斯文集》第8卷，人民出版社，2009，第343页。
③ 方兴东、钟祥铭、顾烨烨：《从TikTok到ChatGPT：智能传播的演进机理与变革路径》，《传媒观察》2023年第5期。
④ 〔美〕皮埃罗·斯加鲁菲：《人类2.0：在硅谷探索科技未来》，牛金霞、闫景立译，中信出版社，2017，第210页。

率、运动时间、运动速度等数据记录下来,并分享到社交媒体上,进而与更多人进行互动。在传感器的普及下,万物都具有信息采集、加工、传播甚至直接发布的媒体功能,逐渐形成万物皆媒、人人皆媒的全新传播生态。丹麦传播学者克劳斯·布鲁恩·延森指出,从"将世界容纳进一个媒介"到"世界作为一种媒介",是一个巨大的变化。[①] 美国学者约翰·杜海姆·彼得斯(John Durham Peters)把媒介视为生命与世界发生关系的中间之物,是存有的"基础设施",是我们行动和存有的栖息之地和凭借之物,[②] 认为媒介不仅是"关于"这个世界的,而且"就是"我们这个世界,[③] 从而把媒介的范围扩展到了自然之物。

传统的传播学通常视媒体为传递信息的工具、手段、渠道,但是智媒时代的智媒体正在模糊媒体与人类之间的严格界限,逐渐呈现去客体化的趋势。智媒体正在打破人与媒体之间主客二元对立的界限,重新建构着媒体的含义。媒体成为人类感知世界和认识世界的中介,也是人类开展社会实践的重要参考。智媒体可以分析和处理庞大的数据,有助于我们认识复杂的现实状况,解决我们受情感、观念、经验等主观因素影响而造成的事实扭曲问题。同时,智媒体正在从擅长衡量人们精神交往的数量走向擅长衡量人们精神交往的质量,并加大对人类情感的识别与分析技术、深度学习技术、人脑接口技术等的研发力度。这有助于提升智媒体描述人类社会活动的准确度,促进人与智媒体之间的深层互动。智媒体与人的互动日益密切,甚至让人难以区分与其进行交流的是人还是智能机器。智媒体在掌握大量的个体数据之后,会更了解个体的交流方式、交流习惯等个性化信息,更容易与个体展开深度交往,引导个体

---

① 〔丹麦〕克劳斯·布鲁恩·延森:《媒介融合:网络传播、大众传播和人际传播的三重维度》,刘君译,复旦大学出版社,2014,第85~86页。
② 〔美〕约翰·杜海姆·彼得斯:《奇云:媒介即存有》,邓建国译,复旦大学出版社,2020,第17页。
③ 〔美〕约翰·杜海姆·彼得斯:《奇云:媒介即存有》,邓建国译,复旦大学出版社,2020,第24页。

的价值认知。毕竟，智媒体采取不同的数据处理和分析方法就会出现不一样的结果，甚至可能出现截然不同的结论。这是由于智媒体所收集到的数据和信息往往是依据特定的价值倾向与价值观念生产出来的。我们最初设计的数据采集办法和算法条件将决定着智媒体推送何种信息，以及以何种方式推送所需的信息。智媒体的传播过程貌似公正客观，事实上，价值选择贯穿智媒体信息生产和传播的全过程。没有任何信息是原始的、天然的。智媒体的传播内容往往是根据特定人群的价值倾向和价值观念建立起来的，并且从信息内容的采集到分发、传播、反馈都伴随着人们的价值选择。因此，智媒时代的价值引导更为隐性化。

第二，智媒技术的发展引发了传播结构的重大变化，改变了传统的传播格局。传统媒体时代，传统媒体在传播活动中占据主导地位，进行着自上而下的主流价值观传播活动，且不同类型的媒体之间有着鲜明的差别。在这一过程中，传统媒体有选择地采集、编辑、过滤信息，帮助我们排除掉我们不需要、不想知道的信息，而把自认为重要的信息呈现在我们面前。这在媒体数量有限的情况下是可以实现的。但是，智媒体打破了媒体与非媒体、媒体与媒体之间的严格界限，挑战着传统媒体在传播活动中的主导地位。制造和发布信息早已不再是媒体的专属领域，每个人都可以随时随地地发布相关信息，每个装有传感器的物体都可能成为信息源。与信息源最接近的早已不再是记者，而是当事人、亲历者、该领域的从业人士、该问题的专业人士。面对海量的信息，人们越来越习惯借助智媒体来筛选信息、获取信息，并将生产信息与传播信息的权力掌握在自己的手里。

随着智媒技术的全面提升，智媒体重构着人类与机器之间的传播权力，甚至威胁到人类在信息传播活动中的主导权。在建立之初，智媒体就积极探索与人类交流互动的形式，融入人的传播活动之中。人在运用智媒体生产和传播信息的过程中，对智媒体的传播优势有了更为充分的认识，在一定程度上更加相信机器思维的客观性与公正性，特别是适应智媒体数据和算法的新思维。在人机互动的过程中，智媒体获得人类提供的越来越多的语料，学习了人类的思维方式，经过模型整理之后，得以迅速发展。智媒体将可以认知人类的情感，并能自动地根据不同场景来与人类进行互动，甚至可以融入人的创造性活动之中。智媒体的飞速发展使得人机交互形式更为丰富、更加多样化。人类在智媒体平台上花费的时间和精力增多，甚至对智媒体产生依赖。智媒时代的人机关系被重新界定，智媒体在传播中的地位被认可，人机共生的传播理念被提出和广泛传播。因此，有学者提出，"人机交互正超出人是控制者的传播观，传统的价值观无法解释和应对智能时代的人机关系"[1]，"智能媒体场域中的人机关系发生了由工具性寄生关系到竞争性共生关系的根本转变"[2]。随着"机器思维"的发展，日益逼近人类的智能机器人，是否还甘愿听从人的指令？是否可以独立从事传播活动？能否成为传播主体？我们是否需要交出一定的评价权、决策权、管理权？在智媒时代的传播活动中，是人类思维适应智媒体的发展，还是智媒体受人类的控制？同时，智媒体深入我们生活之中，我们每一个人应该对智媒技术的发展和应用进行什么样的价值反思？应该遵循什么样的价值标准来建构合理的人机关系、理想的智媒时代？如何在智媒时代保留人类的特质，并能引导智媒时代的价值导向？这些成为智媒时代的前沿问题。

第三，智媒技术变革了现有的社会关系，提出了研究和治理智媒时代的新问题，亟待规范智媒行业的传播秩序。在智媒时代，人们对现实世界的了解不是来自直接的、现实的接触，也不是来自实地的调研考察，而是通过数据和算法等模型来认识客观世界。这在一定程度上把客观世界简单化了，而过度地依赖算法和数据等智媒手段来认识客观世界很容易产生片面的、过激的、单一的观点。人们从媒体上获取客观对象的信息，而不是直接从客观对象之中来提炼客观对象的信息。这容易造成人

---

[1] 陈昌凤：《人机何以共生：传播的结构性变革与滞后的伦理观》，《新闻与写作》2022年第10期。
[2] 韩晓宁、耿晓梦、周思泽：《人机共生与价值共创：智媒时代新闻从业者与人工智能的关系重塑》，《中国编辑》2023年第3期。

们与客观对象的直接联系越来越弱，媒体在社会中的作用越来越强。运用智媒体平台来获取所需信息成为当前许多人的做法。同时，智媒体创造性地提升了媒体渗透能力，呈现高度的扩展性，极大地拓展了媒体整合社会各领域的范围。例如，微软把ChatGPT引入必应（Bing）和Edge，就能够更加智能地获得用户的真实需要。同时，智媒体可以把个体与个体连接在一起，也可以通过推荐传播内容把具有相似兴趣爱好或其他方面相似的人群连接在一起，成为群体连接的纽带。长此以往，这些群体内部的人逐渐形成长久的、稳定的互动关系，发展圈层的自我话语，而这容易导致多层面、多角度的信息壁垒，降低社会共同体的黏性，也增加形成全社会价值共识的难度。因此，智媒体不仅成为内容与用户之间的连接纽带，而且是人与人、人与服务之间的连接纽带，成为主动建构关系的连接者，也是人与世界连接的媒介。

与此同时，智媒时代出现了一些前所未有的治理难题，反映了人们对智媒体的快速发展的应对略显不足。例如，信息茧房、算法黑箱、隐私泄露、版权之争、算法歧视等问题成为智媒时代的社会治理难题。其中，智媒体生成内容是否具有原创性是智媒时代社会治理的代表性问题。这不仅直接关系到是否侵犯版权，以及在何种程度上侵犯版权的问题，而且关系到对原创性内容的讨论。理论界对于智媒体生产的传播内容是否具有原创性，存在着诸多争议。一种观点是完全否定智媒体内容生产的原创性，认为其处于信息组合的状态。例如，姜华认为，"这只是一种知识组合能力的提升，而非知识创造意义上的提升"[1]。李丰认为，"艺术创作中的深度学习算法本质上是经验回溯式的，既没有脱离既有经验的取向，也没有脱离既有经验的可能，而艺术家会在借鉴之外谋求对经验的否定和差异化"[2]。赵汀阳也指出，"真正的创造性一定有智力难度，主

---

[1] 姜华：《从辛弃疾到GPT：人工智能对人类知识生产格局的重塑及其效应》，《南京社会科学》2023年第4期。
[2] 李丰：《人工智能与艺术创作——人工智能能够取代艺术家吗?》，《现代哲学》2018年第6期。

要是创造概念和理论、发现规律或提出定理。创造性有着逻辑或数学无法表达的品质，这一点似乎说明了人工智能难以发生创造性，因为人工智能的本质是数学和逻辑"[1]。另一种观点是承认智媒体生产的内容具有原创性，因为其通过深度学习机制能够理解数据的模型、结构和关联，创造出新的数据。例如，有学者认为，AIGC"其能力超越了简单地复制训练数据"[2]。邓建国也认为："人类将能以ChatGPT训练合作伙伴，不断掀起基于和超越人工智能生产内容的新的'浪漫主义运动'，最终变得越来越具有创造性。"[3] 还有一种观点中和了以上两种观点，认为智媒体生产的内容在一定程度上具有原创性，或者可以辅助人类进行原创性内容的生产。例如，李建会、夏永红认为："目前在音乐、美术、诗歌等领域的一些智能创作工具，大都满足创造力的能动者的判准之一（即可以有能力未经外部干预而产生新的变异）、判准之二（即自动地使变异大概率地位于规范空间之内），这些创作甚至可以通过图灵测试，但这仍然只是弱创造力。"[4] 彭兰认为："机器生产的内容本身仍有一定的创造性，人如果能利用好机器，也会形成内容生产中的创造性。"[5]

许多学者认同人工智能具有创造力。英国科学院院士、人工智能哲学家玛格丽特·博登（Margaret A. Boden）提出，"人工智能概念还有助于解释人类的创造力。借此，我们可以分出三种类型的创造力：组合型、探索型和变革型"[6]，并且"三种创造力都发生在人工智能中"[7]，"探索

---

[1] 赵汀阳：《GPT推进哲学问题了吗》，《探索与争鸣》2023年第3期。
[2] 赵宜：《人机共创、数据融合与多模态模型：生成式AI的电影艺术与文化工业批判》，《当代电影》2023年第8期。
[3] 邓建国：《概率与反馈：ChatGPT的智能原理与人机内容共创》，《南京社会科学》2023年第3期。
[4] 李建会、夏永红：《人工智能会获得创造力吗?》，《国外社会科学》2020年第5期。
[5] 彭兰：《智能生成内容如何影响人的认知与创造?》，《编辑之友》2023年第11期。
[6] 〔英〕玛格丽特·博登：《AI：人工智能的本质与未来》，孙诗惠译，中国人民大学出版社，2017，第80~81页。
[7] 〔英〕玛格丽特·博登：《AI：人工智能的本质与未来》，孙诗惠译，中国人民大学出版社，2017，第82页。

型创造力最适合人工智能","有些人工智能的探索能与人类取得的杰出成就相媲美——如按照肖邦或巴赫的风格创作音乐,又有多少人能做到这一点?"① 事实上,人类的许多创造性成果也是建立在重组已有的观念或对象的基础之上的,从而给人们带来新思路、新方法。智媒体强大的学习能力使其可以生成用户所要求的报告、诗文、视频等,还能规定它所生成内容的语调、格式和长度。例如,个体可以通过智媒体来生成自己想要的短视频,并把短视频投放到媒体平台上进行传播。

第四,智媒体变革了人们的生活方式,成为人们生活中重要的组成部分。人类越来越依赖智媒体,把智媒体融入人们的日常生活之中,让智媒体重构人们的交往关系。智媒体平台上的交流互动不仅可以使我们更清晰地了解他人的观点和看法,而且在互动的过程中可以使我们更好地认识自己,更全面地获取关于自己的认知。因为"按照自我的趣味和要求,去选择他者的存在,他者就是自我的延长,是自我的同类复制"②。智媒体正在搜集着世界的各类数据,并且数据量仍在飞速增长。在人类与智媒体交往之前,智媒体已经拥有了人类的相关数据,可谓比个人自身更了解个人的信息需求、交往习惯、交往方式。而在人类与智媒体交互的过程之中,智媒体所拥有的与人类相关的数据仍然不断增加,并且不断更新,可以动态地掌握人类需求的变化情况。有学者形象地指出,"以数据而不是内容和用户来直接影响甚至操控大众深层次的认知成为现实"③。基于强大的数据库,智媒体可以理解人类所下达的指令,主动地生成易于用户理解的语言,还能够回应人类的情感诉求,与用户形成有效的、强交互性的对话。在人与智媒体的持续性互动过程之中,智媒体可以整合文本、图片、视频等差异化的信息形式,实现人与智媒体视觉、

---

① 〔英〕玛格丽特·博登:《AI:人工智能的本质与未来》,孙诗惠译,中国人民大学出版社,2017,第83页。
② 陈卫星:《传播的观念》,人民出版社,2004,第190页。
③ 方兴东、钟祥铭、顾烨烨:《从 TikTok 到 ChatGPT:智能传播的演进机理与变革路径》,《传媒观察》2023年第5期。

听觉等全身心的深度融合，使用户的感知体验最大化。

随着媒体智能化水平的提升，人们在生产方式、生活方式、认识方式、思维方式等方面呈现出对智媒体的巨大依赖。我们习惯于借助智媒体来认识和理解世界，甚至理解自身。无论是在国内还是在国外，无论是在旅途还是在家中，无论是在工作还是在生活中，我们时刻都被智媒体包围。时至今日，我们可能无法离开智媒体。在生产过程中，媒体成为连接生产、交换、分配、消费的重要纽带，促进人与人在交流互动中更为准确地掌握相关信息，也在最大程度上贡献集体智慧，推动着共享生产方式的形成和发展。在生活方式中，人们每天花费在智媒体平台上的时间越来越多，从偶有使用到片刻不离，再到沉迷其中。人们下意识地打开某个App，在这个App上消耗很长时间，对其形成严重依赖。当前，使用智媒体的群体出现低龄化、娱乐化倾向。在认识方式上，越来越多的人通过智媒体平台上提供的信息来获知事件或改变对事情的认知，评判事件的是非曲直，甚至由此决定下一步采取的行动。在思维方式上，受智媒体娱乐化、碎片化传播内容的影响，许许多多的人沉浸在感性的、非理性的思维之中，理性思考和独立判断能力弱化。智媒体已然成为当今人们精神交往的主要媒介形式，既是人们获取信息、认识世界的重要形式，也是人们展开价值评判和价值创造的重要依据，深深地嵌入我们的社会实践之中。

二 智媒时代的传播实质及方法论自觉

智媒时代的传播实质是机器思维与人类思维的协同发展问题。在智媒时代，人机共生并不是把传播工作交给智媒体，而是在智媒体承担部分工作的条件下，人重新确认自身在智媒时代传播活动中的定位与角色，进而在传播活动中发挥自身强项。人们利用智媒体来获取信息，辅助工作，希望智媒体成为自己的助手，而不是被智媒体取代。因此，人们需要提升自己对智媒体的理解和应用能力，以实现人机共同传播。当然，人机交流与人际交流之间存在着本质性的差别。人际交流把性格、动机、诉求、场景等交融在一起，人们之间的交流互动都是人作为传播主体发挥作用。人机交流则是可以"定制的"。在不同的情境之下，人们可以选择不同的性格、差异性功能、个性化的对话来进行人机互动，实现不同目的的工具性使用。在人机交流的过程中，人们希望一直是信息交流的控制者和主导者，并且不要求人机交流达到与人际交流同等的效果。未来，随着人机交流频率的提高与交流程度的加深，人际交流很可能会面临一些新的问题与挑战，如对他人的关注度和感受能力下降、谈话的控制欲望增强、人际交流的时间和欲望缺少。面对智媒体的无形影响，人类应利用机器思维来丰富自身的认知，提高准确处理问题的能力，也应清醒地认识到机器思维的局限性。

就价值引导而言，关键是如何让积极、健康、向上的价值观成为智媒时代的主流价值观，并为人们所认同和认可。智媒体正在以无形的方式来影响人们的价值取向。"Facebook 和 Twitter 肯定是媒体，但是，他们是只允许你喜欢某样东西，不允许你讨厌某样东西。只有'点赞'按钮，没有'讨厌'按钮。"[1] 因此，低俗的、负面的、消极的价值观有可能因为网友的点赞而在智媒时代广为传播。在阅读量、点赞量、转载量等支持下，智媒时代评判信息的标准不再是传播内容是否体现正能量，是否是积极、健康、向上的价值观，是否值得在智媒时代传播。恰如皮埃罗·斯加鲁菲所指出的："更值得警惕的是，如今我们判断一个社交网络上信息的价值时，经常采用的是'虚荣指标'（看有多少人给你点赞）：我们测量不是事件或观点有多重要，而是它有多少'奉承者'。原来媒体判断信息重要性与否的诸多标准到哪里去了？为什么现在完全被简化为'阅读量'和'点赞量'了？这又会滋生多少哗众取宠的胡言乱语？"[2]

---

[1] 〔美〕皮埃罗·斯加鲁菲：《人类2.0：在硅谷探索科技未来》，牛金霞、闫景立译，中信出版社，2017，第199页。

[2] 〔美〕皮埃罗·斯加鲁菲：《人类2.0：在硅谷探索科技未来》，牛金霞、闫景立译，中信出版社，2017，第198页。

智媒体的传播活动是基于一定的价值观及相应的价值评判展开的，具有特定的价值倾向。彭兰教授认为，智媒体"继承着人们以往的价值观，包括偏见、歧视，同时又通过它的强制作用使人们屈从于其价值框架"[①]。美国计算机科学教授斯图尔特·罗素（Stuart Russell）提出，智媒体所依赖的算法有着与人类价值观不一致的价值观，并且认为，"到目前为止，人工智能的研究主要集中在设计出能更好做出决策的系统上，但这与做出更好的决策是不一样的。无论它的算法多么优秀，也不管它的世界模型多么精确，如果一个机器的效用函数与人类价值不一致，那么很可能在一个普通人眼中它的决策就是愚蠢至极"[②]。因此，如何优化智媒体的设计、如何把先进价值观融入智媒体的设计之中，成为智媒体未来发展的目标。

在认识和把握智媒时代传播活动的过程中，我们应坚持马克思主义的方法论自觉，从社会关系的视角来把握智媒时代的传播关系，认识到智媒时代所引发的媒体所有权和控制权的变革。在海量的信息面前，人们只能关注有限的信息。毕竟每个人每天的精力和时间有限，无法浏览完每天甚至每秒所产生的信息。因此，一些智媒体平台和机构开始运用形形色色的方式来吸引用户，拥有上亿乃至几十亿用户，形成超级媒体平台。而这些超级媒体平台成为人们获取信息的首要渠道，促使多层次、多领域、多维度的"再中心化"的传播格局逐渐形成。网络大V、头部网络账号、某个领域的达人、极高关注度的媒体平台等正在成为传播范围广、影响力度大的传媒主体。网络上的热搜新闻与大型媒体机构的推广密不可分。这也就预示着媒体的所有权与控制权正在进一步集中。财富和权力很可能会集中到拥有智媒技术的极少数人手中，造成人与人、群体与群体之间前所未有的传播权力的不平等。正如尤瓦尔·赫拉利所

---

① 彭兰：《智能与涌现：智能传播时代的新媒介、新关系、新生存》，电子工业出版社，2023，第12页。
② 转引自〔美〕约翰·布罗克曼编著《AI的25种可能》，王佳音译，浙江人民出版社，2019，第48页。

指出:"随着算法将人类挤出就业市场,财富和权力可能会集中在拥有强大算法的极少数精英手中,造成前所未有的社会及政治不平等。"① 资本主义国家的许多学者尽管看到了智媒时代传播活动在提升人们传播主动性的同时,也隐形地控制着人们的精神交往,但是,他们并没有意识到人们在身心双重压迫下必将产生出强大的反对资本控制的精神,也没有看到人们将比以往任何时候都具有传播自主性。这种传播活动的自主性将成为推动人的自由全面发展的助力,也是反抗资本主义、建设社会主义的前提。社会主义核心价值观既有助于推动智媒时代的人们拥有传播活动的主动权,也有助于建构积极、健康、向上的传播关系。

---

① 〔以色列〕尤瓦尔·赫拉利:《未来简史:从智人到神人》,林俊宏译,中信出版社,2017,第292页。

第二章　社会主义核心价值观传播机制的元思考

"元思考"是根本的、终究的思考，对社会主义核心价值观传播机制的元思考是国家发展前途和人民幸福安康的时代呼唤。在党的十八大报告中，我们党在坚持社会主义核心价值体系、科学社会主义价值意蕴的前提之下，明确提出要"积极培育和践行社会主义核心价值观"[1]。党的十八大以来，积极培育和践行社会主义核心价值观是新时代坚持和发展中国特色社会主义、实现中华民族伟大复兴的重要战略任务，也是培育社会主义新人的重要路径。党的二十大报告更是明确强调，"社会主义核心价值观是凝聚人心、汇聚民力的强大力量"，要求"深入开展社会主义核心价值观宣传教育""推动理想信念教育常态化制度化""用社会主义核心价值观铸魂育人""把社会主义核心价值观融入法治建设、融入社会发展、融入日常生活"[2]。那么，什么是社会主义核心价值观？社会主义核心价值观与中国特色社会主义、科学社会主义的价值意蕴之间是什么样的关系？这些问题需要从哲学层次上展开深入思考，澄清在社会主义核心价值观、社会主义核心价值观传播机制方面存在着的种种误解。

---

[1] 《十八大以来重要文献选编》（上），中央文献出版社，2014，第25页。
[2] 《习近平著作选读》第1卷，人民出版社，2023，第36页。

第二章　社会主义核心价值观传播机制的元思考

第一节　社会主义核心价值观与科学社会主义的价值意蕴

科学社会主义的价值意蕴（社会主义、集体主义、爱国主义），是理解和把握社会主义核心价值观的基础和关键。离开科学社会主义的价值意蕴，社会主义核心价值观就失去了基础，也就失去其自身的含义，不再是社会主义社会形态的核心价值观。因此，无论是社会主义核心价值观的进一步凝练，还是社会主义核心价值观在现实社会中的培育和践行，都应建立在科学社会主义的价值意蕴基础之上。

一　社会主义核心价值观的含义

由于马克思主义经典作家没有明确阐述"什么是社会主义核心价值观""如何建设社会主义核心价值观"，这就给社会主义理论和实践带来了一个世界性的价值难题。马克思发现了人类社会形态的发展存在着不以人的意志为转移的客观规律，揭示出资本主义社会产生、发展、灭亡的客观规律，预测出资本主义必然灭亡、社会主义必然胜利的发展趋势。基于此，马克思、恩格斯辩证地看待当时社会形态的价值观——资本主义价值观，但是，对资本主义社会之后的、高级的社会主义价值观的设想，始终慎之又慎。他们一再宣称并坚持不为未来任何社会提供"一劳永逸的现成方案"[①]。所以，他们批判资本主义"自由、平等、博爱"的价值观，但是，并没有具体阐述社会主义价值观。

国内学者对社会主义核心价值观的含义众说纷纭、莫衷一是，但是对于社会主义核心价值观的要点和生成方法有较为一致的看法。理论界普遍认为，社会主义核心价值观源自无产阶级价值信念、价值信仰、价值理想、价值标准、价值取向，是在社会主义理论和实践中形成的关于

---

① 《马克思恩格斯文集》第10卷，人民出版社，2009，第548页。

社会主义核心价值的根本观点、根本看法的高度概括和总结。社会主义核心价值既包括客体在多大程度上满足无产阶级需要的工具性价值，也包括社会主义社会形态本身的核心价值。因而，社会主义核心价值观反映了社会主义社会形态的本质及价值观念，在科学社会主义理论中处于基础地位的价值观，集中解决我们要建设什么样的国家、建设什么样的社会、培育什么样的公民的问题。鉴于此，社会主义核心价值观的基本内容被概括为"富强、民主、文明、和谐""自由、平等、公正、法治""爱国、敬业、诚信、友善"。

二 科学社会主义的价值意蕴

随着新时代中国特色社会主义的深入发展，我国对社会主义建设过程中必须坚持的基本价值原则更为清晰。社会主义体现社会主义社会形态的本质，是我国经济建设、政治建设、文化建设、社会建设和生态文明建设的基本价值原则，决定了我国未来社会发展的道路走向和制度的根本性质；集体主义是社会主义社会形态的本质要求，是社会主义社会的价值标准；爱国主义是与社会主义、集体主义相结合的爱国主义，是社会主义建设的精神支柱。其中，社会主义的价值原则决定了集体主义、爱国主义的价值原则，而集体主义、爱国主义的价值原则体现了社会主义的价值原则。三者可视为科学社会主义的价值意蕴。

（一）社会主义

社会主义的价值原则是在继承以往社会形态各种先进价值观念的基础之上形成的，是在社会主义社会形态中占主导地位的价值观念。每一种价值原则都是由一定的生产关系所决定，同一定的经济社会形态相适应。社会主义的价值原则与资本主义价值观有着本质差别。社会主义的价值原则萌芽于资本主义社会，代表着对资本主义社会的变革，同它相适应的生产关系是生产资料公有制，而不是与社会化大生产相矛盾的资本主义生产资料私有制；同它相适应的经济社会形态不是资本主义社会，

第二章 社会主义核心价值观传播机制的元思考

而是共产主义社会，其中包括处于共产主义社会的低级阶段的社会主义社会。恩格斯曾指出，社会主义社会与资本主义社会"具有决定意义的差别当然在于，在实行全部生产资料公有制（先是国家的）基础上组织生产"①。社会主义的价值原则是在消灭剥削制度和私有制的基础上形成的，是一种与社会化大生产相适应的公有制的制度形式，彻底地解决了社会化大生产与资本主义生产资料私有制之间的内在矛盾。

社会主义的价值原则以人的自由全面发展为价值追求，体现在社会主义社会形态的法律规范、道德规范和各种制度体制之中，是我国经济、政治、文化的价值原则。社会主义社会目的是在全世界建立"以每一个个人的全面而自由的发展为基本原则的社会形式"②，而"每个人的自由发展是一切人的自由发展的条件"③。于是，社会主义的价值原则的最高目标是人的自由全面发展，而这一最高目标的实现是要建立在一定的经济基础之上的，是需要通过日益完善的社会主义制度不断地解放生产力、发展生产力并且在现实社会中实现的。因而，社会主义的价值原则通过不断地变革现有的生产力和生产关系，以全面提高人民的物质文化水平。"中国特色社会主义进入新时代，我国社会主要矛盾已经转化为人民日益增长的美好生活需要和不平衡不充分的发展之间的矛盾。"④ 我国社会主要矛盾的变化反映了社会主义全局的历史性变化，具体地体现了社会主义的价值原则。因此为了解决我国社会的主要矛盾，我们需要"着力解决好发展不平衡不充分问题，大力提升发展质量和效益，更好满足人民在经济、政治、文化、社会、生态等方面日益增长的需要，更好推动人的全面发展、社会全面进步"⑤。智媒时代社会主义核心价值观传播机制的创新恰恰是为了更好地满足人们在精神交往方面的需求。

---

① 《马克思恩格斯文集》第 10 卷，人民出版社，2009，第 588 页。
② 《马克思恩格斯文集》第 5 卷，人民出版社，2009，第 683 页。
③ 《马克思恩格斯文集》第 2 卷，人民出版社，2009，第 53 页。
④ 《习近平著作选读》第 2 卷，人民出版社，2023，第 9 页。
⑤ 《习近平著作选读》第 2 卷，人民出版社，2023，第 10 页。

社会主义的价值原则需要与具体国家、民族、地区的实际情况相结合，并用来指导社会主义国家的建设。由于特定国家的经济基础不同、社会性质不同，社会主义的价值原则的实现要基于特定国家的实际情况。中国特色社会主义制度是马克思主义基本原理与中国具体实际相结合的产物，体现了科学社会主义的价值追求。中国共产党创造性地提出中国特色社会主义制度，明确指出："中国特色社会主义制度，就是人民代表大会制度的根本政治制度，中国共产党领导的多党合作和政治协商制度、民族区域自治制度以及基层群众自治制度等基本政治制度，中国特色社会主义法律体系，公有制为主体、多种所有制经济共同发展的基本经济制度，以及建立在这些制度基础上的经济体制、政治体制、文化体制、社会体制等各项具体制度。"① 这一概括明确地把中国特色社会主义制度分为根本制度、基本制度、具体制度三个层面，并且这三个层面之间是相互联系、有机统一的，具体地体现着社会主义的价值原则，反映出中国特色社会主义的特点和优势。因而，中国特色社会主义制度契合新时代中国特色社会主义的实际情况，体现了运用社会主义的价值原则来指导我国社会主义建设。

社会主义的价值原则实现的关键是坚持无产阶级政党的正确领导。无产阶级政党应自觉地从社会主义的价值原则出发来制定相关政策，并不遗余力地将社会主义的价值原则付诸实践。恩格斯指出，无产阶级要摆脱资产阶级的统治，"最好的办法就是在每一个国家里建立一个无产阶级的政党，这个政党要有它自己的政策，这种政策显然与其他政党的政策不同"②。无产阶级政党不仅在理论上有自己的政策来消灭私有制，维护无产阶级的整体利益，而且要坚定地将政策付诸社会主义实践。《共产党宣言》明确指出，"共产党人同其他无产阶级政党不同的地方只是：一方面，在无产者不同的民族的斗争中，共产党人强调和坚持整个无产阶

---

① 《全面建成小康社会重要文献选编》（上），人民出版社、新华出版社，2022，第659页。
② 《马克思恩格斯文集》第3卷，人民出版社，2009，第92页。

级共同的不分民族的利益;另一方面,在无产阶级和资产阶级的斗争所经历的各个发展阶段上,共产党人始终代表整个运动的利益"①,其进一步强调,"在实践方面,共产党人是各国工人政党中最坚决的、始终起推动作用的部分;在理论方面,他们胜过其余无产阶级群众的地方在于他们了解无产阶级运动的条件、进程和一般结果"②。在我国,就是要坚持中国共产党的领导。"党的领导是做好党和国家各项工作的根本保证,是我国政治稳定、经济发展、民族团结、社会稳定的根本点。"③ 中国共产党作为无产阶级政党,是最高的政治领导力量,更是全面建设社会主义现代化国家的根本政治保证。

(二)集体主义

集体主义的价值原则是社会主义社会形态的本质要求,符合以生产资料公有制为基础的经济社会形态的价值要求,是从无产阶级的阶级利益中发展而来的价值观念。与生产资料公有制相适应的价值观是在扬弃资本主义私有制的基础之上的集体主义价值观,是对个人主义价值观的扬弃,更是对资本主义社会之前"旧集体主义"的"否定之否定"。因而,"从经济基础来看,集体主义是建立在社会的公有制经济基础之上,并以维护和发展社会主义的公有制为目的。从政治上来说,集体主义体现工人阶级、广大人民掌握政权的民主政治制度和民主集中制原则。作为一种价值原则,集体主义主张集体利益与个人利益的辩证统一,强调集体利益高于个人利益,重视保障个人的正当利益"④。由于集体主义的价值原则与科学社会主义的价值要求高度一致,许多国外学者将集体主义视为社会主义的同义词。

集体主义的价值原则作为社会主义社会处理个体与集体关系的价值标准,是在社会主义社会的实践中逐渐发展和完善的。无产阶级从一开

---

① 《马克思恩格斯文集》第2卷,人民出版社,2009,第44页。
② 《马克思恩格斯文集》第2卷,人民出版社,2009,第44页。
③ 《习近平著作选读》第1卷,人民出版社,2023,第192页。
④ 罗国杰:《论个人主义同集体主义的对立》,《中国高等教育》1990年第10期。

始就没有自己的特殊利益,所以,无产阶级的阶级利益完全不同于其他阶级的阶级利益,是与全人类的共同利益高度一致的。也正因如此,无产阶级只有解放了全人类,才能实现自身的解放。马克思恩格斯曾鲜明地指出:"被剥削被压迫的阶级(无产阶级),如果不同时使整个社会一劳永逸地摆脱一切剥削、压迫以及阶级差别和阶级斗争,就不能使自己从进行剥削和统治的那个阶级(资产阶级)的奴役下解放出来。"[1] 科学社会主义的价值意蕴是从无产阶级的阶级利益出发,而集体主义的价值原则正是无产阶级和劳动人民整体利益的价值体现。"过去的一切运动都是少数人的,或者为少数人谋利益的运动。无产阶级的运动是绝大多数人的,为绝大多数人谋利益的独立的运动。"[2] 社会主义的价值原则不可能是个人主义的价值原则,因为单个人的、孤立的运动无法取得社会主义运动和社会主义建设的成功。只有通过集体主义的价值原则来团结一切可以团结的力量,形成有组织的群众运动,才能取得社会主义运动和社会主义建设的成功。社会主义的集体主义正是"资本主义之后的社会主义处理个人与社会关系的价值原则……是对整体主义和个人主义的一种辩证否定和超越,即它在历史生成中吸收了整体主义和个人主义中积极合理的因素,又努力克服它们内在的缺陷,否定它们的形式,从而成为一种新的价值观念形态"[3]。因而,集体主义的价值原则完全不同于以往一切剥削社会的整体主义,而是从无产阶级的整体利益出发的。这个整体利益与整个社会主义社会的发展趋势和前进方向相一致,契合人类社会形态发展的客观规律。

正确地处理集体利益与个人利益之间的关系,是人们认识和认同集体主义价值原则的重要方面。集体主义原则辩证地看待集体利益与个人利益的关系,在强调集体利益高于个人利益的同时,也指出个人正当利

---

[1] 《马克思恩格斯文集》第2卷,人民出版社,2009,第14页。
[2] 《马克思恩格斯文集》第2卷,人民出版社,2009,第42页。
[3] 参见吴向东《集体主义:社会主义的核心价值观》,载于中国辩证唯物主义研究会编《马克思主义哲学论丛》2012年秋季号,社会科学文献出版社,2013。

益的重要性，而不只是一味地强调集体利益而忽视个人利益，甚至损害个人利益。"我们的集体主义既强调个人利益应当服从集体利益，甚至主张在必要时，为了维护集体利益而牺牲个人利益，又强调集体应当尽最大可能来关心个人的正当利益，保证集体中每个成员的正当利益的实现。从这个意义上来说，集体和个人之间的权利和义务是双向的而不是单向的，是辩证统一的而不是绝对对立的。"① 那种把集体主义理解为仅仅是个人无条件地服从集体，而集体完全无视个人利益的观点是错误的、教条的。集体主义重视个人的正当利益，维护个人的权利、尊严，鼓励大家为了集体利益而不断努力。恰如马克思恩格斯所言："只有在共同体中，个人才能获得全面发展其才能的手段，也就是说，只有在共同体中才可能有个人自由。"②

（三）爱国主义

爱国主义的价值原则充分发挥全国和各民族的共同力量，集中体现国家和民族的根本利益，是中华民族精神的核心。什么是爱国主义呢？吴潜涛等学者指出："爱国主义是反映个人对祖国依赖关系的感情系统，是调整个人与祖国之间关系的行为准则体系，也是支撑民族繁荣发展的民族精神的核心。"③ 我们可以从感情系统、行为准则体系、民族精神三个层面来把握爱国主义的含义。明确爱国主义的内涵是把爱国主义的理想追求与社会主义的价值原则相联系的前提和基础。作为感情系统的爱国主义表现为人们对祖国大好河山、历史文化的深深眷恋，对本国风俗习惯、优良传统的深厚情感，是对各族人民、海外侨胞、祖宗先辈的热爱，更表现为维护祖国的领土完整、反对分裂。作为行为准则体系的爱国主义包含着道德规范、法律规范和政治准则，是评判个人行为和社会道德状况的重要尺度。作为民族精神的爱国主义"是对中华民族精神发

---

① 罗国杰：《论个人主义同集体主义的对立》，《中国高等教育》1990年第10期。
② 《马克思恩格斯文集》第1卷，人民出版社，2009，第571页。
③ 吴潜涛、杨峻岭：《全面理解爱国主义的科学内涵》，《高校理论战线》2011年第10期。

展主线的清晰勾勒，也是对爱国主义在中华民族精神整体结构中的地位的精辟揭示"①。习近平总书记指出，中华民族生生不息、不断发展的重要原因在于，"我们有以爱国主义为核心的民族精神，有一脉相承的价值追求"②。因此，爱国主义有助于增强民族凝聚力，共同促进祖国发展。

爱国主义是一个历史范畴。在不同的历史时期、不同的社会制度之下，爱国主义具有不同的含义和要求。即使在同一历史阶段、同一社会制度之下，不同的群体也可以从不同的视角来理解爱国主义。毛泽东指出："爱国主义的具体内容，看在什么样的历史条件之下来决定。"③江泽民不仅肯定了这一看法，而且阐释了爱国主义在我国不同历史时期的具体表现："在新民主主义革命时期，爱国主义主要表现为致力于推翻帝国主义、封建主义、官僚资本主义反动统治的斗争，把黑暗的旧中国改造成为光明的新中国。在现阶段，爱国主义主要表现为献身于建设和保卫社会主义现代化事业，献身于促进祖国统一事业。"④习近平总书记特别指出，要运用爱国主义精神来培育社会主义时代新人，明确指出"弘扬爱国主义精神要从少年儿童抓起，要把爱国主义贯穿教育和精神文明建设全过程"⑤，"要教育引导学生把自身的理想同祖国的前途、把自己的命运同民族的命运紧密联系在一起"⑥，"增强爱国意识和爱国情感，增强民族自豪感和自信心，让爱国主义精神在学生心中牢牢扎根，时刻不忘自己是中国人"⑦。

新时代的爱国主义就是要建设中国特色社会主义，实现中华民族伟大复兴。爱国主义从来就是具体的、现实的，具有鲜明的时代特征，"爱国"就是爱现实的社会主义国家，建成富强民主文明和谐美丽的社会主义现代化强国、实现中华民族伟大复兴的中国梦。"在今天，我们讲爱国

---

① 吴潜涛、杨峻岭：《全面理解爱国主义的科学内涵》，《高校理论战线》2011年第10期。
② 《习近平著作选读》第1卷，人民出版社，2023，第286页。
③ 《毛泽东选集》第2卷，人民出版社，1991，第520页。
④ 《江泽民文选》第1卷，人民出版社，2006，第121页。
⑤ 《习近平著作选读》第2卷，人民出版社，2023，第197页。
⑥ 《习近平著作选读》第2卷，人民出版社，2023，第197页。
⑦ 《习近平著作选读》第2卷，人民出版社，2023，第198页。

就是要爱社会主义祖国，拥护中国共产党的领导，把个人的理想和事业融汇于祖国的社会主义现代化建设的伟大事业中。"① 邓小平曾严厉地批评把爱国主义与社会主义对立起来的错误观点："有人说不爱社会主义不等于不爱国。难道祖国是抽象的吗？不爱共产党领导的社会主义的新中国，爱什么呢？港澳、台湾、海外的爱国同胞，不能要求他们都拥护社会主义，但是至少也不能反对社会主义的新中国，否则怎么叫爱祖国呢？"② 习近平总书记要求把爱国主义与热爱共产党、热爱社会主义相结合，指出："只有坚持爱国和爱党爱社会主义相统一，爱国主义才是鲜活的、真实的，这是当代中国爱国主义精神最重要的体现。"③

评判爱国与否的基本标准是是否维护国家利益。国家代表一种公共的权力。"国家的本质特征，是和人民大众分离的公共权力。"④ 公共权力体现国家的本质特征，主要用来维护国家的公共利益。任何人类生存的共同体都存在着与这个共同体所有成员的生存和发展息息相关的公共利益。这种共同利益体现在国家主权、国家领土、公共事业、公正合理的社会制度、维护公共秩序的法治建设和道德建设等方面。判断是否爱国的标准是是否维护这种公共利益。对于个人来说，爱国主义就要有高度的民族自豪感，要在自己的工作、生活、学习中自觉地推动社会主义现代化事业发展，为实现中国梦作出自己的贡献。爱国主义不仅是对公民个人的要求，而且是对政府的要求。因为这种公共利益的存在与发展需要通过行使公共权力的机构——政府来实现。习近平总书记明确提出："我们要坚决维护国家主权、安全、发展利益，任何外国不要指望我们会拿自己的核心利益做交易，不要指望我们会吞下损害我国主权、安全、发展利益的苦果。"⑤ 正因如此，爱国主义的价值原则把个人、国家、中

---

① 《十四大以来重要文献选编》（中），人民出版社，1997，第1393~1394页。
② 《邓小平文选》第2卷，人民出版社，1994，第392页。
③ 《习近平著作选读》第2卷，人民出版社，2023，第198页。
④ 《马克思恩格斯文集》第4卷，人民出版社，2009，第135页。
⑤ 《习近平谈治国理政》，外文出版社，2014，第30页。

国共产党紧密地联系在一起,把全国各族人民密切地团结在一起,成为实现中华民族伟大复兴的强大精神力量。

三 社会主义核心价值观与科学社会主义的价值意蕴

社会主义核心价值观的基本内容是在2013年12月印发的《关于培育和践行社会主义核心价值观的意见》(以下简称《意见》)中首次明确提出来的。《意见》指出:"富强、民主、文明、和谐是国家层面的价值目标,自由、平等、公正、法治是社会层面的价值取向,爱国、敬业、诚信、友善是公民个人层面的价值准则,这二十四个字是社会主义核心价值观的基本内容,为培育和践行社会主义核心价值观提供了基本遵循。"[1] 要深入地把握社会主义核心价值观的基本内容,可以从科学社会主义的价值意蕴的视角来理解。

科学社会主义的价值意蕴符合科学社会主义理论的价值追求,契合我国的实际情况,并在社会主义核心价值观建设中发挥着至关重要的作用。中国共产党在党的文件中多次强调"用爱国主义、集体主义、社会主义教育人民",不断地发展社会主义先进文化,丰富人民的精神生活。党的十六届六中全会通过的《中共中央关于构建社会主义和谐社会若干重大问题的决定》视"社会主义、集体主义、爱国主义"为社会主义核心价值体系建设的重要内容,"倡导爱国主义、集体主义、社会主义思想"[2]。党的十八大报告在强调"爱国主义、集体主义、社会主义"之后,明确提出"三个倡导",使之成为社会主义核心价值观建设的奋斗目标。党的二十大报告把"深化爱国主义、集体主义、社会主义教育,着力培养担当民族复兴大任的时代新人"作为"广泛践行社会主义核心价值观"的重要组成部分,[3] 实现了科学社会主义的价值意蕴与社会主义核

---

[1] 《十八大以来重要文献选编》(上),中央文献出版社,2014,第578页。
[2] 《十六大以来重要文献选编》(下),中央文献出版社,2008,第661页。
[3] 习近平:《高举中国特色社会主义伟大旗帜 为全面建设社会主义现代化国家而团结奋斗——在中国共产党第二十次全国代表大会上的报告》,人民出版社,2022,第44页。

第二章　社会主义核心价值观传播机制的元思考

心价值观的有机统一。

"富强、民主、文明、和谐"作为国家层面的价值目标，是科学社会主义的价值意蕴在国家层面的体现，反映了我国社会主义初级阶段的奋斗目标。"富强"主要是为了更加充分地发展生产力，提高人们的生活水平；"民主"是社会主义社会实践的基本组织形式和活动方式，也是社会主义政治建设的价值目标；"文明"是社会主义社会形态的文明，强调以人为本的发展理念，注重经济、政治、文化、社会和生态文明的协调发展，是一种全面、协调、可持续的文明形态；"和谐"反映了社会主义国家的社会秩序和人际关系，要求注重保障和改善民生，推动社会公平正义，实现人与自然、人与人之间的和谐共生。国家层面的社会主义核心价值观的基本内容体现了社会主义社会形态的价值要求，有利于团结全国各族人民为了社会主义国家的集体利益而共同努力，具体体现了科学社会主义的价值意蕴。

"自由、平等、公正、法治"是社会层面的价值取向，也是科学社会主义的价值意蕴在社会层面的体现，反映了社会主义社会的基本属性。如果没有社会层面的"自由、平等、公正、法治"，就不可能有国家层面的"富强、民主、文明、和谐"，也不能保障个人层面的"爱国、敬业、诚信、友善"。"自由"是马克思主义的思想旨趣，意在社会上建立自由人的联合体。我国的改革开放始自对"自由"的尊重，从"大包干"改革到社会主义市场经济体制的确立，激发整个社会的创造力和活力。"平等"反映了人们对社会主义国家经济、政治、文化、社会权利的平等要求，意在缩小社会分工造成的种种差距，解决社会发展中的种种不平衡问题，让社会主义现代化建设的成果能够平等地为人们所享有。"公正"是中国特色社会主义的内在要求，是社会主义意识形态、社会主义文化体系的核心内容。社会主义初级阶段的公平正义是要让社会主义公民共同享有发展的机会，共同分享发展的成果。"法治"是指依据法律法规来治理国家和社会，强调法律作为一种社会治理工具在社会实践中的重要位置，保障人们在社会各个领域依法享有权利和自由，代表着通过这种方式形成的一种社会状态。"自由、平等、公正、法治"的价值追求，是对"自由、平等、博爱、人权"等资本主义价值观的扬弃，是社会主义社会的价值追求。

"爱国、敬业、诚信、友善"是个人层面的价值追求，体现了社会主义价值原则和公民道德行为的本质属性。价值观最基本的主体是个人。科学社会主义的价值意蕴赋予"爱国、敬业、诚信、友善"新的内涵。"爱国"指社会主义公民要爱自己的国家，要拥护社会主义，反映个人对国家层面的价值追求；敬业是个人最基本的职业道德，提倡社会主义公民爱自己的岗位，干好本职工作，在工作过程中不断提升自己，为自己创造更加美好的未来；"诚信、友善"是社会主义公民之间彼此自我约束的道德准则。社会主义核心价值观在个人层面的价值追求突破了个人主义的局限性，从集体主义、爱国主义的立场出发来培育社会主义新人。

由此可见，社会主义核心价值观的基本内容与科学社会主义的价值意蕴是内在统一、一脉相承的。社会主义核心价值观的基本内容共同构成了一个有机整体，为新时代中国特色社会主义的持续健康发展提供了价值支撑。社会主义核心价值观的基本内容是从国家、社会、个人层面来进行区分的，明确了新时代中国特色社会主义国家、社会、个人的奋斗目标，集中体现了社会主义的特征。此外，社会主义核心价值观的基本内容是"当代中国精神的集中体现，凝结着全体人民共同的价值追求"[①]，凸显了集体主义、爱国主义的特征。特别是在个人层面的价值准则中，爱国、敬业、诚信、友善的价值观强调了个人对祖国的热爱、对集体的责任、对社会的担当。这本身就体现了社会主义、集体主义、爱国主义的科学社会主义的价值意蕴，有助于促进中华民族的团结、维护祖国的统一。科学社会主义的价值意蕴与社会主义核心价值观的基本内容是相互促进、相互补充的，共同推动全面建设社会主义现代化国家。

---

① 《习近平著作选读》第 2 卷，人民出版社，2023，第 35 页。

四 社会主义核心价值观与社会主义核心价值体系

研究社会主义核心价值观与社会主义核心价值体系的关系需要分析党的文件中有关二者的主要论述。党的十六届六中全会通过的《中共中央关于构建社会主义和谐社会若干重大问题的决定》从思想道德建设的视角强调建设社会主义核心价值体系，并把社会主义核心价值体系的基本内容概括为四个方面，即"马克思主义指导思想，中国特色社会主义共同理想，以爱国主义为核心的民族精神和以改革创新为核心的时代精神，社会主义荣辱观"[1]。党的十七大报告明确了社会主义核心价值体系在社会主义文化建设中的重要地位，强调："社会主义核心价值体系是社会主义意识形态的本质体现。要巩固马克思主义指导地位，坚持不懈地用马克思主义中国化最新成果武装全党、教育人民，用中国特色社会主义共同理想凝聚力量，用以爱国主义为核心的民族精神和以改革创新为核心的时代精神鼓舞斗志，用社会主义荣辱观引领风尚，巩固全党全国各族人民团结奋斗的共同思想基础。"[2] 这一阐释明确了社会主义核心价值体系的地位，指出了社会主义核心价值体系对社会主义国家、社会主义先进文化建设具有重要意义。

党的十八大报告把培育和践行社会主义核心价值观作为社会主义核心价值体系建设的重要组成部分，以"三个倡导"的形式明确概括社会主义核心价值观的基本内容。《关于培育和践行社会主义核心价值观的意见》首次阐明社会主义核心价值体系与社会主义核心价值观的内在关系，指出"社会主义核心价值观是社会主义核心价值体系的内核，体现社会主义核心价值体系的根本性质和基本特征，反映社会主义核心价值体系的丰富内涵和实践要求，是社会主义核心价值体系的高度凝练和集中表

---

[1] 《十六大以来重要文献选编》（下），中央文献出版社，2008，第661页。
[2] 《十七大以来重要文献选编》（上），中央文献出版社，2009，第26页。

达"①。之后，培育和践行社会主义核心价值观成为党和国家的重要战略任务。党的二十大报告强调"广泛践行社会主义核心价值观"，要求"以社会主义核心价值观为引领"来"推进文化自信自强，铸就社会主义文化新辉煌"。②

社会主义核心价值观的基本内容与社会主义核心价值体系的基本内容是辩证统一的关系。社会主义核心价值观与社会主义核心价值体系都坚持马克思主义的指导地位。坚持马克思主义的指导地位，就意味着坚持中国共产党的领导。中国共产党是中国工人阶级的先锋队，同时是中国人民和中华民族的先锋队，是中国特色社会主义事业的领导核心，是培育社会主义核心价值观和加强社会主义核心价值体系建设的先进代表，在全面建设社会主义现代化国家新征程中发挥榜样的作用。"每一个国家都有它的立国价值，它随着该国在世界上所处地位的变化而具有不同的意义。"③"富强、民主、文明、和谐"集中体现国家层面的价值目标，是国家在各个方面的整体价值取向。

"自由、平等、公正、法治"与"以改革创新为核心的时代精神"相对应。社会是连接国家和个人的纽带。"社会既是国家的行为基础，又是社会成员的行为依托。"④ 社会的价值取向既影响个人的价值行为，又影响国家的价值目标。我国的社会主义市场经济体制正在逐步完善，部分领域存在着资源配置不合理等问题，需要建立"自由、平等、公正、法治"的社会秩序以不断地解放生产力、发展生产力，激发社会活力。"自由、平等、公正、法治"的价值追求要破除社会中的一些特权、歧视等不平等的现象，打破束缚人民积极性、主动性的种种障碍。这需要我们坚持以改革创新为核心的时代精神，"着力破解深层次体制机制障碍，不

---

① 《全面建成小康社会重要文献选编》（下），人民出版社、新华出版社，2022，第749页。
② 《习近平著作选读》第1卷，人民出版社，2023，第35页。
③ 李景源：《核心价值体系与中国发展道路》，《马克思主义研究》2010年第5期。
④ 荣开明：《关于社会主义核心价值观三个问题的思考》，《湖北经济学院学报》2014年第2期。

第二章　社会主义核心价值观传播机制的元思考

断彰显中国特色社会主义制度优势,不断增强社会主义现代化建设的动力和活力,把我国制度优势更好转化为国家治理效能"①。"自由、平等、公正、法治"也是社会主义制度的题中应有之义。恰如恩格斯所言:"我们的目的是要建立社会主义制度,这种制度将给所有的人提供健康而有益的工作,给所有的人提供充裕的物质生活和闲暇时间,给所有的人提供真正的充分的自由。"②

"爱国、敬业、诚信、友善"与"以爱国主义为核心的民族精神""社会主义荣辱观"相对应。"爱国、敬业、诚信、友善"是社会主义社会公民个人层面的道德标准,是公民个人在职业道德、社会公德、个人品德等方面的具体道德规范,这与"以爱国主义为核心的民族精神""社会主义荣辱观"是一致的。爱国主义在社会主义核心价值体系中作为民族精神的核心被单独提出来,社会主义核心价值观的基本内容也将"爱国"置于个人道德的首位,强调爱国主义对个体的强大感召力和凝聚力。"敬业、诚信、友善"与社会主义荣辱观一一对应。敬业是社会主义公民的职业道德,在社会主义荣辱观中体现为"以辛勤劳动为荣、以好逸恶劳为耻""以服务人民为荣、以背离人民为耻"等内容。诚信是社会主义公民的道德要求,在社会主义荣辱观中体现为"以诚实守信为荣,以见利忘义为耻"等内容。"友善"是人与人之间相处的基本道德规范,具体体现了人与人之间要真诚相待、友善共处,在社会主义荣辱观中体现为"以团结互助为荣,以损人利己为耻"等内容。

科学社会主义的价值意蕴是研究社会主义核心价值观、社会主义核心价值体系的前提和基础,贯穿社会主义核心价值观、社会主义核心价值体系建设的全过程。社会主义核心价值体系的基本内容也是建立在科学社会主义的价值意蕴的基础之上,凸显社会主义的特征。科学社会主义的价值意蕴保证了社会主义核心价值观沿着社会主义的方向发展,也

---

① 《习近平著作选读》第1卷,人民出版社,2023,第23页。
② 《马克思恩格斯全集》第28卷,人民出版社,2018,第652页。

确保改革发展成果为广大人民群众所共享。社会主义核心价值观、社会主义核心价值体系是科学社会主义的价值意蕴的具体化，是从国家、社会、个人三个层面明确"建设什么样的国家、建设什么样的社会、培育什么样的公民"的理想目标。社会主义核心价值观、社会主义核心价值体系、科学社会主义的价值意蕴作为思想上层建筑，是为社会主义经济基础和政治上层建筑服务的，是全面建成富强民主文明和谐美丽的社会主义现代化强国、实现中华民族伟大复兴的思想基础、政治保证、精神动力。

第二节　社会主义核心价值观的传播机制

研究社会主义核心价值观的传播机制，有利于人们更为全面地把握社会主义核心价值观的传播过程和阶段性特点，并针对不同阶段的具体情况提出合理的治理方案。"机制"（Mechanism）一词源于希腊文，指机器的结构和运行原理，包括机器的组成要素及其相互关系，以及各种要素共同形成该系统整体功能的工作方式。传播机制是指传播系统各要素之间相互联系、相互作用的辩证关系及运行方式，包括传播主体、传播媒介、传播内容、传播受众、传播环境、传播反馈等要素在内的统一体，其中最核心的是内容生产和信息分发两个环节。社会主义核心价值观传播机制是社会主义核心价值观传播各要素的结构关系及运行方式，包括为了实现社会主义核心价值观传播效果而采取的传播方法、传播步骤、传播手段、传播路径。社会主义核心价值观传播机制是中国共产党领导下的传播机制，随着传播技术、传播主体、传播受众、传播环境等要素的变革而不断调整，蕴含在社会主义核心价值观的整个传播过程之中。"所谓传播过程，就是信息从传播者流向接收者，实现信息共享的过程，信息的传递与反馈即构成了一个完整的传播过程。"[1] 传播过程是由一系

---

[1]　戴元光、金冠军主编《传播学通论》，上海交通大学出版社，2000，第42页。

第二章　社会主义核心价值观传播机制的元思考

列步骤或阶段组成的，而传播机制是根据这些步骤或阶段而建立的。社会主义核心价值观传播机制主要是沿着社会主义核心价值观的信息采集机制—内容生成机制—内容分发机制—反馈机制这一路径展开的。

一　社会主义核心价值观传播的信息采集机制

传播活动产生于社会实践之中，而传播内容的获取是以传播活动为基础的。马克思在阐述社会交往时，使用了德语词 Verkehr，"为了不致丧失已经取得的成果，为了不致失掉文明的果实，人们在他们的交往［commerce］方式不再适合于既得的生产力时，就不得不改变他们继承下来的一切社会形式。——我在这里使用'commerce'一词是就它的最广泛的意义而言，就像在德文中使用'Verkehr'一词那样"[①]。Verkehr 这个词用英语表达为 commerce（交往），与 communication（传播）一词的含义有很多重叠之处，甚至在一些场合可以互译，指人们之间相互交流、相互沟通、相互作用的社会交往活动。在总结传播学理论、探讨人类传播现象时，著名的传播学者威尔伯·施拉姆（W. Schramm）和威廉·波特（W. E. Porter）曾指出"传播是社会得以形成的工具。传播（COMMUNICATION）一词与社会（COMMUNITY）一词有共同的词根，这绝非偶然。没有传播，就不会有社区"[②]。因而，传播活动与社会实践活动高度相关。马克思还进一步从社会历史层面来动态地把握社会传播活动。他指出，"社会——不管其形式如何——是什么呢？是人们交互活动的产物。人们能否自由选择某一社会形式呢？决不能。在人们的生产力发展的一定状况下，就会有一定的交换［commerce］和消费形式。在生产、交换和消费发展的一定阶段上，就会有相应的社会制度形式、相应的家庭、等级或阶级组织"[③]。传播活动伴随着人类形成和发展的整个过程，

[①] 《马克思恩格斯文集》第 10 卷，人民出版社，2009，第 43~44 页。
[②] 〔美〕威尔伯·施拉姆、威廉·波特：《传播学概论》，陈亮、周立方、李启译，新华出版社，1984，第 2~3 页。
[③] 《马克思恩格斯文集》第 10 卷，人民出版社，2009，第 42~43 页。

在社会形态更替的过程中发挥着十分重要的作用。因为特定时期社会形态的建立和发展离不开特定群体的传播活动。

　　社会主义核心价值观的传播主体在生产内容之前，首先需要筛选信息，选取社会主义核心价值观传播内容所需的材料。获取信息是进行传播活动的第一步，而获取信息的质量往往决定着传播内容的质量。如何从广泛的社会实践中提炼出有价值的信息并使其进入社会主义核心价值观的传播视野之中呢？社会主义核心价值观的传播活动蕴含在社会主义实践之中，而开展社会主义核心价值观实践活动为传播社会主义核心价值观提供了丰富的素材。自2013年中共中央印发《关于培育和践行社会主义核心价值观的意见》以来，全国各地开展了丰富多样的社会主义核心价值观宣传活动，重视社会主义核心价值观网上传播阵地建设。现实中，开展社会主义核心价值观实践活动往往会有许多纷繁复杂的信息。社会主义核心价值观的传播主体需要从社会主义核心价值观的实践活动中提炼出有价值的信息，使之进一步成为社会主义核心价值观的传播内容。基于此，社会主义核心价值观传播主体在搜集社会主义核心价值观传播活动的相关信息、数据等资料时，应力求全面、客观公正。

　　智媒体出现之后，从事社会主义核心价值观"采集"工作的群体全面地提升了信息采集的能力。传统媒体时代的信息采集工作只能在特定的时间点或时间段进行。社会主义核心价值观传播主体如果没有进入现场，那么就无法开展社会主义核心价值观传播工作，就会错过社会主义核心价值观的传播信息。而事后到达现场，人们也很难还原现场，很难获得完整的社会主义核心价值观传播信息。但是，包括摄像头在内的传感器、物联网等现代技术可以全天候地进行信息采集，并在很大程度上弥补传统媒体在采集信息方面的不足。传感器在一定程度上帮助人类突破自身的局限性，获取大量的人流信息、物流信息、自然界信息等客观信息，为社会主义核心价值观的传播内容提供更丰富、可靠的数据，甚至为社会主义核心价值观传播内容的选题提供新线索。高科技的智能技术在拓展信息的深度和广度、提升信息和数据的准确性方面有着传统信息来源无法比拟的独特优势。许多网民可以根据网友拍摄的现场视频来确认信息的真实性。这也使得形式主义、教条主义地开展培育和践行社会主义核心价值观的活动极易引发网民的反感，很可能进一步发展为网络舆情事件。面对智媒时代与社会主义核心价值观传播相关的众多数据，社会主义核心价值观传播主体需要借助数据提取和数据分析等技术判断数据的真实性、准确性、价值性。

二 社会主义核心价值观传播的内容生成机制

传播内容是社会主义核心价值观传播机制的核心和根本，也是社会主义核心价值观内容生成机制的重要因素。在采集到文字、图片、视频等基本资料之后，社会主义核心价值观的传播主体需要考虑选择什么样的信息、怎样组合各种信息、运用什么样的语气和表达方式、什么时间放在媒体平台以及放在媒体平台的什么位置。在《公众舆论》（Public Opinion）一书中，美国学者沃尔特·李普曼（Walter Lippmann）提出了"拟态环境"（pseudo-environment）的概念，指出"拟态环境"不同于现实环境，是媒体在选择、加工、重构信息之后展现在人们面前的环境。随着现代社会日益复杂化，人们的活动范围、精力有限。人们不可能直接接触每一个事件及其相关的外部环境来获得经验性认识，而往往通过媒体所创造的"拟态环境"来形成对世界的认知。这种"拟态环境"不同于现实世界，但是许多人视这种"拟态环境"为真实的世界。正因如此，社会主义核心价值观传播内容的生产需要在人们自认为真实的"拟态环境"下进行。随着智媒体的快速发展，要避免"拟态环境"对人们的影响已然是不可能的。智媒时代，人们往往把媒体上的内容当成现实来接受。正如麦克卢汉所说的，"媒介取代现实，取代的程度就是媒介艺术形式的逼真程度"[1]。麦

---

[1] 〔加〕埃里克·麦克卢汉、〔加〕弗兰克·秦格龙编《麦克卢汉精粹》，何道宽译，南京大学出版社，2000，第408页。

克卢汉进一步指出,"新媒介并不是把我们与'真实的'旧世界联系起来;它们就是真实的世界,它们为所欲为地重新塑造旧世界遗存的东西"[①]。鉴于此,舆情反转事件时有发生。因为媒体上最初发布的片面信息往往会误导网民的价值评判,而随着真实信息的增多,人们逐渐认清真相,所以会出现不同于之前的网络舆论。这也反映了智媒时代人们越来越依赖媒体来认识事物的新特点。

提出有价值的社会主义核心价值观传播内容的选题是社会主义核心价值观传播活动开展的第一步,也是社会主义核心价值观传播内容生产的首要步骤。当前,社会主义核心价值观传播内容的选题策划主要是由人来完成的。但是,在智媒时代,社会主义核心价值观传播内容的选题策划将有更多的源泉,有利于实现更精准的传播效果。社会主义核心价值观传播主体可以借助智能化分析技术来预测社会主义核心价值观传播内容的选题热度,发现现有传播内容的拓展方向,挖掘社会主义核心价值观传播内容的选题的多方面价值,通过社交媒体等来探寻社会主义核心价值观传播内容的表现角度与形式,并对一些特定群体或用户进行选题的个性化定制。

筛选社会主义核心价值观的相关信息成为智媒时代社会主义核心价值观传播内容生产的重要环节。面对智媒时代的海量数据,我们需要建立人机共同核查信息的新机制,识别虚假信息和不良信息、发现文字错误和语法错误等差错、预判社会主义核心价值观传播内容的价值等。尽管智能机器人能够快速判断和筛选海量信息,但是,判断信息真伪、评判传播内容的价值导向等需要借助社会主义核心价值观传播主体的专业能力和分析能力来完成。社会主义核心价值观传播主体需要分析社会主义核心价值观的信息来源,评判信息的可靠性或质量,通过特定的关键词或模式等来识别虚假信息或不良信息,借助智能技术、理性思维等来

[①] 〔加〕埃里克·麦克卢汉、〔加〕弗兰克·秦格龙编《麦克卢汉精粹》,何道宽译,南京大学出版社,2000,第407页。

鉴定深度伪造的传播内容或者把伪造的内容复原,动态地跟踪分析社会主义核心价值观信息从产生到传播的全过程。

智媒技术全面加速社会主义核心价值观传播内容的加工与创造过程。近年来,智能机器人生产信息的情况日益普遍化。许多媒体的信息源明确标注"以上内容均由 AI 搜集并生成"。生成式人工智能可以分析视频内容、场景和情节,自动剪辑视频,从而提高视频编辑的效率,节省时间和人力成本。比如,5G+AR 采访眼镜可以在现场实时了解人物信息资料,以第一视角进行现场直播,通过手势或语音控制即可完成视频录制、拍照、直播等工作,并能与后方编辑实现屏幕共享、实时互动。尽管 AI 生产的信息存在逻辑不通、时空混乱、情感缺乏等问题,但是,智能机器人的多维信息采集、建立知识图谱等能力有助于人们更快地把握事实真相,解读背后的深层关系,提炼事物规律,预测事物发展的趋势与方向。此外,智媒体可以辅助内容生产者制作视频,还可以实时生成字幕及翻译字幕,提高视频的可访问性。例如,2020 年,人民日报社推出"智能云剪辑师",在几分钟内便能根据需要迅速生成视频并自动匹配字幕,同时具备对画面人物的动态追踪、多方位修复视频画质等一系列功能。在机器人写作、依托大数据的编辑分析系统等智媒技术的帮助下,社会主义核心价值观传播内容实现定制化、精细化。当前,iMedia、iMonitor、iNews 可以第一时间处理相关素材,用智能剪辑、智能导播等方式更高效、更准确地制作相关传播内容,推动社会主义核心价值观传播内容生产的智能化。

智媒时代可以基于不同类型的传播媒介生成多样化的传播内容,更好地整合社会主义核心价值观的传播内容。社会主义核心价值观传播主体需要凭借敏锐的观察力、思考力和想象力,把社会主义核心价值观传播过程中最直观、最生动的部分展示给用户,而不是平铺直叙地把社会主义核心价值观的传播活动叙述一遍。我们可以根据同样的社会主义核心价值观传播素材制作出不同的节目、不同的栏目,从不同角度来创作独具个性的传播内容。这对社会主义核心价值观传播主体来说是一个很大的考验。在智媒技术的支持下，社会主义核心价值观的内容生产既可以依托智能化平台来生成文字、图片、视频等多维数据，也可以根据用户信息需求、语言习惯来生成容易赢得用户认同的传播内容。我们也可以运用大数据分析技术来深度挖掘数据，对海量数据中所蕴含的知识进行智能化提炼，推动大数据信息向社会主义核心价值观传播内容转化。此外，我们需要挖掘已有信息，从中提炼、总结出以往没有人发现的传播内容。从知识生产的角度来看，社会主义核心价值观传播内容的深度表现在整合碎片化知识、智能生成知识图谱、知识的智能管理等方面。智媒体可以帮助挖掘个性化的创作特质、经验等，概括普遍性的内容生产规律，丰富社会主义核心价值观的传播内容。社会主义核心价值观传播内容生产出来之后，需要编辑进行审核和修改，确保社会主义核心价值观传播内容的准确性、客观性、可读性。面对社会主义核心价值观传播活动信息采集与内容生产一体化的趋势，社会主义核心价值观传播主体的判断力、解读力与创造力在社会主义核心价值观传播活动中占据着越来越重要的地位。

三　社会主义核心价值观传播的内容分发机制

智媒时代，信息生产和分发机制分离，逐渐发展为两个独立的系统。社会主义核心价值观传播内容的分发机制既可以帮助社会主义核心价值观传播主体解决传播内容的推送问题，也可以帮助用户解决海量内容的筛选与选择问题。当前，社会主义核心价值观传播内容的分发主要依靠传统媒体时代的思维来进行，是传统媒体主导的。内容分发是传播主体通过传播渠道和传播手段把内容发送到用户的过程。传统媒体时代，传播媒体机构控制内容生产和信息分发。社会主义核心价值观传播内容主要是由媒体分发给用户。媒体机构决定着用户能看到什么内容和什么时候看到内容，也主导着运用什么样的传播手段和传播渠道来发布传播内容。智媒时代，社会主义核心价值观的发布渠道非常多，包括报纸、电视、广播、门户网站、搜索引擎、社交媒体、个性化推荐平台、视频平台和 VR/AR 平台等。社会主义核心价值观传播主体需要根据不同发布平台的传播特点来分发内容。

算法分发是智媒时代的重要分发机制。美国华盛顿大学终身教授佩德罗·多明戈斯（Pedro Domingos）声称"我们生活在算法的时代"，强调算法存在于社会生活的每一个角落。他指出，"算法就是一系列指令，告诉计算机该做什么"[1]，但是"算法不仅是简单的一套指令，这些指令必须精确且不能模糊，这样计算机才能够执行"[2]，因此，"设计算法最重要的一点就是，你得用一种计算机能理解的语言来将算法记录下来"[3]。算法分发主要运用在搜索引擎与个性化推荐平台两个领域。搜索引擎作为信息分发的渠道，根据关键词对传播内容进行排序，决定相关内容呈现在用户面前的顺序，影响着用户可能点击的概率，也影响着传播内容在网络中的二次、N 次分发的可能性。搜索引擎并不生产内容，但是可以调度网站流量，其核心是多源搜索与算法调度相结合。算法决定着搜索结果的排序。人们在搜索信息的过程中，就已经开始影响社会主义核心价值观传播内容的分发。只是在很多时候，人们没有意识到算法的存在。人们在搜索、查阅、转发信息的过程中会留下数据，这些数据被计算机记录下来之后，会形成关于用户兴趣、爱好、阅读习惯等更为精准的画像，从而借助算法来及时地推送更为准确的信息。此外，个性化推荐平台是算法应用更为广泛的领域。算法不仅能分析用户的个性化需求，还能把用户所处的社会关系纳入算法模型之中。今日头条等客户端以"个性化"为噱头，为传播内容与用户之间的匹配提供新的链接方案，即

---

[1] 〔美〕佩德罗·多明戈斯：《终极算法：机器学习和人工智能如何重塑世界》，黄芳萍译，中信出版社，2017，第 3 页。
[2] 〔美〕佩德罗·多明戈斯：《终极算法：机器学习和人工智能如何重塑世界》，黄芳萍译，中信出版社，2017，第 5 页。
[3] 〔美〕佩德罗·多明戈斯：《终极算法：机器学习和人工智能如何重塑世界》，黄芳萍译，中信出版社，2017，第 7 页。

以算法为"媒介"进行智能匹配。当前算法推送的传播内容越来越窄、越来越封闭,因此,为了避免用户被算法所"囚禁",算法的研发和设计者应兼具社会责任感。

在平台进行分发是智媒时代信息传播活动的重大变化。传统媒体时代,内容生产者与用户之间是分离的,两者之间的渠道是内容到达受众,因而强调渠道建设。而平台把用户、内容生产者聚集在一起,是内容到达用户的多元途径。彭兰教授曾总结:"平台则是内容到达用户的多元路径、复合生态,用户被聚集在平台上,用户与用户也在平台上链接。同时,内容生产者和用户汇聚在平台上,用户也可能随时转化为生产者。"[1] 荷兰学者何塞·范·迪克(José van Dijck)也指出,"大科技公司在这个平台生态系统中控制在线新闻分发","通过控制新闻选择、数据化和商品化的机制,平台现在已经实现了对个性化新闻的控制"。[2] 大型智媒体公司并不是单纯地把新闻发布出去,而是通过剪辑、添加新闻片段等方式来分发信息。张志安和陶禹舟认为:"绝大部分媒体都采取了将内容交予平台并依靠平台来连接用户和广告的运作模式。"[3] 目前,绝大部分新闻内容是由媒体平台来发布的。越来越多不进行内容生产的平台控制了信息分发权。何塞·范·迪克指出:"目前,Facebook 和 Google 已经控制了美国 50% 以上的新闻分发,我不确定欧洲的整体情况如何,在荷兰这个比例大概是 30% 至 35%。"[4] 这种传播模式抢走了内容生产者的权利,

---

[1] 彭兰:《智能与涌现:智能传播时代的新媒介、新关系、新生存》,电子工业出版社,2023,第 144 页。

[2] 〔荷兰〕何塞·范·迪克、张志安、陶禹舟:《平台社会中的新闻业:算法透明性与公共价值——对话荷兰乌德勒支大学杰出教授何塞·范·迪克教授》,《新闻界》2022 年第 8 期。

[3] 〔荷兰〕何塞·范·迪克、张志安、陶禹舟:《平台社会中的新闻业:算法透明性与公共价值——对话荷兰乌德勒支大学杰出教授何塞·范·迪克教授》,《新闻界》2022 年第 8 期。

[4] 〔荷兰〕何塞·范·迪克、张志安、陶禹舟:《平台社会中的新闻业:算法透明性与公共价值——对话荷兰乌德勒支大学杰出教授何塞·范·迪克教授》,《新闻界》2022 年第 8 期。

第二章 社会主义核心价值观传播机制的元思考

使传统的媒体机构开始与平台协调，并在平台上开设自己的账户来开展传播活动，争取在平台上有更多的用户点赞、分享以及转发。但是，平台分发的问题是很容易把社会主义核心价值观的传播内容与虚假信息等交织在一起，也极容易被编辑和篡改，难以控制传播范围、传播路径和传播效果。

随着智媒体的快速发展，社会主义核心价值观传播内容的分发系统有着更为智能化、对话式、跨平台的分发方式。ChatGPT 向我们展示了未来智能分发的前景。ChatGPT 可以整合不同平台、不同来源的资料，将其纳入自身的语料库中，提供的答案或者推荐的信息内容，是多平台传播内容的集成。智媒体通过个性化对话的方式，更清晰地获得传播内容的方向，也更能开展精细化的分发。同时，用户在与智媒体互动的过程之中，通过对智媒体的反驳、质疑，提升智媒体分发的效能。未来的智能分发技术很可能嵌入各种不同的渠道与终端，如手机、智能家居、智能汽车等各种智能设备。它不仅能综合分析用户的习惯、性格需求等，而且能根据用户所在的不同场景推荐更为精准的社会主义核心价值观传播内容。智媒技术的进一步发展将会带来更广泛的信息覆盖，更综合的信息加工以及多种场景、多种渠道的智能推荐。未来智媒体的分发机制可能是智媒体在自动采集一些重要信息后，通过自主渠道给特定对象发送特定信息。例如，地震情况被监测到之后，可以向附近居民推送预警信息。当然，这种智能信息的自动化推送在技术上是可行的，但未来是否需要在政策上对其作出约束，还有待观察。未来的内容分发是社交分发、专业分发、机器分发等几种分发形式的结合，是人的价值判断与机器价值判断的结合，是个性化与公共化的兼顾与平衡。在机器分发、社交分发的冲击之下，如何重构传统媒体在人们精神交往中的主导性，发挥传统媒体筛选与推送信息的专业能力，是智媒时代社会主义核心价值观传播机制的一个重大挑战。

四　社会主义核心价值观传播的反馈机制

反馈是人们在接收到社会主义核心价值观传播内容之后的反应和回应,包括用户的感受、评价、愿望、态度等。智媒技术能够更快、更便捷地捕捉用户对社会主义核心价值观传播内容的观点、关切度、情绪等,便于社会主义核心价值观传播主体更好地生产高质量的社会主义核心价值观传播内容。社会主义核心价值观传播的反馈机制是社会主义核心价值观传播活动得以成立的基本条件,体现了社会主义核心价值观传播活动的双向性与互动性。没有反馈的社会主义核心价值观传播活动是不完整的社会主义核心价值观传播活动。特别是在智媒时代,这种反馈活动可以更及时地调节和改善社会主义核心价值观传播行为,进行更有效的传播。反馈机制主要表现在两个方面:用户对社会主义核心价值观传播活动的反应和社会主义核心价值观传播主体基于用户的诉求而作出的相应调整。因此,社会主义核心价值观传播主体可以通过召开座谈会、调研会、咨询会等形式来直接征求社会主义核心价值观传播受众的意见,提升社会主义核心价值观的传播效果。

发行量、订阅数、收听率、收视率、点击率、转载率是智媒时代社会主义核心价值观传播的反馈机制的重要方面,显示了用户对社会主义核心价值观传播内容的关注度和注意力。美国学者达文波特(Thomas H. Davenport)认为,"注意力是对于某条特定信息的精神集中。当各种信息进入我们的意识范围,我们关注其中特定的一条,然后决定是否采取行动"。他认为,注意力是人们接受和选择信息的过程,处于"搜索阶段和决策阶段之间",并且"两个阶段缺一不可"。具体而言,"在搜索阶段,我们对从周围摄入的大量知觉进行筛选。(有些事物,我们意识到了,但未加以注意。)在决策阶段,我们决定是否对吸引我们注意力的信息采取行动"。[①] 就价值

---

① 〔美〕托马斯·达文波特、约翰·贝克:《注意力经济》,谢波峰等译,中信出版社,2004,第23页。

观而言，注意力成为我们获取价值认知、进行价值选择的前提条件。在注意力成为稀缺资源之后，我们"需要在过量的可供消费的信息资源中有效分配注意力"[①]。注意力也是社会主义核心价值观传播内容被认知的第一步。智媒时代，各类媒体采用种种手段来吸引用户的注意力，希望通过吸引用户的注意力来影响用户的认知、评判和行为。许多自媒体机构在经济利益的驱使之下采取了种种措施来吸引用户的注意力，进行注意力营销。即便是先进的价值观，如果不能获得人们的注意力，那么就会中断价值观传播活动，更谈不上价值认同与价值创造。因而，只有获取用户的关注度和注意力，社会主义核心价值观的传播内容才有可能为人们所认知，才有可能影响人们的价值倾向、价值态度、价值信仰。

网络舆情应对是智媒时代社会主义核心价值观传播的反馈机制的重要环节。用户通过评论、来电、群讨论等表达对社会主义核心价值观传播活动的意见，而大量的意见以及应对这些意见的不当行为极可能会引发网络舆情。此外，有些教条主义、形式主义培育和践行社会主义核心价值观的活动被网友曝光以后，也可能会引发网络舆情。而这往往反映出社会主义核心价值观传播活动开展过程中存在的问题。因此，通过监测和分析网络舆情，我们可以及时发现和纠正违背社会主义核心价值观传播的言行，以更好地培育和践行社会主义核心价值观。与此同时，社会主义核心价值观可以为网络舆情的健康发展提供正确的价值导向，引导网民以理性、客观、公正的态度参与网络讨论，避免引发网络舆情。运用社会主义核心价值观引导网络舆情本身也是智媒时代社会主义核心价值观传播机制的重要内容。

[①] 〔美〕赫伯特·西蒙:《认知:人行为背后的思维与智能》，荆其诚、张厚粲译，中国人民大学出版社，2020，第30页。

第三章 媒体技术变革与核心价值观传播机制的唯物史观解答

唯物史观是对整个人类历史发展规律的正确概括,也是整个人类思想史上的重大历史性发现。恩格斯在马克思墓前的讲话中,简明地阐明了这一历史观:"人们首先必须吃、喝、住、穿,然后才能从事政治、科学、艺术、宗教等等;所以,直接的物质的生活资料的生产,从而一个民族或一个时代的一定的经济发展阶段,便构成基础,人们的国家设施、法的观点、艺术以至宗教观念,就是从这个基础上发展起来的,因而,也必须由这个基础来解释,而不是像过去那样做得相反。"[①] 从生产方式的角度来把握人类社会形态是唯物史观的根本方法,也是把握媒体技术变革与核心价值观传播机制内在关系及历史演变的理论基础。唯物史观客观地分析了技术变革与精神交往、传播活动与社会结构、技术变革与社会制度、技术变革与人的发展形态等的关系,拓宽了社会主义核心价值观传播机制的理论视野,并为观察和分析智媒时代的信息传播机制提供了科学的世界观和方法论。社会形态理论、世界历史理论、历史主体理论是唯物史观的重要组成部分,也是把握媒体技术变革与核心价值观传播机制关系的理论基础。

---

① 《马克思恩格斯文集》第3卷,人民出版社,2009,第601页。

第三章 媒体技术变革与核心价值观传播机制的唯物史观解答

第一节 社会形态理论的系统分析

任何事物都有自己质的规定性,但并不是具有唯一的质。现实社会中存在着"具有质并且具有无限多的质的物"[①]。事物不同的质从不同的侧面反映了事物的内在规定性,使得事物作为一个活生生的系统存在。经济社会形态理论、技术社会形态理论等反映了社会形态不同方面的质的规定性。社会形态这些方面的质,使社会形态成为一种立体的、现实的、生动的社会存在。历史唯物主义社会形态理论基于现实社会形态发展的客观过程,正确地把握了社会系统及其组成要素的嬗变历程。

一 经济社会形态理论与核心价值观变迁

经济社会形态理论是历史唯物主义社会形态理论的核心,也是社会形态理论最重要的组成部分。经济社会形态理论立足生产关系来把握整个社会形态,通过生产关系性质的变化来划分社会形态。"生产关系总合起来就构成所谓社会关系,构成所谓社会,并且是构成一个处于一定历史发展阶段上的社会,具有独特的特征的社会。"[②] 在各种社会关系中,生产关系是主要的、基本的,其他社会关系是次要的、非基本的,是由生产关系决定的。马克思从社会关系中发现了生产关系的重要作用,找到了科学剖析社会有机体的"钥匙"。

经济社会形态主要指特定历史发展阶段的经济基础与上层建筑的统一体。经济基础是社会中占统治地位的生产关系的总和,不包括旧生产关系的残余或新生产关系的萌芽,也不等于特定社会现实存在的一切生产关系。只有占统治地位的生产关系,才能直接决定一定社会的上层建筑的性质和整个社会的性质,才能明确区分不同的社会形态。特定社会

[①] 《马克思恩格斯文集》第9卷,人民出版社,2009,第497页。
[②] 《马克思恩格斯文集》第1卷,人民出版社,2009,第724页。

的经济基础是建立在一定的经济基础之上的各种制度、设施和意识形态的总和。"人们在自己生活的社会生产中发生一定的、必然的、不以他们的意志为转移的关系，即同他们的物质生产力的一定发展阶段相适合的生产关系。这些生产关系的总和构成社会的经济结构，即有法律的和政治的上层建筑竖立其上并有一定的社会意识形式与之相适应的现实基础。"[1] 在阶级社会中，人们在一定的经济基础之上，制定一套政治、法律制度，建立军队、法庭、监狱、政府部门、党派等国家机器和政治组织。这些体现着人们之间一定的政治关系，通常被称为政治上层建筑。思想上层建筑是适应经济基础的社会观点、思想体系，包括政治思想、法律思想、道德、艺术、哲学、宗教等，表现为人们之间的思想关系。政治上层建筑与思想上层建筑统称为上层建筑。

核心价值观是思想上层建筑的组成部分，与政治上层建筑是相互联系、相互统一的。在阶级社会中，统治阶级的核心价值观具有鲜明的阶级性。核心价值观作为文化的组成部分，反映着特定社会统治阶级的思想观点，指导着一定社会政治、法律制度的制定和实施，也通过传播活动来影响人们的思想和行为。政治上层建筑一经形成，就成为统治阶级宣传本阶级核心价值观的手段和工具。但是，当某一阶级还处于被统治地位时，它无法建立自己的政治、法律制度。因而，在阶级社会中，统治阶级总是要巩固和发展适合自己经济基础的思想上层建筑，并对与之相对抗的旧思想上层建筑的残余和新思想上层建筑的萌芽进行压制。虽然社会主义社会形态的核心价值观属于思想上层建筑的范畴，但是，它不同于阶级社会的核心价值观，它是为广大人民群众的利益服务的。

核心价值观变迁与经济社会形态的发展历史基本一致，根本原因在于生产力的发展，直接原因是经济基础与上层建筑之间的矛盾运动。列宁指出，"一分析物质的社会关系（即不通过人们的意识而形成的社会关系：人们在交换产品时彼此发生生产关系，甚至都没有意识到这里存在

---

[1] 《马克思恩格斯文集》第 2 卷，人民出版社，2009，第 591 页。

第三章 媒体技术变革与核心价值观传播机制的唯物史观解答

着社会生产关系),立刻就有可能看出重复性和常规性,把各国制度概括为社会形态这个基本概念。只有这种概括才使人有可能从记载(和从理想的观点来评价)社会现象进而以严格的科学态度去分析社会现象"①。这里的社会形态就是指经济社会形态。要理解核心价值观的变迁也应该从经济社会形态的嬗变历程来把握。经济社会形态演变的直接原因是经济基础与上层建筑之间的矛盾运动。同一社会形态的经济基础与上层建筑之间也存在着一定的矛盾。新建立起来的上层建筑,基本上适应经济基础的巩固和发展的要求,但也总有不完善的地方。此外,经济基础是随着生产力的发展而不断变化的,即使在相对稳定的阶段,也会发生量的变化和部分质的变化。但是,这种变化不会立即反映到上层建筑中来。这就会不断地出现上层建筑同经济基础之间某些不相适应的情况。只有对上层建筑中不适应的部分加以调整,使之不断适应经济基础的要求,才能充分发挥上层建筑的积极作用。但是,当生产关系根本不适应生产力的发展要求,通过调整上层建筑无法解决问题时,就只能从根本上加以变革,即建立更高级的社会形态。经济基础决定上层建筑,上层建筑反作用于经济基础,经济基础与上层建筑的对立统一构成了经济社会形态的矛盾运动。经济社会形态理论是从占统治地位的生产关系出发来划分人类社会形态的。鉴于此,人类历史被划分为依次更替的五种社会形态,即原始社会、奴隶社会、封建社会、资本主义社会、共产主义社会(社会主义社会是它的低级阶段)。

在先进社会形态建立之初,核心价值观体现先进阶级的思想观念,基本适应经济基础的发展状况,能够促进先进阶级经济基础的形成、巩固和发展。恩格斯指出:"在这些现实关系中,经济关系不管受到其他关系——政治的和意识形态的——多大影响,归根到底还是具有决定意义的,它构成一条贯穿始终的、唯一有助于理解的红线。"② 当核心价值观

---

① 《列宁选集》第1卷,人民出版社,2012,第8页。
② 《马克思恩格斯文集》第10卷,人民出版社,2009,第668页。

与经济基础的发展方向一致时,就会促进经济的发展。当核心价值观严重地阻碍经济基础变革的时候,通过变革政治上层建筑来变革核心价值观,促进经济基础的发展,就会成为决定性的环节。因此,不论核心价值观怎样遏制经济基础的变革,同生产力的发展状况相适合的生产关系,总是要为自己的产生和发展创造条件。

社会主义核心价值观作为当今世界最先进的价值观,能够更好地适应经济基础的发展。社会主义核心价值观是社会主义社会形态的价值观,代表和维护的是无产阶级的利益,是在扬弃资本主义价值观的基础之上形成的,有助于巩固和发展适应社会化大生产要求的生产资料公有制。资本主义价值观在提出之初较封建主义价值观具有一定的进步性,领导人们推翻了封建主义政权。但是,在建立资本主义政权之后,资产阶级就把资产阶级与整个社会等同起来,把对资产阶级有利夸大或美化为对整个社会也是有利的。随着无产阶级的思想觉悟的提升,资产阶级就不得不更为精巧地粉饰他们所做的种种坏事,或者赤裸裸地直接否认这些坏事,甚至否认对无产阶级剥削的事实。恩格斯称之为"流俗的伪善"。"这种伪善,无论在较早的那些社会形式下还是在文明时代初期阶段都是没有的,并且最后在下述说法中达到了极点:剥削阶级对被压迫阶级进行剥削,完全是为了被剥削阶级本身的利益;如果被剥削阶级不懂得这一点,甚至想要造反,那就是对行善的人即对剥削者的一种最卑劣的忘恩负义行为。"① 鉴于此,社会主义核心价值观的建设要及时地揭露资产阶级在新时代、新条件下所产生的种种伪善,更好地引导人民群众建设社会主义社会、社会主义国家。

二 技术社会形态理论与媒体技术变革

技术社会形态理论作为历史唯物主义社会形态理论的一个方面,是经济社会形态理论的重要补充。在《资本论》等著作中,马克思大量使用了

---

① 《马克思恩格斯文集》第4卷,人民出版社,2009,第197页。

第三章 媒体技术变革与核心价值观传播机制的唯物史观解答

"工业革命"以及与此相关的"大工业""工业国""工业体系""工业社会"等用语。

技术社会形态理论是以特定历史阶段下技术发展水平以及与之相适应的产业结构为标准来划分社会形态的。生产工具是技术发展水平的重要体现。从生产工具的发展历程看,人类社会从古至今依次经历了石器时代、铜器时代、铁器时代、蒸汽时代、电气时代、电子时代等技术社会形态。从产业结构的角度看,石器时代的主要产业是渔业和狩猎业,也被称为渔猎社会;铜器和铁器时代是以农业为主导产业,也被称为农业社会;蒸汽和电气时代的机器大工业迅速发展,工业成为社会的主要产业,意味着人类进入了工业社会;电子时代的到来,信息技术和信息产业在社会的技术体系和产业结构中取得主导地位,也被人们称为信息社会。从技术发展的角度来看,人类社会经过了"渔猎社会—农业社会—工业社会—信息社会"的发展过程。也有学者把人类技术社会形态发展的历史分为三个阶段。例如,美国学者阿尔温·托夫勒(Alvin Toffler)在《第三次浪潮》一书中把人类历史分为农业社会、工业社会和信息社会三个阶段;美国社会学家丹尼尔·贝尔(Daniel Bell)在《后工业社会的来临——对社会预测的一项探索》一书中把人类历史分为前工业社会、工业社会和后工业社会三个阶段,而"后工业社会"指信息社会,科学和技术成为后工业社会的中心资源。也有学者认为应该在渔猎社会之前加入采摘社会。但是目前而言,"渔猎社会—农业社会—工业社会—信息社会"通常被认为是人类技术社会形态演进的过程,并为大多数国内外学者所接受。

生产工具的变革是理解和把握技术社会形态理论的重要维度,也是社会生产力发展水平的客观尺度。恩格斯曾基于生产工具的变化来划分人类史前的发展阶段,表示"弓箭对于蒙昧时代,正如铁剑对于野蛮时代和火器对于文明时代一样,乃是决定性的武器"[1]。历史上每一种社会

---

[1] 《马克思恩格斯文集》第4卷,人民出版社,2009,第34页。

形态之所以有比先前的社会形态更高的发展水平，归根结底是在生产过程中采用了更先进的生产工具。在人类历史上，生产工具的发展经历着一个从简单到复杂、从手工工具到机器，不断提高、改进的过程。每一次生产工具的重大进步，都带来了社会生产力的巨大进步。进入21世纪以来，随着人工智能技术被广泛运用，人类社会的生产方式和生活方式发生着深刻的变革。社会实践活动越来越多地利用人工智能技术，出现了"智慧医疗""智慧教育""智慧安防""智能手机""智能家居"等新型生产方式和生活方式。发展人工智能产业，实现社会各个领域的智能化，成为当前各国、各民族发展的重大问题。

媒体技术变革是先进生产工具在媒体领域的运用和发展，提升着人类精神交往活动的水平，也推进着整个社会关系的变革。目前来看，人类传播的历史主要经过语言传播、书写传播、印刷传播、电子传播、互联网传播五个阶段，而媒体技术变革主要体现在印刷传播、电子传播、互联网传播之中。语言是人类的特有标志，口头交往是人类交往的主要形式。文字推动人类进入书写革命的时代，保证信息在传播中不被扭曲、变形、重组和丢失，但是，文字交往被限制在较小的范围内，成为少数统治阶级的特权。印刷传播与工业革命的发展密切相关，是以印刷技术为基础，通过图书、报纸、杂志等形式扩大精神交往范围。印刷术推毁了以往口头交往的传统，促进了社会的进步。恩格斯指出："其中具有光辉的历史意义的就是火药和印刷术的发明。所有这些发明，都大大促进了当时手工业的发展。商业也以相同的步伐随着工业前进。"[①]

电子传播是以广播和电视为主体的传播，摆脱了印刷传播中必不可少的物质运输，开辟了一条便捷、高效的传播通道。电子传播媒介基于电磁波或电子技术，经历了从有线传播到无线传播，再从无线传播到有线与无线相互结合的传播过程。电子传播把声音、文字、图像等信息转变为连续的电子符号，通过无线方式和有线方式传播出去，是一种"一对多"的传

---

① 《马克思恩格斯全集》第7卷，人民出版社，1959，第386页。

第三章 媒体技术变革与核心价值观传播机制的唯物史观解答

播方式。电子传播打破了文字阅读的"障碍",使人们可以通过收听和观看就可以获得相关信息,传播的内容较印刷产品更加直观,更能刺激视听感官。

互联网传播是以现代信息技术为基础的,是一种以多媒体为终端、以光纤为通道,把个体与群体联系起来并能实现彼此之间沟通互动的信息交流形式。互联网传播是对包括电子传播、印刷传播等在内的传播方式的重大变革。这种传播方式突破了时空的限制,集文字、图像、语音、视频等形式于一体,可以随时随地进行沟通互动,促进了全世界人们的交往互动,扩大了人们的交往范围,提升了人们交往的深度。由于移动技术、社交软件等的发展,互联网传播打破了中心化的传播格局,实现传播主体与传播主体、传播主体与传播受众、传播受众与传播受众之间的平等互动。

媒体技术的变革与技术社会形态的发展密切相关。媒体技术作为技术的一种类型,基本遵循技术社会形态的发展规律,依托技术社会形态的发展而发展。值得注意的是,新的媒体技术产生之后,并不会完全抛弃之前的媒体,而是把以往媒体的形式融入新的媒体形式之中,在以往媒体形式和新媒体形式的统一中形成传播合力。图书、报纸、杂志作为印刷时代的主要形式,历经电子媒体的发展阶段,在互联网传播的时代仍然存在,并以数字化的方式呈现在互联网上。此外,技术社会形态发展过程中的一些特征也体现在媒体技术的变革上。例如,技术社会形态的发展所体现的加速度特征同样体现在媒体技术的变革上。当前,新的媒体技术层出不穷,不断推陈出新。因此,技术社会形态的重大变革在整体上推动着媒体技术的发展,改变着人们的交往方式,推动着人类社会的精神交往活动不断发展。

三 智媒时代与社会主义核心价值观传播机制

要正确理解智媒时代与社会主义核心价值观传播机制的关系,首先要理清经济社会形态理论与技术社会形态理论的关系。因为智媒时代是从媒体技术的角度来把握整个时代,是技术社会形态理论在当前媒体领域的具体体现。社会主义核心价值观是社会主义社会形态在思想领域的成果,而其传播机制依托于社会主义社会形态的上层建筑,从属于社会主义社会形态的社会关系,也就从属于经济社会形态理论的范畴。从历史唯物主义社会形态理论来把握智媒时代与社会主义核心价值观传播机制的关系就是要立足唯物史观把握技术与上层建筑之间的关系。

经济社会形态理论与技术社会形态理论之间并不是孤立的关系,而是相互作用、紧密联系的。技术社会形态理论侧重从生产力、科学技术和产业结构的角度研究社会形态的发展变化,突出生产力在社会发展中的重要作用。经济社会形态理论主要是从生产资料所有制的角度揭示人类社会形态演变的必然性,突出经济基础在社会发展中的决定性作用。从根本上来说,经济社会形态理论在历史唯物主义社会形态理论中占有主导地位。因为经济基础既与生产力的发展水平密切相关,也是决定其他一切社会关系的最基本的关系,在社会形态结构中处于连接生产力和上层建筑的重要环节。只有从经济基础出发,才能把握社会形态最基本的性质、特征和面貌。同时,技术社会形态理论作为历史唯物主义社会形态理论的有益补充,可以使我们更加全面地认识和把握历史唯物主义社会形态理论。方兴东、钟祥铭、顾烨烨强调,"每一种传播机制的诞生都是基于一种全新的信息生产力,由全新的传播力所驱动"[1],凸显以技术为基础的生产力变革给传播机制带来重大影响。正是因为技术的社会性,技术发明和应用过程要受到各种社会条件的制约,特别是经济关系的制约,因而,我们需要从经济基础的角度来把握技术成果利用的性质与价值。

当前,现代资本主义社会中广泛流传着"技术决定论"的观念,主

---

[1] 方兴东、钟祥铭、顾烨烨:《从 TikTok 到 ChatGPT:智能传播的演进机理与变革路径》,《传媒观察》2023 年第 5 期。

第三章 媒体技术变革与核心价值观传播机制的唯物史观解答

张技术可以解决一切社会问题,不必进行社会革命。美国的经济学家华尔特·惠特曼·罗斯托(Walt Whitman Rostow)、社会学家丹尼尔·贝尔(Daniel Bell)、传播学家曼纽尔·卡斯特(Manuel Castells)等是主要代表人物。例如,曼纽尔·卡斯特曾表示:"社会能否掌握技术,特别是每个历史时期里具有策略决定性的技术,相当程度地塑造了社会的命运。"[①]秉持技术决定论的学者完全抛开生产关系,单纯以生产技术为标准划分社会的发展阶段,宣称科学技术革命正导致资本社会主义和社会主义社会的"趋同"。他们以此来抹杀资本主义社会形态和社会主义社会形态的本质区别,同时否认了资本主义社会为社会主义社会所代替的历史必然性。邓小平曾批评过这类观点,指出:"现在世界上有人说,什么都是技术决定,不要完全迷信这个。"[②] 也有西方学者批评技术决定论,例如,雷蒙·威廉斯认为:"在技术决定论中,研究与发展被设想为自我生成的。新技术似乎在一个孤立的领域中被发明出来,随后创造了新的社会或新的人类境况。"[③]

我们既不能让技术社会形态理论取得与经济社会形态理论同等的地位,也不能让技术社会形态理论高于经济社会形态理论,更不能用技术来解释历史唯物主义社会形态理论中的一切问题,要防止落入"技术决定论"的窠臼。构成生产力要素的技术必须通过一定的形式进行组织和管理,才能将技术的各要素有机结合起来,应用于生产过程,转化为现实的生产力。尽管生产过程中各种技术性的劳动组织和管理措施属于生产力的范围,但是以占有和分配技术为基础的经济关系的组织和管理则属于经济基础的范畴。因此,技术社会形态理论无法揭示出技术掌握在不同阶级手中会有不同的社会作用,也就无法准确地反映社会各要素之

[①] 〔美〕曼纽尔·卡斯特:《网络社会的崛起》,夏铸九等译,社会科学文献出版社,2001,第8页。
[②] 《邓小平文选》第2卷,人民出版社,1994,第77页。
[③] 〔英〕雷蒙·威廉斯:《电视:技术和文化形式(一)——技术与社会》,陈越译,《世界电影》2000年第2期。

间的关系。当前先进的技术既可以为资产阶级服务，维护资本主义社会制度，也可以为广大人民群众服务，维护社会主义社会制度。例如，当今社会，资本主义国家和社会主义国家都在使用智媒体这一媒介技术。但是，资本主义国家利用智媒体传播的是资本主义价值观，向社会主义国家的各个领域进行渗透。社会主义国家利用智媒体传播的是社会主义核心价值观，是为了更好地完善个体与自我、个体与他人、个体与社会、个体与国家的关系，进而建构起更加美好的社会生活。

智媒时代与社会主义核心价值观传播机制的关系从根本上体现了技术社会形态理论与经济社会形态理论的关系。一方面，社会主义核心价值观传播机制作为社会主义社会形态的上层建筑，维护和代表的是社会主义社会关系，符合生产力发展的方向和社会发展的潮流，因此，应该积极地运用智媒时代的发展成果来实现社会主义核心价值观传播效果的最大化、最优化。习近平总书记指出："当前，由人工智能引领的新一轮科技革命和产业变革方兴未艾。在移动互联网、大数据、超级计算、传感网、脑科学等新理论新技术驱动下，人工智能呈现深度学习、跨界融合、人机协同、群智开放、自主操控等新特征，正在对经济发展、社会进步、全球治理等方面产生重大而深远的影响。"[①] 基于这一时代背景，智媒时代社会主义国家必将更好地运用智媒体来发挥广大人民群众的创造力、表达力和影响力，推进全面建成富强民主文明和谐美丽的社会主义现代化强国。而这一目标的实现历程也是培育和践行社会主义核心价值观的过程。

另一方面，智媒体反映了先进技术的发展水平，是社会主义核心价值观传播机制创新的有效助力。雷蒙·威廉斯曾指出："传播系统的特征尤其在于：在被发展的系统的关键成分得以发现并提炼之前，一切都被预见到了——不是以乌托邦的方式，而是以技术的方式。这绝对不是传播系统的历史创造了一个全新的社会或新的社会形态。工业生产的决定性的、更早的转型，及其新的社会形式，已从资本积累和劳动技术改良的长期历

---

① 《习近平关于网络强国论述摘编》，中央文献出版社，2021，第141页。

第三章 媒体技术变革与核心价值观传播机制的唯物史观解答

史中产生出来，它们创造了新的需要及其新的可能性，而传播系统……都是它们内在的结果。"① 因而，智媒体的产生和发展是当今时代先进技术发展的成果，源于社会的需要。社会需要是推进媒体技术变革、应用的内在原因，甚至媒体技术的管理和运行机制也与社会需要密切相关。媒体技术在不断地满足社会需要之际，也在实现着自己的变革，通过不断改进技术而满足更多、更广范围内的需要。当代智媒体的开发和应用离不开资本的直接需要，但是，智媒体发展的最终结果很可能与资产阶级的期望背道而驰。因为只有先进的生产关系才能真正地促进生产力的发展，真正地推动历史的进步。资本主义社会的基本矛盾决定着资产阶级利用智媒体维护的只能是资产阶级的利益，维护的是资本主义私有制，终将会被受压迫的人民群众所认清、所推翻。尽管资产阶级穷尽所能地利用一切手段来拖延或混淆这一过程，但是，生产资料私有制终将会被生产资料公有制所取代。因而，社会主义核心价值观传播机制先于智媒体的发展而存在，是满足广大人民群众价值需求的先进传播机制，是为全人类共享发展机会、共享发展成果服务的。智媒体的发展不仅可以在更广范围内覆盖广大群众，而且可以捕捉广大人民群众的信息诉求和偏好，并能制定出更精准的传播方案，极大地提升社会主义核心价值观的认知度和认可度，推动着个人的全面发展。因而，智媒体的发展与社会主义核心价值观传播机制之间是内在一致的。

第二节 世界历史理论的时代回应

世界历史理论是基于世界经济运动及社会发展的趋势而提出的，构成了马克思主义分析和论述许多重大时代问题的背景与语境，也是唯物史观分析这些重大时代问题的理论支撑。运用马克思主义世界历史理论

---

① 〔英〕雷蒙·威廉斯：《电视：技术和文化形式（一）——技术与社会》，陈越译，《世界电影》2000年第2期。

来回应时代问题,是运用世界眼光和全球视野来全面研究智媒时代出现的新情况、新问题、新矛盾,是以科学的态度和人类解放的情怀正确地认识和处理智媒时代的各种传播关系,有利于客观地把握现代人类社会的传播规律与趋势。

一 马克思主义的世界历史理论

任何科学的理论都有其现实根据和思想渊源,都是思想家批判地继承前人研究成果的产物。马克思主义的世界历史理论就是马克思恩格斯在全面批判地继承了黑格尔"世界历史"理论的基础上创立的。黑格尔在《历史哲学》一书中论述了"观察历史的方法",从方法论的角度将历史分为"原始的历史""反省的历史""哲学的历史"。[①]"原始的历史"是简单的直观,历史学家记叙他们所知道的"各种行动、事变和情况",范围也仅限于历史学家所经历的那个时期。"反省的历史"包括普遍的历史、实验的历史、批评的历史与概念的历史四类。其中,普遍的历史涉及一个民族、国家或者整个世界的全部历史,在方法上要求用抽象的观念去整理历史资料并作梗概的考察;实验的历史则是历史学家通过实验的反省来发现过去历史对现实的意义;批评的历史是批评和检查各种历史记述的真实性与可靠性;概念的历史是民族的艺术、法律、宗教等部门的历史,因其观点的普遍性,成为达到哲学的世界历史的过渡。"反省的历史"不限于它所叙述的那个时代和地区,而是在时空维度上超越了"原始的历史"。"哲学的历史"是对历史的思想的考察,也就是"世界历史本身",防止历史学家把自己的精神等同于历史和时代的精神。[②]

马克思恩格斯辩证地分析了黑格尔的"世界历史"理论,批判了黑格尔历史观中的唯心主义成分,汲取了黑格尔辩证法的精髓。马克思恩格斯指出,黑格尔的世界历史只是"绝对精神"的发展,批评黑格尔把

[①] 〔德〕黑格尔:《历史哲学》,王造时译,上海书店出版社,2006,第1页。
[②] 〔德〕黑格尔:《历史哲学》,王造时译,上海书店出版社,2006,第2~7页。

第三章 媒体技术变革与核心价值观传播机制的唯物史观解答

"人类的历史变成了抽象精神的历史,因而也就变成了同现实的人相脱离的人类彼岸精神的历史"[1]。黑格尔的"世界历史"理论仅仅是从"绝对精神"的观念出发来认识世界历史的发展,忽视了现实社会关系对世界历史的重要性,因而,黑格尔的"世界历史"理论描述的是精神世界的历史,并不是真正的、现实的历史。黑格尔的历史观认为,"人类只是这种精神的无意识或有意识的承担者"[2],因此,无法真正揭示世界历史产生和发展的客观规律。马克思恩格斯深刻地批判了黑格尔"世界历史"理论中的"唯心主义"部分,认为其忽视了物质生产方式对世界历史的现实制约性,但是,也吸收了其辩证地认识世界历史的方法,形成了唯物主义与辩证法相结合的世界历史理论。

马克思突破了黑格尔单纯地从"绝对精神"出发来把握世界历史的局限性,明确推动世界历史形成的根本原因是资本主义的生产方式。马克思认识到,物质生产方式在人类社会生活和历史发展中的基础性地位,资本主义劳动方式发生了质的变化,明确工业这种"资产阶级的生产方式"构成了"历史向世界历史转变"的动力。世界历史的形成代表着人类历史发展出现了一次大的质的变化。在此之前,由于生产力低下,生产规模狭小,交通工具落后和地理环境的阻隔,各个民族的内部和外部交往都很不发达,因此,只能在彼此隔绝的状态下孤立而缓慢地发展。自给自足的小生产是主要的生产方式,一些新的技术发明只能在极小的范围内发生作用。这既难以对整个社会生产力产生较大的影响,也经常会因为某种偶然原因而失传。机器大工业的发展完全摧毁了以手工劳动为基础的工业制度,促进了世界市场的形成。正如恩格斯所指出的:"大工业便把世界各国人民互相联系起来,把所有地方性的小市场联合成为一个世界市场。"[3] 新的生产力的获得和交往关系的发展,是与商品生产

---

[1] 《马克思恩格斯文集》第1卷,人民出版社,2009,第292页。
[2] 《马克思恩格斯文集》第1卷,人民出版社,2009,第291页。
[3] 《马克思恩格斯文集》第1卷,人民出版社,2009,第680页。

和交换的日益扩大联系在一起的。马克思恩格斯指出："各个相互影响的活动范围在这个发展进程中越是扩大,各民族的原始封闭状态由于日益完善的生产方式、交往以及因交往而自然形成的不同民族之间的分工消灭得越是彻底,历史也就越是成为世界历史。"① 由此,人类历史从各个国家和民族的历史进入了世界历史时代。所以,"世界史不是过去一直存在的;作为世界史的历史是结果"②。

从发展趋势看,世界历史作为一个新的历史时代,并不是历史的终结,而是将走向更高的发展阶段。世界历史的形成在客观上开阔了人们的眼界,使人们可以在世界范围内进行选择,也为个人发展为世界性的个人提供了现实可行性。但是,从根本上来看,世界历史的形成源自资本主义生产方式发展的客观需要,是资产阶级缓解资本主义社会基本矛盾的必然结果。资本主义生产方式在全世界的扩张过程是在世界各地复制资本主义社会基本矛盾的过程,也是把资本主义国家的内部风险扩大到全世界的过程。因而,个人的活动极易受世界市场的影响,使个人极易受到异己力量的支配而屈从于既有的国际分工,成为普遍生产和交往必然性的奴隶。与此同时,世界历史的发展过程伴随着无产阶级群体的扩大,意味着反对资产阶级的力量在全世界范围内的形成和聚集。"全世界无产者联合起来"的口号在世界历史的条件下才真正具有现实意义。共产主义社会是实现全人类解放的高级社会形态,只有在世界历史存在的前提之下扬弃资本主义生产方式,使全世界无产阶级占有和掌握生产资料,才能真正地在全世界范围内建立起更高级的共产主义生产方式。

二 以世界眼光观照智媒时代的传播体系

世界历史的形成使得许多国家的传播体系受到世界传播体系的影响,成为世界传播体系发展过程中的一个环节或要素,其与世界传播体系发

---

① 《马克思恩格斯文集》第1卷,人民出版社,2009,第540~541页。
② 《马克思恩格斯文集》第8卷,人民出版社,2009,第34页。

第三章　媒体技术变革与核心价值观传播机制的唯物史观解答

展方向的契合与否决定着自己在世界传播体系中的地位和命运。世界传播体系的进步往往又是以某些先进传播技术的发明和应用为前提的，因而需要把智媒时代的传播体系纳入世界传播体系的考量之中。智媒体的飞速发展正在把资本主义价值观推送到全世界，妄图使全世界遵从资本主义生产方式，维护资产阶级利益。西方发达国家凭借着智媒体技术上的优势，创造了"使东方从属于西方"[①]的世界媒体格局。正因如此，有专家指出："正在形成的全球媒介系统实际上是美国媒介系统在世界范围内的放大，它的文化具有很多美国媒介系统所强调的唯利是图的特性。当主导美国媒介的公司同时也主导国际媒介系统时，当国际媒介系统也像美国一样按照利益最大化的逻辑来运作时，这时的国际媒介系统的意义就非同寻常。"[②]

智媒时代传播体系的这一特征是由当今时代的本质所决定的。在《共产党宣言》中，马克思恩格斯提出，"我们的时代，资产阶级时代"[③]。这标志着，世界历史进入了资本主义的历史时代。20世纪初，列宁指出，资本主义发展进入新的历史阶段——帝国主义阶段，但是，资本主义的本质没有变。从时代本质和人类历史的发展来看，虽然媒体技术发生了重大改变，但是，马克思主义经典作家所判断的大的历史时代并没有变。正如习近平总书记所指出的："尽管我们所处的时代同马克思所处的时代相比发生了巨大而深刻的变化，但从世界社会主义500年的大视野来看，我们依然处在马克思主义所指明的历史时代。"[④] 因此，当今时代正处于资本主义社会形态向社会主义社会形态过渡的大的历史时代。

这一时代背景是把握智媒时代传播体系的关键。智媒体的飞速发展，把各个国家、各个地区的社会实践活动纳入世界传播体系之中，也使资

[①] 《马克思恩格斯文集》第2卷，人民出版社，2009，第36页。
[②] 〔美〕罗伯特·W.麦克切斯尼：《富媒体 穷民主：不确定时代的传播政治》，谢岳译，新华出版社，2004，第113页。
[③] 《马克思恩格斯文集》第2卷，人民出版社，2009，第32页。
[④] 《习近平谈治国理政》第2卷，外文出版社，2017，第66页。

本逻辑无情地把人们的精神交往纳入商品化的轨道之中,服从资本市场的逻辑。智媒体越是在全世界深入发展,各个国家、地区及其相应的领域就越是容易形成世界性的媒体垄断,跨越地理区域与用户建立直接的联系。在这种条件之下,智媒体更多以盈利为目标,本质上为资本主义私有制的垄断企业所用。为了争夺国外市场,掠夺海外媒体资源,正在形成一个建立在政治利益和商业利益基础之上、由少数跨国媒体集团主导的全球媒体系统。少数的、垄断的智媒体公司控制着世界媒体市场,干扰或影响他国的经济、政治、文化。虽然智媒时代使得落后国家可以直接利用发达国家已有的智媒技术成果,汲取其智媒体治理经验,了解智媒体发展过程中的利弊得失,实现本国在智媒体领域的跨越式发展,但是,落后国家由于缺乏资金、技术、经验等,在智媒时代传播体系中处于弱势地位,更容易受到西方发达国家的限制,严重影响了本国智媒体的正常发展。因此,智媒体的发展既为各个国家、民族和地区的发展提供了机遇,也给其带来了极大的风险。

三 以历史视野把握社会主义核心价值观传播机制的先进性

正确把握当前世界历史的发展趋势和未来前景,离不开对资产阶级与无产阶级、资本主义与社会主义的矛盾的研究。马克思恩格斯曾深刻地指出,经济发展的必然性"迫使一切民族——如果它们不想灭亡的话——采用资产阶级的生产方式","迫使它们在自己那里推行所谓的文明"。[①] 资产阶级在按照自己的面貌创造新世界的过程中,也创造出资本主义世界的否定因素即社会主义生产关系,创造了自己的掘墓人即无产阶级。客观地说,世界历史已历经数百年,但到目前为止,还是资产阶级和资本主义主导的,社会主义和资本主义之间的矛盾是当今世界的主要矛盾。否认这一点,就会认不清世界历史发展的本质,认不清智媒时代的时代本质。相反,有些人看到了资产阶级在媒体传播中的重大作用,

---

① 《马克思恩格斯文集》第 2 卷,人民出版社,2009,第 35 页。

第三章 媒体技术变革与核心价值观传播机制的唯物史观解答

认为当今的智媒时代就是资本主义的媒体时代,甚至视智媒体为西方国家的阴谋,并由此反对开发和运用智媒体。这也是错误的,因为这些人没有看到无产阶级的先进性与独立性,没有意识到"社会主义取代资本主义"的历史必然性。

我们应用历史辩证的眼光来看待世界历史发展进程,认清智媒时代核心价值观传播机制斗争的长期性与复杂性。资本主义国家利用世界发展的不平衡性,凭借智媒技术优势和制定智媒体行业行规来获取"超额利润"。在向全世界推广智媒技术和智媒体行业行规的过程中,资本主义国家把资本主义基本矛盾扩散到全球,在某种程度上缓和了资本主义国家的基本矛盾。另外,这意味着资本主义生产方式所容纳的生产力还没有完全释放出来,还能继续发挥一定的历史作用,具有一定的生命力。恰如马克思所指出的"两个决不会"原理,即"无论哪一个社会形态,在它所能容纳的全部生产力发挥出来以前,是决不会灭亡的;而新的更高的生产关系,在它的物质存在条件在旧社会的胎胞里成熟以前,是决不会出现的"[①]。因而,资本主义国家利用其所掌握的智媒技术与智媒资源,采取一切手段和利用一切可能的机会来不断地转移其基本矛盾,增加人们对资产阶级剥削的承受度和容忍度。娱乐至上、奶头效应、媒体技术至上等观点的提出恰恰体现了这一观点。但是,智媒时代的发展,资本逻辑对生存逻辑的压制已经从生产领域延伸到生活领域,从物质领域延伸到精神领域,人的异化状态更为严重,人民群众团结起来推翻资本统治的现实需求也更为强烈。

社会主义核心价值观传播机制要在传播系统中更全面地揭露资本主义统治的本质,扬弃资本主义价值观,推动世界历史从资本主义社会的世界历史转变为社会主义社会的世界历史。如果世界没有经由资本主义社会形成的高度发达的生产力,没有世界性的市场经济与普遍交往,没

[①] 《马克思恩格斯文集》第2卷,人民出版社,2009,第592页。

有经由人的"政治解放",就无法成为"世界历史性的、经验上普遍的个人"①。缺乏这些历史现实条件的民族、国家和地区,即使建立了社会主义,也只能是"地域性的""不够格的"。世界历史的发展使得各民族的价值观成为世界性的精神财富,是一种具有世界普遍性的价值观。只有认识到这一问题,社会主义核心价值观的传播机制才能利用资本主义的一切文明成果,积极地借助智媒体大力发展生产力,创造出较资本主义社会更为丰富、更为普遍的交往形式,才能真正实现人的发展从"物的依赖阶段"到"自由个性阶段"的飞跃。只有人们最大限度地获得世界范围的信息,借助智媒体来推动个人的全面发展,人们才有可能获得真正的精神财富,实现精神的彻底解放。

社会主义核心价值观与资本主义价值观之间的斗争是一个长期过程。社会主义革命率先在经济文化比较落后的东方国家发生,是历史发展的必然性和偶然性共同作用的结果,是世界历史时代经济政治发展不平衡的产物。社会主义社会作为一种新的社会形态,建立了不同于资本主义国家的社会制度和组织机构,也产生了不同于资本主义价值观的传播机制。社会主义核心价值观的明确提出和推广,正在产生越来越大的世界性影响,包括对发达资本主义国家的影响。在智媒时代,愈来愈快的传播速度留给人们加工和处理信息的时间和空间也越来越小,因此,只有真正服务人民群众、满足人民群众价值诉求的传播机制才能真正为人民所接受。社会主义核心价值观的传播机制代表人民群众的利益,是人民群众解放自己的思想武器,也是走向共产主义的价值保证,必将在同资本主义价值观传播的斗争中冲破一切艰难险阻,迎来属于自己的最终胜利。

第三节 历史主体理论的实践指向

历史是作为社会主体的人的活动的历史。研究历史过程,必须从"现

---

① 《马克思恩格斯文集》第1卷,人民出版社,2009,第538页。

第三章 媒体技术变革与核心价值观传播机制的唯物史观解答

实的人"出发,正确把握人的活动与社会传播活动的关系,充分认识到人民群众作为先进社会形态传播机制的创造者和使用者在先进价值观传播历程中的决定性作用,发挥人民群众在智媒时代社会主义核心价值观传播机制中的支配地位。

一 现实的人:唯物史观的出发点

马克思之前的哲学家没有发现历史的真正出发点,甚至曾一度忽视对人的研究。古希腊时期,人们对于自己的认识,主要是在人与自然、人与神灵的关系层面,讨论人类的起源与生存以及社会政治、人的道德等问题。在中世纪,宗教神权至高无上,人们把对自己的认识变成了上帝如何创造人类的说教,忽视了对人的真正研究。文艺复兴以后,对人的研究才重新被重视。以孟德斯鸠等为代表的启蒙思想家强调要用人权代替神权,用人性代替神性,抨击教会的蒙昧主义和禁欲主义,歌颂人的世俗生活,提倡个性解放,高扬理性和科学的旗帜,推崇科学和知识的力量。这在当时极大地解放了人们的思想。影响马克思形成唯物史观历史主体理论的关键人物是黑格尔和费尔巴哈。黑格尔把历史发展理解为抽象的"绝对精神"的发展史,认为历史发展的主体是"自我意识",而不是"人的自我意识"。马克思恩格斯批评"黑格尔把世界头足倒置"[1]了,批判其把现实的人抽象为"绝对精神"的产物。费尔巴哈从人和自然的关系出发探索人的本质,但是,忽视了人在现实活动和社会关系中的主动性,造成其对人的理解停留在抽象的层面上。总之,他们脱离人的实践活动用超自然的力量说明历史过程,或者从神秘的"绝对精神"出发、从人们的思想动机出发来找寻历史的起点,不可能对历史的发生和发展作出正确的解释。

马克思不是把人看作纯粹的自然物,也没有把人看作纯主观的存在,而是从人的现实活动出发来理解人。在批判黑格尔唯心主义立场的同时,马克思吸收了其精神能动性的思想,把人理解为现实的、处在特定社会

---

[1] 《马克思恩格斯文集》第1卷,人民出版社,2009,第357页。

历史关系之中的、并受物质生产条件影响和制约的人。马克思恩格斯认为，人"不是处在某种虚幻的离群索居和固定不变状态中的人，而是处在现实的、可以通过经验观察到的、在一定条件下进行的发展过程中的人"①。现实的人是具体的、历史的，社会历史就是现实的人的历史。因此，要研究历史，就必须从"现实的人"出发。现实的人不仅是有生命的个体，是有血有肉、有思想情感、有物质需求和精神需求的具体的个人，还是处于一定现实的社会关系之中的人。现实的个体为了生活，就需要与其他现实的个体结成一定的关系，进行物质生产和其他生产，以满足自己的物质需要和其他需要。在物质生产过程中，人们既生产着物质产品和精神产品，也生产着人们的社会关系。

对人类历史的研究既要研究现实的人及其历史发展，也要研究人们的社会关系，才能形成对人本身及其社会历史的科学理解。人既有自然属性，又有社会属性。恩格斯曾指出："人来源于动物界这一事实已经决定人永远不能完全摆脱兽性，所以问题永远只能在于摆脱得多些或少些，在于兽性或人性的程度上的差异。"② 人的本质是由社会关系、社会属性规定的。马克思从社会关系的角度研究现实的人，揭示人的本质，把人与社会紧密联系在一起，为正确研究人类历史提供了科学的理论与方法。"人的本质不是单个人所固有的抽象物，在其现实性上，它是一切社会关系的总和。"③ 人的本质集中体现各种复杂的社会关系，但各种社会关系对人的本质的影响并不具有同等的意义，处在不同层次上的社会关系对人的本质影响的深度和广度是有差别的。对人的本质影响最大的是生产关系。传播关系属于人的社会关系，主要是由生产关系决定的，也受其他社会关系的制约。人类社会的传播历史，也是人的社会关系不断生产和再生产的历史。传播理论需要把人与人之间的传播关系与社会的精神

---

① 《马克思恩格斯文集》第1卷，人民出版社，2009，第525页。
② 《马克思恩格斯文集》第9卷，人民出版社，2009，第106页。
③ 《马克思恩格斯文集》第1卷，人民出版社，2009，第505页。

生产、精神交往结合起来才能揭示社会传播的总过程。

历史的发展与人的发展本质上是一致的。人发展到什么程度，历史就发展到什么程度。人的生存状况和社会关系状况是历史发展水平的标志。同样，历史发展到什么程度，人也就发展到什么程度。"在人类发展的以前一切阶段上，生产还很不发达，以致历史的发展只能在这种对立形式中进行，历史的进步整个说来只是成了极少数特权者的事。"[1] 人们通过追求自己的目的而创造自己的历史，通过满足自身需要而实现历史的发展。现实的人是历史发展的主体。唯物史观基于人们的社会生活过程及其各方面的内在联系，研究由人们的联系和关系形成的社会结构及其历史演变，发现社会的矛盾及历史发展的动力，从而阐明人类历史发展的一般规律。唯物史观是关于人类社会发展一般规律的科学，是"关于现实的人及其历史发展的科学"[2]。

二 人民群众：媒体技术变革的历史主体

唯物史观诞生之前，唯心史观占据着统治地位。唯心史观在研究社会历史时，至多是考察人们历史活动的思想动机，而没有考究产生这些动机的原因；只看到了少数杰出人物的历史作用，而看不到或者根本不愿意承认人民群众在社会发展中的重要作用。他们认为，历史是由英雄豪杰、帝王将相、立法者以及思想家们创造的，并由这些人的愿望、意志和才能决定社会历史的发展走向。人民群众成了被动的"客体"，是受"天命""宇宙精神""伟大人物意志"摆布的工具。

唯物史观的创立肯定了人民群众的历史主体地位，明确了人民群众是社会变革的决定力量。人民群众通过自己的社会实践活动，创造和改变着已有的社会关系，重构着社会的经济结构、政治结构和文化结构，进而塑造出社会的整体面貌，实现了社会形态的更替。而社会关系的改

---

[1] 《马克思恩格斯文集》第3卷，人民出版社，2009，第459页。
[2] 《马克思恩格斯文集》第4卷，人民出版社，2009，第295页。

变和创造是生产力发展的结果，特别是先进技术所发挥的重要推动作用。先进技术也是人民群众在社会实践的过程中创造出来的，因而，人民群众是历史的创造者。鉴于此，我们需要尊重人民群众的首创精神，理解人民群众的诉求，及时解决人民群众的急难愁盼问题，让他们更好地享有社会发展的成果，成为社会发展的受益者。

媒体技术变革的历史也是由人民群众创造的。媒体技术的变革体现了人民群众的创造力与能动性，是人民群众智慧的结晶。恩格斯所总结的"历史合力"的思想同样体现在媒介技术变革的过程之中。恩格斯明确指出："历史是这样创造的：最终的结果总是从许多单个的意志的相互冲突中产生出来的，而其中每一个意志，又是由于许多特殊的生活条件，才成为它所成为的那样。这样就有无数互相交错的力量，有无数个力的平行四边形，由此就产生出一个合力，即历史结果，而这个结果又可以看做一个作为整体的、不自觉地和不自主地起着作用的力量的产物。"[①]因此，尽管参与媒体传播活动的群体具有主观性，但是，结果往往不是某一群体、某一个体所能把控的。这种思想也体现在媒体技术变革的历史之中。媒体技术的发明者和推广者，可能是某个人或某个群体，但是，媒体技术能够广泛被使用，是广大人民群众推动的结果，是因为其能够在更大范围内满足人民群众的传播诉求。

那么，人民群众是如何参与到媒体技术变革的历史之中呢？首先，人民群众在社会实践中不断积累经验和知识，这些经验和知识为媒体技术创新提供了源源不断的灵感和动力。例如，活字印刷术的发明，使得书籍的复制和传播变得更加高效。马克思曾指出："人们自己创造自己的历史，但是他们并不是随心所欲地创造，并不是在他们自己选定的条件下创造，而是在直接碰到的、既定的、从过去承继下来的条件下创造。"[②]人民群众进行媒体技术变革既受当时历史阶段媒体技术的制约，也受之

---

① 《马克思恩格斯文集》第10卷，人民出版社，2009，第592页。
② 《马克思恩格斯文集》第2卷，人民出版社，2009，第470~471页。

第三章　媒体技术变革与核心价值观传播机制的唯物史观解答

前媒体技术的影响。人民群众是一个历史范畴,在社会发展的不同历史时期,有不同的内容,可以包括不同的阶级、阶层和社会集团。现阶段,在实现社会主义现代化的时期,一切赞成、拥护和参加新时代中国特色社会主义事业的人,都属于人民的范畴。当前,我们应积极发挥全国人民的力量,不断推进媒体技术的发展和完善。

其次,人民群众是媒体技术发明和应用的主要推动者。随着新的媒体技术的出现,人民群众积极学习和掌握新的媒体技术,并将其应用于生产和生活中,推动着媒体技术的普及和应用。从最初的电视、广播,到如今的互联网、社交媒体和智媒体,人民群众迅速接受并使用这些新技术。最新统计报告显示,截至2023年12月,我国网民人数高达10.92亿,互联网普及率为77.5%,而网民中使用手机上网的比例为99.9%,[1]而"网络视频用户规模为10.67亿人……占网民整体的97.7%。其中,短视频用户规模为10.53亿人……占网民整体的96.4%"[2]。由此可以看到人民群众拥护新媒体技术的热情。人们利用新的媒体技术来进行远程办公、开展在线会议等,提高工作效率,也利用新的媒体技术来丰富日常生活,如进行社交、开展娱乐活动等。人民群众在使用新的媒体技术时,往往会出现新的需求,提出新的意见,为媒体技术的进一步发展和完善提供了重要的反馈。此外,人民群众的新需求和新爱好是新的媒体技术变革的重要方向。因而,媒体技术的发展需要密切关注人民群众的诉求,才能更好地实现信息传播的效果。

最后,媒体技术变革不仅推动了信息传播方式的变革,也促进了社会变革的发生。人民群众作为社会变革的主导者,通过新的媒体技术来更全面地了解相关事件及其发展过程,更积极主动地参与到社会变革之中。马克思、恩格斯肯定印刷术在反对封建制度、建立资本主义制度过程中的积极作用。恩格斯指出,"书刊印刷业的兴起和商业发展的需要,

---

[1] 中国互联网信息中心:第53次《中国互联网络发展状况统计报告》,2024,第25页。
[2] 中国互联网信息中心:第53次《中国互联网络发展状况统计报告》,2024,第47页。

不仅打破了僧侣对读书写字的垄断,而且也打破了他们对较高层次的文化教育的垄断。在知识领域也出现了分工。新兴的法学家等级把僧侣从一系列最有影响的职位中排挤出去了。这部分僧侣从此也就成了多余的人"①。僧侣代表着中世纪封建主义社会的地主阶级,其待遇的改变意味着中世纪封建制度的没落。在印刷术发明之前,大部分书是用拉丁文写成的,书本知识只掌握在少数人手里,绝大多数人没有接触知识的机会和权力。随着印刷业的发展,用普通百姓语言印刷的书籍陆续出现,几乎每一个识字且买得起书的人都可以逐渐接触到知识。印刷技术的发明和日益改进,使得越来越多的书籍开始出现,报纸、杂志等出版物开始大规模复制。一本书可以复制几千册乃至上万册,大大地降低了书籍的成本。这促进了信息的广泛传播,提高了信息的传播效率,并打破了思想文化、价值观念的垄断。马克思称赞印刷术是手工业时期"最伟大的发明"②,是"预告资产阶级社会到来的三大发明"之一,因为"印刷术则变成新教的工具,总的来说变成科学复兴的手段,变成对精神发展创造必要前提的最强大的杠杆"③。大众传播时代的到来,使得获取知识信息不再是上流阶层的特权,而是成为大多数人的日常性权利。互联网、移动终端、智能技术等的出现,赋予了越来越多人主动传播信息的机会,使人们在信息传播体系中的地位逐渐上升。同时,人民群众经常通过新的媒体技术来表达自己的意见和看法,及时关注社会热点问题,推动了社会公正和人民民主的发展进程。

三 人的全面发展:智媒时代的传播目标

在人类传播史上,每一次重大的技术变革都对人类的发展产生了深远的影响,并将人类带入一个崭新的时代。在研究技术变革时,马克思

---

① 《马克思恩格斯文集》第2卷,人民出版社,2009,第225页。
② 《马克思恩格斯文集》第8卷,人民出版社,2009,第340页。
③ 《马克思恩格斯文集》第8卷,人民出版社,2009,第338页。

第三章 媒体技术变革与核心价值观传播机制的唯物史观解答

明确地提出了技术变革对包括人的价值观念在内的生产方式的影响。在《资本论》中,马克思基于技术社会形态理论与经济社会形态理论的关系,指出了技术对人的生活方式的影响。他从"资本对补充劳动力的占有。妇女劳动和儿童劳动""工作日的延长""劳动的强化"三个角度[①]来分析"机器生产对工人的直接影响"。在此基础上,马克思详细地分析了工人与机器之间的斗争,剖析了工人随着机器大工业的发展而不断被异化,甚至工人与机器大工业之间的矛盾日益尖锐化、长期化的现象。他认为,"由于机器不断占领新的生产领域,机器的'短暂的'影响也就成为长期的了。可见,资本主义生产方式使劳动条件和劳动产品具有的与工人相独立和相异化的形态,随着机器的发展而发展成为完全的对立","因此,随着机器的出现,才第一次发生工人对劳动资料的粗暴的反抗"。[②] 马克思、恩格斯通过研究机器大工业的发展,清醒地认识到资本主义制度造成了人与其生产活动、人与其生产产品、人与其他人、人与类之间的异化,主张扬弃资本主义制度而建立更高级的社会制度,实现"每个人的自由发展"[③]。"每个人的自由发展"正是共产主义的本质特征,是人摆脱人对人、人对物的依赖关系之后而达到的人类发展的高级形态。

智媒时代的发展目标是从根本上超越智媒体垄断所造成的人的异化,契合共产主义社会的价值追求。当前,许多学者清醒地认识到,智媒体传播的背后蕴含着社会主义核心价值观与资本主义价值观的激烈斗争,应防范资本主义国家利用"智媒体"来进行思想渗透。叶淑兰指出资本主义价值观内嵌在智媒体之中,认为"ChatGPT 数据将西方价值观嵌入其中"[④]。"在构建算法过程中,人所持有的偏好、信念也会有意或无意地被纳入其中。加之数据中的非客观内容,ChatGPT 输出的文本也会带有美

---

① 《马克思恩格斯文集》第 5 卷,人民出版社,2009,第 453~480 页。
② 《马克思恩格斯文集》第 5 卷,人民出版社,2009,第 497 页。
③ 《马克思恩格斯文集》第 2 卷,人民出版社,2009,第 53 页。
④ 叶淑兰:《AIGC 冲击下的国际技术政治变革》,《中国社会科学报》2023 年 8 月 17 日,第 A07 版。

国的价值倾向与偏见。而随着 ChatGPT 在各个国家的扩散和广泛应用，美国的思想文化和价值观也将渗透其中，这将会是数字时代的'和平演进'形态。"[1] 梁怀新认为，"当前，国际主流 AIGC 平台大多为美国科技企业所打造，其在训练语料库选取、AI 算法编制等方面暗藏技术黑箱问题"[2]。不少学者发现了西方资本主义国家凭借智媒体的技术优势来进行资本主义价值观的渗透与输出，认为这是文化资本主义全球扩散的新形式。智媒体背后强大的资本支撑，在一定程度上影响了整个传播体系。在"利益驱动"之下，智媒体为了获取更多的转载率、点赞率、评论率而不断地传输庸俗化、低俗化、媚俗化、娱乐化、暴力化等信息，并在"信息茧房""回声壁效应"等影响之下，大肆传播这类信息，不断影响人们的价值认知，影响了人们对社会主义核心价值观的认知度和认可度。由此可见，智媒体已经把人的异化范围扩大到精神交往领域。因此，我们只有扬弃智媒体对人类发展造成的新异化，才能在整体上实现人的全面发展。

只有在人类真正获得了自由全面的精神交往的基础之上，"每个人自由全面发展"才能实现。媒体发展的历史不断提升人们在社会实践中的地位，赋予越来越多的人拥有传播的自主权，使人可以运用智媒体来丰富自身的社会关系。"'任何人'在'任何地点'和'任何时候'获得'任何想要的东西'，是在智媒时代媒介融合发展的驱动力和目标。"[3] 对人们的精神交往亦是如此。智媒体能够为人们提供更有针对性的、个性化的自我传播，使个人真正地驾驭其外部世界的信息。马克思曾指出，"真正的个人"的实现是共产主义社会形态区别于其他社会形态的显著差别，而实现"真正的个人"关键在于"自由个性"的获得，在于"外部

---

[1] 阙天舒：《AIGC 塑造数字话语权的内在逻辑》，《中国社会科学报》2023 年 8 月 17 日，第 A07 版。

[2] 梁怀新：《提升 AIGC 政治安全风险治理能力》，《中国社会科学报》2023 年 8 月 17 日，第 A07 版。

[3] 辛凯强：《媒介融合影响青少年信息感知能力》，《中国社会科学报》2022 年 5 月 5 日，第 A05 版。

第三章 媒体技术变革与核心价值观传播机制的唯物史观解答

世界对个人才能的实际发展所起的推动作用为个人本身所驾驭"[1]。智媒体是为每个人的精神交往服务的,让外界的种种有益的信息更好服务人类。恰如喻国明教授所指出的"媒介之'新',本质在于其是否为人类社会的连接提供新的方式、新的尺度和新的标准。由此,使人们能够探索更多的实践空间,拥有更多的资源和更多的领地,展示和安放人们的价值、个性以及生活的样态"[2]。智媒体将个体的信息及时地展示在媒体平台上,自动地匹配相关信息,将不同的个体联系在一起,扩大着人们的精神交往范围,也使得个体能够更自由地发展个体的本性。

智媒时代的到来为共产主义社会的实现创造着全新的物质基础和精神基础。马克思指出,共产主义社会形态是以"每一个个人的全面而自由的发展为基本原则的社会形式"[3],并要"为所有的人创造生活条件,以便每个人都能自由地发展他的人的本性"[4]。因而,要实现个体的人的本性的自由发展有赖于现实的社会条件。这一社会条件的实现需要"使一切不依赖于个人而存在的状况不可能发生"[5],"结束牺牲一些人的利益来满足另一些人的需要的状况"[6],才能使"真正的个人"获得"自由个性"。孙伟平教授指出,智能社会与共产主义社会之间具有密切关系,他认为,"智能社会的到来,为马克思恩格斯所构想的共产主义社会奠定了坚实的物质基础,为实现生产资料公有制、计划经济和'按需分配',为打破旧式分工、令劳动成为人的'第一需要',为人的自由全面发展和建设'自由人联合体'等提供了可能性"[7]。这一判断同样适用于智媒时代。

---

[1] 《马克思恩格斯全集》第3卷,人民出版社,1960,第330页。
[2] 喻国明:《未来媒介的进化逻辑:"人的连接"的迭代、重组与升维——从"场景时代"到"元宇宙"再到"心世界"的未来》,《新闻界》2021年第10期。
[3] 《马克思恩格斯文集》第5卷,人民出版社,2009,第683页。
[4] 《马克思恩格斯全集》第2卷,人民出版社,1957,第626页。
[5] 《马克思恩格斯文集》第1卷,人民出版社,2009,第574页。
[6] 《马克思恩格斯文集》第1卷,人民出版社,2009,第689页。
[7] 孙伟平:《智能社会:共产主义社会建设的基础和条件》,《马克思主义研究》2021年第1期。

智媒时代，人们让电脑模型来学习人的思维方式、认知方式，有利于更精准地满足人们的信息诉求。智媒时代的到来，让每个人都可以摆脱时间和空间的限制，不必局限在特定的时空范围内来进行传播活动和价值交流，而是可以随着自己的兴趣、爱好、交往习惯等随时随地自主地选择适合自己风格和特点的交往活动，迅速地获得自己所需要的信息。美国计算机科学家尼古拉·尼葛洛庞帝（Nicholas Negroponte）曾用"界面代理人"或"代理人界面"一词来指代人工智能，他认为，"一个知识丰富的界面代理，它不仅了解事物（某件事情的流程、某个感兴趣的领域、某种做事的方式），而且了解你和事物的关系（你的品位、倾向，以及你有哪些熟人）"[1]，"未来的界面代理人可以阅读地球上每一种报纸、每一家通讯社的消息，掌握所有广播电视的内容，然后把资料组合成个人化的摘要"[2]，甚至"能够模仿你做事的方式"[3]。除此之外，"界面代理人可以运用这些比特来排定讯息的优先次序，并以不同的方式来发送这些讯息。发出讯息的人是谁以及讯息的内容是什么，都会决定你看到的讯息的次序"[4]，还"像人类的朋友和助理一样，不断学习和成长"[5]。智媒体将对每个人的了解与专业的知识融合在一起，自主处理信息，使人们在智媒时代能够实现"各取所需"，尽可能满足人们的需求。这样，个人就不只是获得片面的知识，而是能够获得对某个事件或某个活动更为全面的认知，也更容易形成自身独立的价值评判，从而朝着自由、全面发展的目标前进。

---

[1] 〔美〕尼古拉·尼葛洛庞帝：《数字化生存》，胡泳、范海燕译，海南出版社，1997，第179页。

[2] 〔美〕尼古拉·尼葛洛庞帝：《数字化生存》，胡泳、范海燕译，海南出版社，1997，第181页。

[3] 〔美〕尼古拉·尼葛洛庞帝：《数字化生存》，胡泳、范海燕译，海南出版社，1997，第183页。

[4] 〔美〕尼古拉·尼葛洛庞帝：《数字化生存》，胡泳、范海燕译，海南出版社，1997，第197页。

[5] 〔美〕尼古拉·尼葛洛庞帝：《数字化生存》，胡泳、范海燕译，海南出版社，1997，第184页。

第三章 媒体技术变革与核心价值观传播机制的唯物史观解答

智媒时代的发展趋势是走向共产主义，有利于人们自由交往的实现。智媒技术的发展促进生产力的解放，形成着共建共享经济的生产模式，推动着公有制生产关系的发展，有效助力社会主义核心价值观的传播。社会形态理论从"生产力（包括媒介技术）—经济基础—上层建筑（包括核心价值观）"的角度揭示了社会主义核心价值观更适应智媒时代的经济基础，也更能在智媒技术的推动下促进社会形态的嬗变。世界历史理论是运用世界眼光和全球视野来全面地研究智媒时代出现的新情况、新问题、新矛盾，以科学的态度和人类解放的情怀在社会主义传播与资本主义传播共存并立、相互制约、相互交往的过程中把握现代人类社会的发展规律与趋势，正确认识和处理媒体全球化条件下的各种传播关系。历史主体理论是从"现实的人"出发，正确把握人的活动与核心价值观传播机制的内在关系，发挥人民群众在核心价值观传播过程中的决定性作用，坚持人民群众在智媒时代社会主义核心价值观传播机制中的支配地位。

第四章　社会主义核心价值观传播机制的生成与时代特征

2012年，党的十八大报告正式提出社会主义核心价值观，要求"积极培育和践行社会主义核心价值观"[①]，事实上，社会主义核心价值观在正式提出之前，中国共产党就一直坚持用科学社会主义、无产阶级革命价值观、社会主义核心价值体系等价值观念来建构社会主义核心价值观的传播机制。社会主义核心价值观与这些价值观念是一脉相承的。社会主义核心价值观传播机制是立足中国特色社会主义建设形成的价值观传播机制，有利于更好地适应现代化媒体的发展规律和发展趋势，更及时地洞察和满足人民群众的价值诉求。智媒时代社会主义核心价值观传播机制作为社会主义核心价值观传播机制的重要组成部分，彰显出传播内容的虚实交融性、传播机制的交互主体性、传播活动的全媒体化的鲜明特征。

第一节　社会主义核心价值观传播机制的生成

中国特色社会主义进入新时代，这是当前我国社会发展新的历史方位，也是新时代社会主义核心价值观传播机制创新的时代背景。在党的

---

① 《习近平谈治国理政》，外文出版社，2014，第154页。

第四章 社会主义核心价值观传播机制的生成与时代特征

十九大报告中,习近平总书记作出重大判断:"经过长期努力,中国特色社会主义进入了新时代,这是我国发展新的历史方位。"[1] 中国特色社会主义进入新时代,意味着科学社会主义的价值意蕴在21世纪的中国焕发出强大的生机活力,代表着社会主义核心价值观的新发展,也拓展了社会主义核心价值观传播机制走向现代化的新路径。

一 明确提出社会主义核心价值观

自党的十六届六中全会正式提出"社会主义核心价值体系"以来,社会各界围绕社会主义核心价值体系进行激烈讨论,希望能进一步凝练出社会主义核心价值体系的根本性质和基本特征,满足新时代中国特色社会主义的实践要求。社会主义核心价值观基本内容的提出和阐释不仅满足了这一诉求,而且成为引导全社会共识的价值基础。如果没有确定社会主义核心价值观的基本内容,那么社会主义核心价值观的传播机制必将是空洞的、抽象的。

中国共产党明确提出社会主义核心价值观的基本内容,并将其作为习近平新时代中国特色社会主义思想的重要内容。党的十八大报告明确把"积极培育和践行社会主义核心价值观"作为"加强社会主义核心价值体系建设"的组成部分,并在"积极培育和践行社会主义核心价值观"之前增加了"倡导富强、民主、文明、和谐,倡导自由、平等、公正、法治,倡导爱国、敬业、诚信、友善,积极培育和践行社会主义核心价值观"[2],简称"三个倡导"。这是"社会主义核心价值观"的概念首次出现在党的正式文件之中。"三个倡导"与"社会主义核心价值观"是什么样的关系呢?党的十八大报告并没有进行说明和阐释,仅仅是明确了社会主义核心价值体系包含社会主义核心价值观。

社会主义核心价值观在中国特色社会主义现代化建设中处于什么样

---

[1] 《十九大以来重要文献选编》(上),中央文献出版社,2019,第7页。
[2] 《十八大以来重要文献选编》(上),中央文献出版社,2014,第25页。

的地位、社会主义核心价值观的基本内容是什么、"三个倡导"与社会主义核心价值观是什么样的关系，这三个问题成为培育和践行社会主义核心价值观的关键问题。2013年12月，中共中央办公厅印发的《关于培育和践行社会主义核心价值观的意见》给出了明确的答案。该意见不仅将"三个倡导"作为社会主义核心价值观的基本内容，而且阐明了培育和践行社会主义核心价值观在社会主义现代化建设中的重要意义。该意见指出："培育和践行社会主义核心价值观，是推进中国特色社会主义伟大事业、实现中华民族伟大复兴中国梦的战略任务。"① 社会主义核心价值观的基本内容包括国家、社会、个人三个层面。该意见明确了要建设什么样的国家、建设什么样的社会、培育什么样的公民的重大问题，为培育和践行社会主义核心价值观提供了基本的遵循。

习近平总书记多次强调社会主义核心价值观在党的建设和国家建设中的重要作用，强调发挥社会主义核心价值观凝心聚力的作用。《习近平谈治国理政》四卷本集中展示了党中央的执政理念和执政方略，是马克思主义中国化时代化大众化的最新成果，也是指导社会主义核心价值观传播活动的理论基础。《习近平谈治国理政》第1卷明确把"培育和弘扬社会主义核心价值观""青少年要自觉践行社会主义核心价值观""从小积极培育和践行社会主义核心价值观"作为"建设社会主义文化强国"专题的三个组成部分，占该专题目录的一半；《习近平谈治国理政》第2卷强调"弘扬和践行社会主义核心价值观"，要"用社会主义核心价值观凝聚共识、汇聚力量"②；《习近平谈治国理政》第3卷明确要"积极培育和践行社会主义核心价值观，推进网上宣传理念、内容、形式、方法、手段等创新"③；《习近平谈治国理政》第4卷要求"坚持以社会主义核心价值观引领文化建设"④，"打造具有国际影响力的媒体集群，积极推动

---

① 《十八大以来重要文献选编》（上），中央文献出版社，2014，第578页。
② 《习近平谈治国理政》第2卷，人民出版社，2017，第207页。
③ 《习近平谈治国理政》第3卷，人民出版社，2020，第306页。
④ 《习近平谈治国理政》第4卷，人民出版社，2022，第310页。

第四章 社会主义核心价值观传播机制的生成与时代特征

中华文化走出去,有效开展国际舆论引导和舆论斗争"[①]。这一系列的论述阐明了社会主义核心价值观在社会主义现代化建设中的重要作用,强调了其是开展国际舆论引导和舆论斗争的价值基石。

理论界围绕社会主义核心价值观展开理论研究,并在全社会广泛传播社会主义核心价值观。党的十八大以来,我国理论界形成了关于社会主义核心价值观的一系列丰富的理论成果。2012~2023年,在知网上,以"社会主义核心价值观"为主题进行搜索,相关文章高达27000多篇。《光明日报》《人民日报》《求是》等权威报纸期刊发表数百篇文章,在理论上对社会主义核心价值观的理论内涵、培育和践行等问题进行深入探讨。此外,国家社科基金立项项目涉及"社会主义核心价值观"的课题就有200余项,涵盖哲学、马克思主义理论、政治学、社会学、管理学、新闻传播学、国际关系学、民族学、法学等多个学科,其中,题目包含"社会主义核心价值观"的重大项目就有6项。截至2023年,中国国家图书馆官网中书名包含"社会主义核心价值观"的中文图书有1700余册,包含社会主义核心价值观重大问题的相关理论研究。

这些理论成果运用了马克思主义的立场、观点、方法,有助于清晰地把握社会主义核心价值观的含义,系统地开展社会主义核心价值观的研究工作。理论界认真地研究了社会主义核心价值观与社会主义核心价值体系、中华优秀传统文化、民族精神、时代精神、社会主义意识形态、红色文化等之间的关系,阐明了社会主义核心价值观的基本内涵与外延,理清社会主义核心价值观是什么。同时,不少学者运用马克思主义关于价值哲学、本体论、人的发展理论、唯物史观等理论、观点、方法来深化社会主义核心价值观的研究,在社会主义核心价值观的研究过程中推进马克思主义中国化时代化大众化研究。

以社会主义核心价值观为传播内容不仅是理论问题,而且是实践问

[①] 《习近平谈治国理政》第4卷,人民出版社,2022,第316页。

题。研究社会主义核心价值观不是一个纯理论的问题，而是包括如何在实践中更好地践行社会主义核心价值观。当前理论界形成了社会主义核心价值观现状的相关调查报告，特别是形成了关于大学生群体、青年群体、农民群体等不同群体社会主义核心价值观认同的调查。还有许多关于社会主义核心价值观的大众化读物，如连环画、小故事，增强了社会主义核心价值观传播内容的趣味性。

此外，学界还探讨了社会主义核心价值观融入高校思政课、融入立法、融入社会治理的现实路径，解决如何利用社会主义核心价值观涵养时代新人的时代课题，鼓励各行各业培育和践行社会主义核心价值观。各行业、各领域也纷纷以自己的方式来培育和践行社会主义核心价值观。例如，教育系统研究将社会主义核心价值观"融入"教育教学和管理服务各环节。习近平总书记强调要从培养社会主义建设者和接班人的高度来重视青少年的价值观培养，指出："培育和践行社会主义核心价值观要在落细落小落实上下功夫，特别是要抓好青少年等重点人群；在北京市海淀区民族小学考察时提出，学校要把德育放在更加重要的位置……让社会主义核心价值观的种子在学生们心中生根发芽。2016年，我在北京市八一学校考察时强调……加强社会主义核心价值观教育，引导学生自尊自信自立自强。"[①] 社会主义核心价值观的培育和践行需要融入人们的生产生活和工作学习之中，形成人人践行社会主义核心价值观的生动场景。

二 开展社会主义核心价值观的传播活动

党中央把培育和践行社会主义核心价值观摆在十分重要的位置，采取一系列新的传播手段、传播方式来推动社会主义核心价值观广为传播，将其融入社会治理和人们的生产生活之中。培育和践行社会主义核心价值观是进行伟大斗争、建设伟大工程、推进伟大事业、实现伟大梦想的

---

① 习近平：《思政课是落实立德树人根本任务的关键课程》，人民出版社，2020，第4~5页。

第四章 社会主义核心价值观传播机制的生成与时代特征

铸魂工程,更是在世界文化激荡中保持民族精神独立、挺起民族精神脊梁的战略支撑。

第一,中共中央通过举行集体学习、开展社会调研、召开座谈会、制定法律法规等形式,统筹社会主义核心价值观的传播活动,要求将社会主义核心价值观融入社会治理、法治建设、日常生活之中,强调发挥社会主义核心价值观的舆论引导作用。社会主义核心价值观是当代中国价值观念最重要的部分,而提高文化软实力、展示中华文化魅力也是"无形"地传播社会主义核心价值观。2014年2月24日,中共中央政治局就培育和弘扬社会主义核心价值观、弘扬中华传统美德进行第十三次集体学习。这次集体学习强调,社会主义核心价值观关乎国家长治久安、关系社会和谐稳定,"我们要从巩固全党全国各族人民团结奋斗的共同思想基础、巩固党的执政地位的战略高度,持续加强社会主义核心价值体系建设,把培育和弘扬社会主义核心价值观作为凝魂聚气、强基固本的基础工程,作为一项根本任务,切实抓紧抓好"[1],要求"通过教育引导、舆论宣传、文化熏陶、实践养成、制度保障等,使社会主义核心价值观内化为人们的精神追求,外化为人们的自觉行动"[2]。这一论述阐明了培育和弘扬社会主义核心价值观的重大意义,明确了社会主义核心价值观传播的方法和意义。

法律法规是传播社会主义核心价值观的重要保证。《中共中央关于全面推进依法治国若干重大问题的决定》把"坚持依法治国和以德治国相结合"作为建设社会主义法治国家必须坚持的原则之一。2016年12月9日,习近平总书记在主持以"我国历史上的法治和德治"为主题的集体学习时指出:"法律法规要树立鲜明道德导向,弘扬美德义行,立法、执法、司法都要体现社会主义道德要求,都要把社会主义核心价值观贯穿

---

[1] 《习近平关于社会主义文化建设论述摘编》,中央文献出版社,2017,第107页。
[2] 《习近平关于社会主义文化建设论述摘编》,中央文献出版社,2017,第108页。

其中，使社会主义法治成为良法善治。"①《关于培育和践行社会主义核心价值观的意见》提出从国家层面来组织一些重大礼仪活动的建议。国家通过法定程序，将9月3日确定为中国人民抗日战争胜利纪念日，将12月13日设立为南京大屠杀死难者国家公祭日等。2016年12月，中共中央、国务院印发的《关于进一步把社会主义核心价值观融入法治建设的指导意见》强调，要把社会主义核心价值观的要求体现到宪法法律、行政法规、部门规章和公共政策之中，"转化为具有刚性约束力的法律规定"②。该意见的出台，对促进社会主义核心价值观由"软性要求"向"硬性规范"转变发挥了极其重要的作用。

面对互联网发展对社会主义核心价值观传播机制的挑战，我国通过法律法规的形式来规范互联网的传播活动。2019年7月，中央全面深化改革委员会第九次会议审议通过的《关于加快建立网络综合治理体系的意见》明确表示要坚持系统性谋划、综合性治理、体系化推进，逐步建立起各方面的网络综合治理体系，全方位提升网络综合治理能力。《关于促进移动互联网健康有序发展的意见》《网络表演经营活动管理办法》《互联网新闻信息服务管理规定》《互联网新闻信息服务单位内容管理从业人员管理办法》《关于实施网络内容建设工程的意见》《网络信息内容生态治理规定》等文件的出台，有利于更全面系统地规范网络工作。同时，中国共产党深入开展道德领域突出问题专项整治，运用法治手段惩戒"老赖"，推动司法机关依法处理侵犯"狼牙山五壮士"名誉权案、邱少云人格权纠纷案等，维护了公平正义，净化了社会风气。

第二，为了更好地发挥社会主义核心价值观的引导工作，中国共产党创新社会主义核心价值观传播方式，开展形式多样的线上宣传活动，强化社会主义核心价值观网络内容的建设，提升网络正面传播的效果。主流媒体利用网络优势来增强新闻宣传的时效性和针对性，实现了重大

---

① 《习近平谈治国理政》第2卷，外文出版社，2017，第134页。
② 《习近平关于社会主义文化建设论述摘编》，中央文献出版社，2017，第111页。

第四章 社会主义核心价值观传播机制的生成与时代特征

主题网络新闻宣传的新突破。一大批网络化、移动化新型媒体开办，立体多样的传播矩阵已成规模。"侠客岛""新华视点""央视新闻"等一批中央主要媒体打造的新媒体账号正能量充盈、影响力广泛。一批现象级融媒体产品产生"刷屏之效"，如人民日报社推出的《最牵挂的人》、新华社打造的《红色气质》、中央电视台制作的《厉害了，我们的2016年！》等融媒体产品。这些产品生动地讲述中国故事、中国共产党故事，以网民喜闻乐见的方式反映国家和社会发展的新变化。此外，主流媒体还挖掘和放大网络上的"美丽网事""点滴感动"，宣传"最美人物"，倡导"最美精神"，通过传播普通百姓的故事，让正能量在网络上充分涌流。由新华社发起并主办的"中国网事·感动人物"评选活动，是国内首个以基层人物为报道和评选对象、发动网民通过互联网新媒体评选并传播的公益品牌，让先进人物和集体变得可亲可敬可学。党媒"推出创意长漫《学党史，总书记给我们划重点》、图文报道《"典"亮百年》等一批生动鲜活的融媒体产品，其中超短视频《改变你我命运的那些瞬间》全网浏览量超10亿次。建党百年主题MV《少年》短短2天全网点击量突破1.6亿次，H5《送你一张船票》吸引超过2000万网民加入互动"①。

中国共产党运用鲜活生动的"网言网语"把大政方针表达出来，潜移默化地开展舆论引导，在"春风化雨""润物无声"中与网民同频共振，增强网上信息内容的吸引力、感染力和传播力。人民日报"学习小组"着眼传播正能量、提高共识度，专注解读习近平总书记系列重要讲话，形成"学习小组"微信公众号、微博、微社区和海外网"学习小组"专栏联动的"三微一栏"融合传播模式。新华网在首页显著位置开辟大型媒体融合专栏"学习进行时"，包括学习讲话、学习园地、学习足迹、学习心得、图集等多个板块，全面展示党的十八大以来习近平总书记系列重要讲话，并配发领导干部学习心得、中外各界学习反响、主流媒体评论文章、各领域专家解读辅导等，为网民提供了图文并茂、动态交互

---

① 《中国共产党宣传工作简史》（下册），人民出版社，2022，第685~686页。

的学习平台。中央网信办等部门深入部署推进争做中国好网民工程实施，广泛开展系列主题活动，有力推动文明上网、文明用网。截至2023年12月31日，由中宣部指导，光明日报社、中国人民大学、中国伦理学会共同主办，光明网承办的"核心价值观百场讲坛"已举办139场，"学习强国"学习平台、人民日报客户端、央视新闻客户端等平台对演讲内容进行同步播发。社会主义核心价值观网上传播活动亮点纷呈。

第三，面对全媒体时代的发展机遇，中国共产党重视媒体融合发展，推动不同类型的媒体融合形成社会主义核心价值观传播的合力。早在2007年，我国就启动了"国家数字复合出版系统工程"，提出要建立"全媒体资源服务平台""全媒体应用整合平台"等。而后，全媒体实践成为各类发展规划的重点内容。2020年通过的《中共中央关于制定国民经济和社会发展第十四个五年规划和二〇三五年远景目标的建议》明确指出要"推进媒体深度融合，实施全媒体传播工程，做强新型主流媒体"①。在党的二十大报告中，习近平总书记强调，要"加强全媒体传播体系建设，塑造主流舆论新格局"②。那么，全媒体传播体系是什么样的呢？中共中央要求"统筹处理好传统媒体和新兴媒体、中央媒体和地方媒体、主流媒体和商业平台、大众化媒体和专业性媒体的关系"之后，明确指出，"要形成资源集约、结构合理、差异发展、协同高效的全媒体传播体系"。③中国共产党从提出实施"全媒体传播工程"到加强"全媒体传播体系建设"，体现了党对全媒体传播认识的深化。

全媒体不仅是一种媒介形态、传播方式，更是一种全新的传播理念和信息生产方式，是我们开展社会主义核心价值观传播活动所必须考量的媒介环境。2019年1月25日，中共中央政治局就全媒体时代和媒体融合发展举行第十二次集体学习。习近平总书记在主持学习时强调，"全媒体不断发

---

① 《十九大以来重要文献选编》（中），中央文献出版社，2021，第805页。
② 《习近平著作选读》第1卷，人民出版社，2023，第36页。
③ 《习近平谈治国理政》第3卷，外文出版社，2020，第318页。

第四章　社会主义核心价值观传播机制的生成与时代特征

展,出现了全程媒体、全息媒体、全员媒体、全效媒体,信息无处不在、无所不及、无人不用,导致舆论生态、媒体格局、传播方式发生深刻变化"①。因此,全媒体的"全"不仅意味着媒体类型的"全",而且凸显人类信息传播方式呈现出"全程、全息、全员、全效"等传播特征。因此,从时间维度来看,社会主义核心价值观传播活动的全过程会被现代传播技术所捕捉、记录、存储;从空间维度来看,社会主义核心价值观传播活动呈现出多样化、立体化的传播样态,如文字、图片、视频、音频等,尽可能真实地还原社会主义核心价值观的传播现场,打破物理世界与网络世界之间的隔阂,传播活动日益"全息化";从传播主体来看,社会主义核心价值观传播主体正在走向全员化,无论是否出现在社会主义核心价值观的传播现场,都能参与到社会主义核心价值观的传播活动之中;从媒体功能的角度来看,社会主义核心价值观传播活动不仅关注信息的传播效率、覆盖范围,更加重视全方位的传播效果,保证传播的信息能够有效地传达给用户,并产生预期的效果。例如,中央对新华社提出要"努力建成国际一流新型全媒体机构"的目标任务之后,新华社"建设多语种全媒体全球传播矩阵……推动人工智能、遥感卫星、大数据等技术在新闻报道中常态化应用,打造了'新华全媒头条''全球连线'等重点融合报道栏目,推出了《真理之光》《我们的新时代》等一大批现象级产品"②。各大媒体充分借助 AR、VR、5G、人工智能等技术创新传播方式,主动适应移动化、可视化、生动化的网络传播趋势,全方位、立体化、多层次对党的路线、方针、政策等进行宣传报道,努力提升社会主义核心价值观的传播效果。

三　确立新时代社会主义核心价值观的传播机制

面对互联网技术带来的媒体领域的巨大变革,习近平总书记强调要

---

① 《习近平谈治国理政》第3卷,外文出版社,2020,第317页。
② 傅华:《深入学习贯彻党的二十大精神　努力建成国际一流新型全媒体机构》,《中国记者》2023年第1期。

研究媒体传播规律、互联网发展规律、新闻传播规律，来推进媒体融合发展，优化传播结构，完善传播体制机制，从而"使互联网这个最大变量变成事业发展的最大增量"[①]。要保证社会主义核心价值观传播活动的有序展开，需要不断地探索社会主义核心价值观传播活动的治理方案。完善社会主义核心价值观传播活动的治理方案是适应国家治理体系和治理能力现代化的重要举措，也是促进传统媒体与新兴媒体深度融合、适应媒体发展规律和发展趋势的必要之举，更是推进社会主义核心价值观传播活动有序展开的制度保障。

首先，明确党委政府在社会主义核心价值观传播中的主体责任。明确社会主义核心价值观传播的主体责任是落实习近平新时代中国特色社会主义思想的首要之举。早在我国首次编制的《中央党内法规制定工作五年规划纲要（2013—2017年）》中，中共中央统筹安排党内法规的制定工作时，就要求"基本形成涵盖党的建设和党的工作主要领域、适应管党治党需要的党内法规制度体系框架"[②]，明确提出"坚持党管媒体原则，完善新闻媒体及新闻从业人员管理制度和办法，加强对互联网等新兴媒体的管理"，实现"从制度上加强、改进和保障党对意识形态工作的领导"。[③] 这一规划明确了各级党委政府在开展社会主义核心价值观传播活动时要发挥领导作用，而要实现这一目标就需要具体的工作条例、行动方案来保障。

社会主义核心价值观传播活动是中国共产党宣传思想文化工作的重要内容，而以各级党委政府宣传部门为抓手是进一步组织协调社会主义核心价值观传播活动的重要保障。中共中央于2019年印发的《中国共产党宣传工作条例》要求各级党委宣传部门统筹指导社会主义核心价值观建设，指导互联网宣传和信息内容建设管理工作，统筹协调新媒体建设

---

① 《习近平谈治国理政》第3卷，外文出版社，2020，第311页。
② 《十八大以来重要文献选编》（上），中央文献出版社，2014，第478页。
③ 《十八大以来重要文献选编》（上），中央文献出版社，2014，第482页。

第四章 社会主义核心价值观传播机制的生成与时代特征

与管理。这一党内法规明确各级党委在社会主义核心价值观传播工作中的主体责任，明确社会主义核心价值观网上传播的管理工作是各级党委的重要工作。为了切实落实党委对社会主义核心价值观传播活动的组织领导责任，中央宣传部、中央文明办印发了《培育和践行社会主义核心价值观行动方案》，要求各级党委政府要把社会主义核心价值观建设摆上重要议事日程，"完善党委统一领导、党政齐抓共管、文明委组织协调、有关部门各负其责、全社会积极参与的领导体制和工作机制"[①]。这一领导体制和工作机制既为党委政府有效推动社会主义核心价值观的传播提供了制度遵循，也是保证社会主义核心价值观始终沿着正确方向前进的必要之举。

其次，完善社会主义核心价值观传播机构，更好地统筹社会主义核心价值观传播活动。党的十九届三中全会审议通过了《中共中央关于深化党和国家机构改革的决定》和《深化党和国家机构改革方案》。中共中央强调，解决党和国家机构职能体系中存在的障碍和弊端，加快推进国家治理体系和治理能力现代化，更好地发挥我国社会主义制度优越性。就社会主义核心价值观的传播方面而言，《深化党和国家机构改革方案》主要有六个方面的重大部署：中央宣传部统一管理新闻出版工作，把国家新闻出版广电总局的新闻出版管理职责划入中央宣传部；优化中央网络安全和信息化委员会办公室职责，把国家计算机网络与信息安全管理中心由工业和信息化部管理调整为由中央网络安全和信息化委员会办公室管理；组建国家广播电视总局，充分发挥广播电视媒体作为党的喉舌作用；组建中央广播电视总台，增强广播电视媒体整体实力和竞争力，推动广播电视媒体、新兴媒体融合发展，加快国际传播能力建设；整合组建文化市场综合执法队伍，统一行使文化、文物、出版、广播电视、电影、旅游市场行政执法职责。这些措施是社会主义核心价值观传播机制的组织保证。

[①] 《十九大以来重要文献选编》（上），中央文献出版社，2019，第106页。

深化中央宣传机构改革，既是深化党和国家机构改革的重要组成部分，也是党培育和践行社会主义核心价值观的重大举措。中宣部有力有序地推进各项机构改革。例如，2018年4月16日国家广播电视总局、国家新闻出版署（国家版权局）和国家电影局正式揭牌，4月19日中央广播电视总台正式揭牌。深化党和国家机构改革后，中央宣传部对中央宣传文化单位的领导、管理、联系、代管等方面的职责统一表述为归口领导和代管。进一步完善归口领导管理机制，强化配合联动、促进有机融合。为了进一步理顺内宣外宣体制，党中央决定将中共中央对外宣传办公室（国务院新闻办公室）并入中共中央宣传部，中共中央宣传部加挂国务院新闻办公室牌子。根据"三定"方案（定机构、定职能、定编制），中央宣传部（国务院新闻办公室）从原中央对外宣传办公室（国务院新闻办公室）划入六项职责，包括负责指导协调对外宣传工作，组织开展新闻发布工作，联系外国政府新闻管理机构、主要新闻媒体和智库等，并增加对国家互联网信息办公室互联网宣传和信息内容管理方面的工作实施方针、政策指导的职责。

中国共产党在明确统筹协调的责任主体之后，推动全社会形成共同参与治理的新局面。《培育和践行社会主义核心价值观行动方案》要求中央宣传部、中央文明办担负起统筹协调责任，各地党委宣传部、文明办制定具体办法，明确责任分工。同时，该方案要求各部门把社会主义核心价值观的传播视为分内之事，而不能仅仅视为宣传部门自己的事情。在这一传播理念的指导之下，党中央要求"把培育和践行社会主义核心价值观同各领域的行政管理、行业管理和社会管理结合起来，形成齐抓共管的工作格局"[①]。党政部门、工会、妇联、共青团、民主党派、工商联等也要在党委的领导之下，激发起全社会主动传播社会主义核心价值观的热情。

最后，构建社会主义核心价值观传播机制要求对线上和线下的信息

[①] 《十八大以来重要文献选编》（上），中央文献出版社，2014，第587页。

进行科学治理，形成线上线下共同传播社会主义核心价值观的良好局面。新媒体是信息交流互动的媒体平台，也是亿万网民的精神家园。上亿网民在新媒体上生产信息、获取信息、转发信息、回复信息，既形成对党、国家和社会的看法，也深深地影响着自身的世界观、人生观、价值观。健康向上的传播生态符合网民的价值追求，也是人们开展良好互动的前提。但是，新媒体上也存在低俗庸俗等有害信息，并且一些违法行为屡禁不绝。现行的媒体治理体系存在多头管理、职责不一、效率不高等问题，"随着互联网媒体属性越来越强，网上媒体管理和产业管理远远跟不上形势发展变化"[①]，导致新媒体成为传播有害信息、违法犯罪的平台。

在传播速度快、覆盖面广、传播便捷的社交媒体的影响之下，如何依法有效地治理网络，成为当今面临的突出问题。2018年4月，全国网络安全和信息化工作会议召开，强调要加强网上正面宣传，主动参与网络空间国际治理进程，推进网络强国建设。习近平总书记强调："提高网络综合治理能力，形成党委领导、政府管理、企业履责、社会监督、网民自律等多主体参与，经济、法律、技术等多种手段相结合的综合治网格局。"[②] 各级领导干部和公职人员应提高对互联网规律的把握能力、对网络舆论的引导能力、对媒体发展趋势的治理能力、对网络安全的保障能力，通过媒体组织群众、引导群众、服务群众，推动媒体在法治轨道上健康运行。企业，特别是新媒体企业应该担起自身的社会责任，坚持社会利益和经济利益相统一，在媒体技术采用、媒体平台设计等环节保护好用户的合法利益，不能流于形式，更不能影响青少年的长远发展。社会监督和网民自律是新时代网络综合治理的关键，因为海量的、时刻更新的信息只能依靠全社会、全体网民的共同努力，才能形成良好的舆论引导生态。

党的十八大以来取得的伟大成就与社会主义核心价值观传播机制的建

[①] 《十八大以来重要文献选编》（上），中央文献出版社，2014，第506页。
[②] 《习近平谈治国理政》第3卷，外文出版社，2020，第306页。

立和完善息息相关。"我们研究过去的历史是为了今天，为了今后，不是为研究历史而研究历史……历史研究从根本上说，是要通过对已往的历史的认识而更好地认识现实。所以我们虽然绝不能根据现实的需要去随便改造历史，但又要结合现实的需要进行历史研究，并要在研究中有所创新。"① 智媒时代社会主义核心价值观传播机制的创新要总结升华中国共产党成立以来应对媒体技术变革的经验，把社会主义核心价值观传播机制与媒体技术变革之间的关系进一步理论化、系统化、明晰化，并为智媒时代社会主义核心价值观传播机制的创新提供历史基础。

第二节　社会主义核心价值观传播机制的时代特征

随着智媒技术的飞速发展，社会媒介化趋势日渐明显，智媒时代成为社会主义核心价值观传播机制的时代特色。智媒时代，社会主义核心价值观传播机制的时代特征突出地表现为传播内容的虚实交融性、传播机制的交互主体性、传播活动的全媒体化。

一　社会主义核心价值观传播内容的虚实交融性

智媒时代的发展，消解着真实与虚拟之间的严格界限，呈现出传播内容虚实并存的状态。智媒技术的发展能够把现实中的一切事物以数字的形式呈现在媒体平台上，也可以对数字呈现的内容进行再次加工，还能够凭想象创造出全新的、脱离现实的逼真场景。这种凭借想象创造出来的传播场景比真实呈现的数字化场景更能误导人们。实际上，这种貌似比真实还真实的传播内容早已不是对真实东西的描述（再现），反而是一种非真实。但是，当越来越多的人认为非真实就是真实时，就模糊了真实与非真实的界限，进而模糊真实与虚拟的界限。而人们一旦沉迷于虚拟之中，那么现实的真实反而不重要，或者说现实的真实容易被忽视。

---

① 《胡绳全书》第3卷（下），人民出版社，1998，第502页。

第四章 社会主义核心价值观传播机制的生成与时代特征

法国哲学家、社会学家让·波德里亚（Jean Baudrillard）把这种社会称为仿真的世界，因为"对真实的精细复制不是从真实本身开始，而是从另一种复制性中介开始，如广告、照片，等等——从中介到中介，真实化为乌有，变成死亡的讽喻，但它也因为自身的摧毁而得到巩固，变成一种为真实而真实，一种失物的拜物教"①。他认为，仿真世界的结果是真实的消失和死亡。

智媒时代的虚实交融性使得我们需要增加虚拟的形象和内容来加大社会主义核心价值观的吸引力，同时也应注重区分虚拟与真实，防止沉溺于虚拟空间之中。智媒时代，人们越来越关注智媒体平台上呈现出的美好的、虚拟的内容，也在无形中接受传播内容本身所反映的价值取向。我们运用智媒技术可以加工出更有趣味的、更能增加人们体验感的虚拟传播内容，让人们感同身受，身临其境。但是，当社会主义核心价值观的传播内容通过语言、文字、图片、视频等体现真实的过程时，真实本身就成了符号、成了语言，而这种符号、语言可以被再次加工、制作，也存在出现与真实完全相悖的内容的风险。因此，我们还应注意引导人们在创造虚拟内容时要进行独立的价值评判，而不能完全地、不加批判地接受智媒体创造出来的事物。在万物互联的智媒时代，现实世界与虚拟世界的界限日益模糊，人所有的感官都可以被调动，人的体验也可以完全被触发。正因如此，人类应当保持清醒，划清现实和虚拟空间的界限，避免落入智媒技术的窠臼。如果人们不能理解"什么是假""为什么假"，就很难消除虚假信息造成的错误认识。就智媒时代社会主义核心价值观传播机制而言，当社会主义核心价值观传播内容日益丰富、虚实交融之际，发现非真实的内容、澄清真实的信息将更为迫切，且难度更大。

在一定程度上，智媒技术造成互联网上的虚假信息泛滥且难以甄别，并加快虚假信息的传播速度，扩大虚假信息的传播范围，影响社会主义核心价值观传播内容的可信度。智媒技术可以伪造文本、图片、声音、

---

① 〔法〕让·波德里亚：《象征交换与死亡》，车槿山译，译林出版社，2009，第95~96页。

视频,甚至可以凭空制作出以假乱真的传播内容。例如,有些著名人物的声音、面部特征等被采集下来,而后被克隆、合成大段的录音,或者被替换在视频里,这使得虚假信息看起来更加真实。智媒技术使得创造虚假信息更为便捷化。每一个智媒体的使用者都可以在极短的时间内生产出传播内容。随着生成式人工智能技术的快速发展及广泛应用,由人工智能生成的文章、语音、视频等越来越多,层出不穷。智媒技术不仅可以凭空制造虚假信息,而且可以把虚假信息与真实信息拼接在一起,甚至替代部分真实信息,增加虚假信息的可信度。个别不法分子运用智媒体换脸变声技术从事诈骗行为;还有些智媒体运用公众人物的肖像、声音生成不雅图片或视频,造成极为不良的社会影响。这些传播内容不仅影响社会主义核心价值观的传播,而且极大地突破了社会的道德底线,给社会主义核心价值观的传播带来不良影响。

智媒体成为虚假信息大规模扩散的超级传播者,极大地干扰了智媒时代社会主义核心价值观的传播秩序。智媒体可以在极短的时间内生成数以亿计的文章、图片、视频,成为虚假信息的超级传播主体。当前,互联网上存在着上千个基于人工智能生成技术创建的虚假信息网站,涵盖中文、英语、德语、法语、土耳其语、阿拉伯语等多国语言,并且网站的数量仍然在增加。这些虚构出来的信息在与复杂的算法结合之后,便会以几何的速度在全网被传播开来。有的虚假信息的信息源并不标注人工智能生成,而是标注为传统媒体机构。鉴于此,这些人工智能生成的虚假信息可能会被传统媒体转载、误用。在某种程度上,这增加了人们区分真实信息与虚假信息、真实媒体机构与虚假媒体机构的难度。这些生成式人工智能网站尽管创建动机各不相同,但是已然成为传播虚假信息、错误信息的渠道。

智媒时代社会主义核心价值观传播内容的虚实交融性及快速传播使得人们容易混淆虚拟与现实,陷入虚拟自我与现实自我的混乱关系之中,并使之沉浸其中无法自拔,无暇顾及现实中所传播的社会主义核心价值观的内容。著名的西方马克思主义批判理论家马克·波斯特（Mark Poster）曾预测，"西方世界对工具制造的追求可谓持之以恒，这种追求在虚拟现实中将达到巅峰，到那时人们将从这种巅峰对这种追求作回溯性的重新阐释。从延伸和代替手臂的棍棒演变到赛博空间中的虚拟现实，技术发展到今天，已经对实现现实进行模仿、倍增、多重使用和改进"，"虚拟现实的机器具有令人信服的似真性，释放出巨大的幻想、自我发现和自我构建的潜能，应当能容许参与者进入想象中的世界"。[1] 的确，虚拟传播的似真性在使人们进入想象的世界之时，也干扰部分群众对现实生活的判断，造成自我迷失，沉迷于虚拟的满足之中，无法真正地把握现实的自我。世界著名作家奥尔德斯·赫胥黎（Aldous Huxley）早在1932年发表的科幻小说《美丽新世界》中就以讽刺的手法描写他心目中的未来世界，认为人们会渐渐地迷恋那些使之丧失思考能力的先进技术，沉湎于充满感官刺激、欲望和无规则游戏的庸俗价值观之中。这一预言在智媒时代越发成为现实。库兹韦尔预测："鉴于虚拟现实在决议和可信度方面比真实世界更有竞争力，人类的体验会越来越多地在虚拟环境中进行。"[2] 值得注意的是，当这些非真实化的符号系统比真实的事物更加让人感觉为真、信以为实时，智媒体平台上的信息的真假就会更加难辨，导致许多人不再关注真假、不再追求真相、不再探寻真理，这时培育先进价值观念的首要问题不是如何传播主流价值观，而是如何让人们对社会实践中主流价值观的传播活动感兴趣。随之而来的是，人类要不断地审视与反思人类与智媒体的关系，在利用智媒体来完善社会主义核心价值观传播机制的同时，也要警惕其可能控制人类、危害人类的风险。

二 社会主义核心价值观传播机制的交互主体性

交互主体性的存在前提是在传播过程中存在两个或两个以上的主体

---

[1] 〔美〕马克·波斯特：《第二媒介时代》，范静哗译，南京大学出版社，2005，第39页。
[2] 〔美〕雷·库兹韦尔：《奇点临近》，李庆诚、董振华、田源译，机械工业出版社，2011，第14页。

面对共同的传播内容。德国哲学家马丁·海德格尔（Martin Heidegger）曾指出，"世界向来已经总是我和他人共同分有的世界。此在的世界是共同世界。'在之中'就是与他人共同存在。他人的在世界之内的自在存在就是共同此在"①，"此在本质上是共在"②。处于不同传播主体之间的人的存在是自我与他人在客观世界中的共同存在，是以人与人之间的社会关系的存在为前提的。在《分裂的西方》一书中，当代著名的思想家尤尔根·哈贝马斯（Jürgen Habermas）提到"交互主体"的对话模式，指出双方得以"建立起一种交互主体的共有解释"③的条件。他认为，对话的参与者应当克服单纯地从自身视角来进行对话，也就是要与"初始诠释视角的单边性"作斗争，"拓展诸种视角并最终使它们达成一致，因为他们在接受'说话者'和'听话者'的对话角色过程中，已经参与了一种根本对称性的建构"。④ 他进一步指出，"所有言语情景（Sprechsituation）都要求这种对称性"，并且每个言说者"已经学会如何运用人称代词系统，同时也已经获得了在对话中转换第一人称和第二人称视角的能力"。基于彼此可转换的视角进行对话，我们会"产生了一种共同的阐释视域"。⑤ 只有在这种"共同阐释的视域中"，交互主体的共有解释才得以建立。事实上，这种交互主体的建立需要在每个人都获取足够多信息的前提下才有可能实现。

智媒时代，交互主体性的传播机制正在形成。在传统媒体时代，传播渠道有限，传播主体凭借传播渠道的所有权和使用权在传播机制中占据主导地位，传播受众在传播机制中处于被动地位。在这种情况下，传播主体与传播受众之间的互动微乎其微，更不用说传播受众与传播受众之间通过媒体进行互动。移动媒体的到来，特别是智媒体的出现，打破

---

① 〔德〕海德格尔：《存在与时间》，陈嘉映、王庆节译，商务出版社，2019，第169页。
② 〔德〕海德格尔：《存在与时间》，陈嘉映、王庆节译，商务出版社，2019，第171页。
③ 〔德〕尤尔根·哈贝马斯：《分裂的西方》，郁哲隽译，上海译文出版社，2019，第21页。
④ 〔德〕尤尔根·哈贝马斯：《分裂的西方》，郁哲隽译，上海译文出版社，2019，第20~21页。
⑤ 〔德〕尤尔根·哈贝马斯：《分裂的西方》，郁哲隽译，上海译文出版社，2019，第21页。

了传播主体对传播渠道的垄断，使得用户可以便捷地使用媒体来发表自身的所感所想。更为重要的是，媒体系统的智能化既有利于信息采集、编辑、发布、反馈，也有利于与用户进行交流互动。智媒时代，个别用户可能拥有比传播主体更专业、更丰富的知识，可以更正传播内容中的错误，甚至校正智媒体数据库。在智媒技术的帮助下，用户与用户、传播主体与传播主体、传播主体与用户之间的互动更为密切、更加深入，正在形成着具有交互主体性的传播机制。

对智媒时代社会主义核心价值观传播机制而言，交互主体性成为社会主义核心价值观传播活动的新特征。用户既可以主动地发布社会主义核心价值观的相关信息，借助智媒体平台进行互动，也可以在智媒体平台获取所需要的信息，为开展社会实践活动寻找信息支撑和价值目标。智媒时代，社会主义核心价值观传播机制的交互主体性代表着社会主义核心价值观传播主体范围的扩大，意味着社会主义核心价值观活动影响力的扩大。因为"交往障碍、误解和不理解、不真诚和误导会产生冲突"[①]。在智媒时代具有交互主体性的传播过程中，我们可以更准确地把握人们对社会主义核心价值观的真实看法，及时化解对社会主义核心价值观理解的偏差，增进人们对社会主义核心价值观的认同，也更容易发现社会主义核心价值观传播机制中存在的问题，有助于进一步明确完善社会主义核心价值观传播机制的方向与目标。

三 社会主义核心价值观传播活动的全媒体化

智媒时代的到来推动社会进入全程媒体、全息媒体、全员媒体、全效媒体的全媒体时代。这就意味着现实社会的一切实践活动都可以通过媒体的形式表现出来，呈现出"在场即传播"的场景。全程媒体指社会主义核心价值观实践活动的全过程可以上传至媒体平台，突破时空限制。全息媒体使社会主义核心价值观传播活动更加多元化，除图文并用外，

---

① 〔德〕尤尔根·哈贝马斯：《分裂的西方》，郁喆隽译，上海译文出版社，2019，第18页。

还可以运用游戏、动漫、虚拟现实等来进行传播，给人们提供沉浸式体验。社会主义核心价值观传播活动通过智媒技术可以刺激人们的视觉、听觉，现在正朝着刺激人们触觉的方向发展，未来还将延伸至人们的嗅觉和味觉，使人们全方位地体验传播活动。全员媒体指每一个人都可以成为社会主义核心价值观的传播主体，且智媒体也具有传播主体的属性。这就意味着在社会主义核心价值观的传播过程之中，每一位"在场"的人或者智媒体都有可能成为社会主义核心价值观的传播主体，具有将在场社会主义核心价值观传播活动转化为数字化内容的能力，也就是具备将现实的信息推入媒体视阈之内的能力。因此，以往属于媒体从业者的媒体素养与媒体责任应当扩大到所有人，甚至应该规范智媒体的研发、应用与管理。全效媒体是突破媒体单一的传播功能，实现集内容、服务、社交等各种功能于一体的"媒体+"的传播模式。全媒体在传播形式、传播主体、传播功能等方面突破着传统媒体的限制，正在走向可以在任何场景下随时随地的"在场"传播。

  智媒时代社会主义核心价值观传播活动的全媒体化不是智媒体与传统媒体的简单拼接，而是全方位的深度融合。智媒时代社会主义核心价值观传播机制需要实现智媒体与传统媒体之间的全面互动、互补、互融。"全媒体"不仅在整体上表现为大而全，而且针对受众个体还提供超细分服务。例如，对于同一个社会主义核心价值观传播活动，全媒体平台既可以有丰富多彩的表现形式，也可以根据不同个体的个性化价值需求对不同类型的智媒体平台的信息进行取舍和调整。因而，"全媒体"不是单纯的大而全，而是根据个体价值需求和智媒体特性来综合呈现各种独具智媒体特色的表现形式、传播渠道，以更好地满足智媒时代人们的价值诉求。在这一背景之下，党的二十大报告明确要求"加强全媒体传播体系建设，塑造主流舆论新格局"[1]。那么，什么是"全媒体传播体系"呢？在2019年主持中共中央政治局第十二次集体学习时，习近平总书记明确指

---

[1] 《习近平著作选读》第1卷，人民出版社，2023，第36页。

第四章 社会主义核心价值观传播机制的生成与时代特征

出,"要形成资源集约、结构合理、差异发展、协同高效的全媒体传播体系"[①]。鉴于此,智媒体与传统媒体的融合发展既不是简单的拼凑,也不是运用不同的媒体平台来传播同样的内容,更不是运用不同的媒体平台来传播彼此矛盾的内容。在全媒体传播体系的建设之中,社会主义核心价值观传播机制应当理顺各个部门之间的关系,构建部门之间协同配合机制,防止部门内部或部门之间出现彼此相悖的传播内容。

---

① 《习近平谈治国理政》第3卷,外文出版社,2020,第318页。

第五章　智媒时代社会主义核心价值观传播机制的风险分析

　　智媒体变革着人们已有的认知方式、表达方式、交往方式、行为方式，改变着人们认识世界、解释世界和改造世界的方式，也使现有的社会主义核心价值观传播机制面临诸多风险。面对新媒体技术快速发展及应用的问题，习近平总书记指出："正能量是总要求，管得住是硬道理，现在还要加一条，用得好是真本事。"① 在这一要求之下，本书从技术风险、治理风险、话语风险的视角来分析智媒时代社会主义核心价值观传播机制的风险要素，以实现"正能量、管得住、用得好"的目标。而智媒时代社会主义核心价值观传播机制的时代特征是分析技术风险、治理风险、话语风险的基础。

第一节　智媒时代社会主义核心价值观传播机制的技术风险

　　智媒技术的快速发展及应用丰富了社会主义核心价值观传播内容，实现了社会主义核心价值观传播内容的精准推送，让人们沉浸式体验社会主义核心价值观传播活动。然而，智媒技术的发展也导致了深度伪造技术的

---

① 《习近平谈治国理政》第3卷，外文出版社，2020，第318~319页。

第五章　智媒时代社会主义核心价值观传播机制的风险分析

滥用、信息茧房、数据泄露等问题，引发了信息传播失控、价值观盲从、信任危机的风险。

一　智媒体的自我进化存在信息传播失控的风险

智能时代，机器的自我进化能力日益增强。现在的人工智能可以自我学习、自我进化，并且进化的方向具有不确定性。人工智能发展的安全问题和伦理问题成为智媒时代构建和完善信息传播机制的重要问题。许多学者担心智媒体的发展脱离人的控制，甚至会超越人类，给人类的发展带来挑战。他们主张用伦理道德来约束智媒体的自我发展，促使智媒体的发展契合人类的价值规则。归根结底，这关乎智媒时代的传播关系"谁是主""谁是从"。也有学者表示，过度依赖智媒体的传播模式可能造成人与智媒体的本末倒置。也就是说，面对智媒时代传播关系的重大变革，人类应当坚持自身的主体地位，不能无视甚至放弃自身在人机传播关系中的主导地位。

智媒技术的研发及在传播系统中的应用涉及人的价值评判问题。目前，国外主要从三个视角来规范智能机器的发展：一是规范和引导智能机器本身，如希望通过激励等手段设计出以"对人类友好的最终目标"[1]为自身目标的智能机器；二是对智能机器的行为进行价值规范，如阿西莫夫规则中的"不得伤害人"；三是阻碍智能机器的发展，尤其是限制其往超级智能的方向发展，如"限制系统的智能或其获取信息的途径"，"限制硬件水平、防止发展某些特定的认知能力等"[2]。国内理论界普遍认为人类应当成为智能时代的主导者，应当让人的价值判断始终主导智能机器的价值判断。何怀宏教授指出："人类最好把价值判断留给自己，这也是保持一种人类对机器人的独立性乃至支配性。我们不能什么都依赖智能机器，把什么都'外包'给机器。如果说，我们最好不要让多数人在人工智能的领域内太依赖

---

[1] 〔英〕尼克·波斯特洛姆：《超级智能：路线图、危险性与应对策略》，张体伟、张玉青译，中信出版社，2015，第167页。
[2] 〔英〕尼克·波斯特洛姆：《超级智能：路线图、危险性与应对策略》，张体伟、张玉青译，中信出版社，2015，第171~172页。

少数人，我们就更不要让全人类在智能、在精神和价值判断的领域里依赖机器。"① 孙伟平教授在研究人工智能的伦理问题时，强调"必须立足时代和社会的重大变迁，将伦理、价值因素作为人工智能的重要的影响因子加以考量，进而使伦理、价值原则成为制约人工智能发展的内在维度"②。

因此，让人的价值评判来规范智媒时代的信息传播，防止智媒体的自我进化造成信息传播失控，这是当前需要解决的重要问题。智媒体信息传播失控的重要原因是智媒体掌控了传播的主动权，迫使人类在智媒体传播体系中放弃主导权。彭兰教授指出："在现实中，机器的表面精准与效率，往往会诱惑人们放弃自己的主观价值判断或主观努力。"③ 智媒技术发展日益成熟，人们越来越依赖于媒体的推荐，甚至主动放弃自身的思考与价值评判，过度沉湎于智媒体之中而不能自拔。我们在开展社会实践之前，总是习惯性地从智媒体中找寻作决定的依据。

此外，人工智能的飞速发展，超出了人类的掌控状态，逐渐进入失控的状态。对于人工智能的快速发展，许多学者认为智能技术能够突破传统技术被控制的局面，进行自我学习、自我进化，人类将会面临"技术失控"的问题，特别是在突破"技术奇点"之后，将会出现截然不同的影响和事件。"约翰·冯·诺伊曼第一次提出'奇点'，并把它表述为一种可以撕裂人类历史结构的能力。20世纪60年代，I. J. 古德描述的'智能爆炸'是指智能机器在无需人工干预的情况下，不断设计下一代智能机器。"④ 基于此，库兹韦尔预测，"计算机将可以在21世纪20年代末通过图灵机测试，那时机器智能和生物智能将没有任何区别"⑤。他认为

---

① 何怀宏：《人物、人际与人机关系——从伦理角度看人工智能》，《探索与争鸣》2018年第7期。
② 孙伟平：《人工智能导致的伦理冲突与伦理规制》，《教学与研究》2018年第8期。
③ 彭兰：《智能传播中的伦理关切》，《中国编辑》2023年第11期。
④ 〔美〕雷·库兹韦尔：《奇点临近》，李庆诚、董振华、田源译，机械工业出版社，2011，第10页。
⑤ 〔美〕雷·库兹韦尔：《奇点临近》，李庆诚、董振华、田源译，机械工业出版社，2011，第12页。

第五章　智媒时代社会主义核心价值观传播机制的风险分析

"在21世纪前半叶,技术不可避免地朝向机器化发展,必将大大超越人类的智能"。他进一步指出,奇点不仅发展速度是近似垂直的指数增长、扩展速度的无限性,而且"是一种超越"[①]。"超越是指各种现实的层面:自然世界的各种创造,包括我们和我们的艺术、文化、技术以及情绪、精神情感的创造"[②],而"奇点的一个突出影响是改变了人类理解能力的本质"[③]。库兹韦尔把"技术奇点"的到来时间节点设定为"2045年"。在弱人工智能阶段,人们无法判断智能机器是否拥有意识,但是,当人工智能深入地渗透到社会实践之中,特别是人工智能拥有自我意识之后,便可能会出现失控的风险。尼克·波斯特洛姆坚信超级智能将会拥有自我意识,而"人类的命运将取决于超级智能机器的行为"[④],但是也强调"原则上,我们能够制造一种保护人类价值的超级智能"[⑤]。

在未来人工智能的发展中,智能技术可以将设备植入人脑,将人与机器的思维融为一体。许多人工智能学者担心:未来人类的行为不是由人的自由意志决定的,而可能是智能机器自作主张或在其诱导下实现的,且这种影响不可避免。生物学家、诺贝尔奖得主文卡·拉马克里希南(Venki Ramakrishnan)表达了对智能技术发展的担忧,指出:"尽管我们失去了这种控制,但仍将迈进一个人工智能无处不在的世界:个体无法抗拒它的便利和威力,企业和政府也无法抗拒它的竞争优势。"[⑥] 就智媒

[①] 〔美〕雷·库兹韦尔:《奇点临近》,李庆诚、董振华、田源译,机械工业出版社,2011,第234页。
[②] 〔美〕雷·库兹韦尔:《奇点临近》,李庆诚、董振华、田源译,机械工业出版社,2011,第235页。
[③] 〔美〕雷·库兹韦尔:《奇点临近》,李庆诚、董振华、田源译,机械工业出版社,2011,第11页。
[④] 〔英〕尼克·波斯特洛姆:《超级智能:路线图、危险性与应对策略》,张体伟、张玉青译,中信出版社,2015,第XV页。
[⑤] 〔英〕尼克·波斯特洛姆:《超级智能:路线图、危险性与应对策略》,张体伟、张玉青译,中信出版社,2015,第XV页。
[⑥] 〔美〕约翰·布罗克曼编著《AI的25种可能》,王佳音译,浙江人民出版社,2019,第227页。

体而言，人与智媒体的交流是智媒体诱导人作决定还是人在智媒体的影响之下自主决定，这是未来人类发展面临的重大课题之一。

二 算法推荐机制存在价值观盲从的风险

算法推荐机制在智媒体平台上的运用，能够精准推送用户感兴趣的信息，形成智媒时代个性化的传播机制。我们分析智媒体平台上用户的兴趣、行为、喜好等数据，形成用户的精准画像，运用算法推荐机制把信息推荐给用户，及时地满足用户的信息诉求。因此，有学者指出，智媒体正在"通过观察你可能喜欢的事物——你实际做过什么或者和你相似的人喜欢什么——试图推断你的好恶。它们是预测引擎，不断创造和完善着一整套关于你的理论：你是谁，下一步会做什么，你想要什么。这些引擎一起为我们每个人打造了一个独特的信息世界……这从根本上改变了我们接触观念和信息的方式"[1]。绝大部分智媒体会经常推送用户曾浏览过的相似内容或重复性内容，而很少出现被算法定义为"用户不感兴趣"的信息。还有些智媒体在用户首次登录时，要求用户选择"感兴趣"的领域，而后根据用户的选择来推送相关的信息。这有助于提高智媒体传播信息的效率，增强信息传播的针对性，并在一定程度上解决信息泛滥所造成的选择困难问题。毕竟"如果你记录下从远古到 2003 年所有人类交流的信息数据，大约有 50 亿 GB 的存储量。而现在，我们每两天就创建这么多数据"[2]。这种算法推荐机制在智媒体平台的广泛运用，促进了个性化传播的发展。现在"不仅仅是脸书和谷歌，几乎各大网站都已经进入了个性化的时代……个性化已经成为我们日常生活体验的一部分"[3]，甚至

---

[1] 〔美〕伊莱·帕里泽：《过滤泡：互联网对我们的隐秘操纵》，方师师、杨媛译，中国人民大学出版社，2020，第 8 页。

[2] 〔美〕伊莱·帕里泽：《过滤泡：互联网对我们的隐秘操纵》，方师师、杨媛译，中国人民大学出版社，2020，第 9 页。

[3] 〔美〕伊莱·帕里泽：《过滤泡：互联网对我们的隐秘操纵》，方师师、杨媛译，中国人民大学出版社，2020，第 11~12 页。

第五章 智媒时代社会主义核心价值观传播机制的风险分析

各大媒体都在建构自身的个性化传播体系。

智媒体的算法推荐机制容易出现"信息茧房"效应,干扰用户对事物的全面认知,使用户容易受到片面信息的误导。尼古拉·尼葛洛庞帝曾在《数字化生存》一书中预言,未来社会将会出现"我的日报(the Daily Me)"。随着信息技术的发展,特别是互联网技术的发展,这种精准推送的应用范围逐渐扩大。在《信息乌托邦:众人如何生产知识》一书中,美国哈佛大学教授、心理学家凯斯·R.桑坦斯(Cass R. Sunstein)辩证地看待算法推荐机制,提出"信息茧房"(Information Cocoons)的概念,他指出,"核心问题涉及信息茧房:我们只听我们选择的东西和愉悦我们的东西"[1]。的确,当用户只接触自己感兴趣的信息、只关注推送的信息时,就极可能忽略其他有价值的信息,导致"信息茧房"效应。这一问题在智媒时代更加凸显。算法推荐机制容易使用户沉浸在自己感兴趣的传播内容之中,而忽略了全新的领域或者其他值得关注、值得搜索的信息,无形中窄化了用户的视野。

就算法推荐机制推送的价值观而言,人们经常接收到与自己价值观相似的观点,并引导其与价值观相似的群体进行交流,加剧价值观盲从的问题。在算法推荐机制推送相似的价值观内容之后,用户容易受到这种价值观的影响,有意识或无意识地运用这种价值观来认识世界,甚至运用这种价值观来改造世界。"谷歌首席执行官(CEO)埃里克·施密特(Eric Schmidt)曾兴致勃勃地表示,他一直想构建的'产品'是'能猜出我想输入什么'的谷歌程序。2010年秋天,谷歌推出'随打即搜'(Google Instant)功能,能在用户输入的同时猜测用户想要搜索的事物。而这仅仅是一个开始,施密特相信,用户希望谷歌能'告诉他们下一步该做什么'。"[2]同时,拥有相似价值观的用户容易形成交流群体,减少与外部不同群体

---

[1] 〔美〕凯斯·R.桑斯坦:《信息乌托邦:众人如何生产知识》,毕竞悦译,法律出版社,2008,第8页。

[2] 〔美〕伊莱·帕里泽:《过滤泡:互联网对我们的隐秘操纵》,方师师、杨媛译,中国人民大学出版社,2020,第7页。

的价值观交流，造成群体内价值观同质化问题。这就容易使价值观领域出现"信息茧房"效应。被局限在"信息茧房"之下的人们在接收到有限信息的情况下，容易误将自己接触到的片面信息扩大为全部，接受和认同所接触到的价值观。而如果不接受这种价值观，群体里其他人的劝说或抵制也使其被动地接受其所接触到的价值观。长期受价值观盲从影响的用户有可能逐渐丧失价值选择能力，失去接触新价值观的能力，从而不自觉地将自己封闭起来，严重地还有可能认同极端的价值观。算法推荐机制背后的价值观及相应的价值评判决定着向人们推送的信息内容，而用户接收信息的过程，也在无形中接受了算法的引导。

就社会主义核心价值观的传播活动而言，智媒体的算法推荐机制容易造成对社会主义核心价值观的片面理解和把握，导致人们对社会主义核心价值观传播活动的认识产生偏差，甚至产生一定的抵触情绪。基于算法推荐机制产生的"信息茧房"使用户沉浸在自己感兴趣的信息中，而其感兴趣的信息可能是没有价值的信息，甚至是垃圾信息、低俗信息、庸俗信息等，并使用户忽略其他更有价值的、积极的、健康的价值观。鉴于此，我们要将社会主义核心价值观传播活动推送到用户面前，并获得用户的关注、认同、认可，就需要探讨智媒时代算法推荐机制的运行机理，打破"信息茧房"造成的信息壁垒，解决价值观盲从的问题。当前，算法推荐机制主要是智媒体企业从自身的利益和价值取向出发来推送信息，反映的是用户的表面需求，而不是用户的完整诉求。因为智媒时代算法推荐机制关注的主要是用户通过言行表达出来的需求，并没有注意到人们没有通过言行所表达出来的需求，更没有关注到人们没有意识到的价值需求。因而，算法推荐机制对人们价值诉求的把握本身就是不完整的。理想的算法推荐机制应当是站在用户的视角，推送用户所需要的、有价值的信息，满足用户的价值诉求，并能兼顾社会责任。但是，当前的算法推荐机制很可能使部分用户难以与社会主义核心价值观进行深入交流互动，影响其对社会主义核心价值观的关注度和认同度，

第五章　智媒时代社会主义核心价值观传播机制的风险分析

容易出现不利于社会主义核心价值观凝聚价值共识、汇聚正能量的风险要素。

三　虚拟传播引发社会主义核心价值观传播活动信任危机的风险

虚拟传播是基于人工智能技术（包括深度伪造技术、虚拟现实技术）的发展和广泛应用而实现的，颠覆着传统的"传播"概念，并为人们创造了一个全新的传播空间。虚拟传播是基于虚拟现实展开的传播形式，通过形形色色的符号形成了跨地域、跨时空、"在场"交流的新传播形态，实现了人民群众追求自由交流的梦想。虚拟传播包括虚拟现实传播和虚拟交往传播。虚拟现实是"通过'比特'的符码、拟象、文字等对世界的意义表达，以主观化的逻辑把握客观世界而达到对世界意义的掌握，是以计算机技术、虚拟现实技术和互联网技术等高科技手段制作出来的'虚拟现实世界'及其构成的虚拟行动、交往和经验空间"[1]。虚拟现实技术等现代技术丰富了人们的交往关系，形成了普遍的交往关系。马克思、恩格斯曾指出，"只有随着生产力的这种普遍发展，人们的普遍交往才能建立起来"[2]。智媒体的发展推动着人类普遍交往的进程，并形成了一种颠覆传统交往形式、全新的普遍交往形式——虚拟交往。"虚拟交往成为最具时代特征的新型交往方式。虚拟交往具有数字化、虚拟性、匿名性、平等性、超时空性、开放性、互动性、娱乐性、自主性、创造性等特征，它彻底颠覆了传统的交往理论，极大地拓宽了人们的交往领域和范围，导致人类生存方式、活动方式发生巨大变革，并引领了一个普遍交往时代的来临。"[3] 迈克尔·海姆（Michael Heim）总结了之前研究者关于虚拟交往特点的研究，即模拟性（Simulation）、交互性（Interaction）、人造性（Artificiality）、沉浸性（Immersion）、远程呈现（Telepres-

---

[1] 梅琼林：《电子虚拟世界之传播本质》，《学术研究》2006年第6期。
[2] 《马克思恩格斯文集》第1卷，人民出版社，2009，第538页。
[3] 孙伟平：《人类交往实践的革命性变迁——虚拟交往及其哲学批判》，《吉林大学社会科学学报》2012年第3期。

ence)、全身沉浸（Full Body）、网络交流（Networked Communications）。[1]在这一理念之下，虚拟交往的发展越来越脱离现实的、真实的世界。用户能够在虚拟的世界里自行创造出现实世界没有的物体，也可以开展现实世界没有的互动，实现人与智媒体动态互动。

　　虚拟传播在提升社会主义核心价值观传播活动的影响力的同时，也因其虚拟性等传播特征给社会主义核心价值观传播活动带来信任风险。"虚拟现实背后的构想是，通过让眼睛接收到在真实情境中才能接收到的信息，使人产生'身临其境'的感觉，更重要的一点是，你所看到的形象会随着你视点的变化即时变化，这就更增强了现实的动感。"[2]这意味着，智媒体虚拟传播追求的效果是达到"逼真"的状态，而"逼真的场景"很可能是虚假的、虚构的。即使在智媒体平台上亲耳听到对方声音、看到对方相貌，也未必为真，因为声音、图像经过智媒体的数字化处理已经开始部分失真，更不用说采用AI换声、AI换脸等深度伪造技术来故意伪造了。以大模型为基础的深度伪造技术使得传播内容更加逼真、场景更加复杂、形式变化更快更多，使得虚拟信息更加智能化、更具真实感。

　　深度伪造技术等智媒技术给智媒时代社会主义核心价值观传播活动带来了信任危机。深度伪造技术采用现有的图像和视频，把它们映射到源图像和视频上，产生出与真实视频非常接近的视频。加拿大学者彼得·戴曼迪斯（Perter H. Diamandis）和史蒂芬·科特勒（Steven Kotler）指出："卡内基梅隆大学的研究人员最近开发了一种新的算法，可以实现更逼真的合成效果。他们的人工智能不仅能将头部动作、面部表情和目光从一个视频转移到另一个视频，而且还能转移一些更加细微的细节，例如眨

---

[1] 〔美〕迈克尔·海姆：《从界面到网络空间——虚拟实在的形而上学》，金吾伦、刘钢译，上海科技教育出版社，2000，第111~119页。
[2] 〔美〕尼古拉·尼葛洛庞帝：《数字化生存》，胡泳、范海燕译，海南出版社，1997，第140~141页。

眼的频率、轻微的眉毛抖动、肩膀的微耸等。伪造出来的视频几乎没有任何破绽,结果真假难辨。在他们的实验中,绝大多数被试看了之后,都认为那些视频是真实的。"[1] 深度伪造技术的应用降低了智媒体生产和传播的门槛,普通用户可以凭借极低的成本通过人工智能实现媒体内容的生产和传播。这造成智媒时代的传播内容难以通过肉眼来明辨真伪,也使得深度伪造的虚假内容有机会在智媒体平台广为传播。有些领导人物在被 AI 换声、AI 换脸之后,被制作出颇具影响的虚假音视频内容,误导公众,并在智媒体平台引起轰动。不法分子利用深度伪造技术来生产虚假信息,从事违法行为。许多智媒体通过将用户输入的信息纳入训练数据库,用来改善智媒体,但是,这些信息很可能本身就存在偏差。同时,国外智媒技术发达的一些国家试图运用智媒技术来生产和传播其他国家的虚假信息,干扰其他国家主流价值观的传播秩序,妄图操纵全球信息传播。这样,利用智媒技术罔顾事实,一本正经地胡说八道,终将导致智媒时代信息传播的可信度降低。这些现象的出现冲击着社会主义核心价值观传播活动的公信力,影响社会主义核心价值观的传播效果。

第二节 智媒时代社会主义核心价值观传播机制的治理风险

智媒体的发展及广泛运用引发了前所未有的治理风险,并把这种治理风险带入社会主义核心价值观传播机制之中,产生了智媒时代社会主义核心价值观传播机制的治理风险。马克思曾指出:"在这里,起作用的普遍规律在于:后一个(生产)形式的物质可能性——不论是工艺技术条件,还是与其相适应的企业经济结构——都是在前一个形式的范围内创造出来的。机器劳动这一革命因素是直接由于需要超过了用以前的生产手段来满足这

---

[1] 〔加〕彼得·戴曼迪斯、〔加〕史蒂芬·科特勒:《未来呼啸而来》,贾拥民译,北京联合出版公司,2021,第 141 页。

种需要的可能性而引起的。"[1] 智媒时代之前的治理理念、组织方式、法治建设等在智媒时代社会主义核心价值观传播机制中难以奏效，亟待创新。

一 治理理念的创新相对滞后

现有的社会主义核心价值观传播机制主要是立足于农业社会、工业社会的传播活动建构的，而要适应智媒时代社会主义核心价值观的传播诉求，需要探索适应智媒时代社会主义核心价值观传播机制的治理理念和新型治理方式。孙伟平在研究智能文化时，曾提出建构智媒时代管理模式："现有的组织架构、文化政策、治理方式是适应农业社会、工业社会的文化建设而建构的，已经难以适应文化信息化、智能化的要求。迈入全新的智能时代，相应的政府机构和管理部门必须大刀阔斧地改革，以'自我革命'的姿态改革目前的组织架构，完善人工智能'赋能'文化业态的监管体制，打造适应信息社会、智能社会的新型管理模式。"[2]

智媒时代与农业时代、工业时代的显著不同在于形成了"人机物"三元融合的传播系统，形成了"人机物"协同共生的传播关系。智媒时代的传播系统较以往任何时代都庞杂，难以仅靠现有的传播机制达到良好效果。习近平总书记明确指出："以信息技术、人工智能为代表的新兴科技快速发展，大大拓展了时间、空间和人们认知范围，人类正在进入一个'人机物'三元融合的万物智能互联时代。"[3] 人机物深度融合是智媒时代传播领域的一场重大变革。"人机物融合智能是一种由人、机、环境相互作用而产生的新型智能形式，它既不同于人的智能也不同于人工智能，是一种有机结合机器智能和人类智慧的新一代智能科学体系。"[4] 人机物

---

[1] 《马克思恩格斯文集》第8卷，人民出版社，2009，第340页。
[2] 孙伟平：《方兴未艾的智能文化：机遇与挑战》，《江汉论坛》2020年第2期。
[3] 习近平：《在中国科学院第二十次院士大会、中国工程院第十五次院士大会、中国科协第十次全国代表大会上的讲话》，人民出版社，2021，第7页。
[4] 王海涛等：《人工智能发展的新方向——人机物三元融合智能》，《计算机科学》2020年第S2期。

第五章 智媒时代社会主义核心价值观传播机制的风险分析

深度融合是人们在传播活动中与世界万物和智能机器的互相渗透,是"物理空间、信息空间和社会空间的有机融合,物理空间分别与信息空间、社会空间源源不断地进行信息交互,而信息空间与社会空间则进行着认知属性和计算属性的智能融合"①。在这一传播活动中,人与智媒体的关系是人机物深度融合的关键所在,而智媒体是人机物融合的核心。现代技术的深度融合,进一步促进了智媒体、人类、自然的协同发展。人机物的深度融合丰富了智媒体的信息来源,提高了智媒体的共情与感知能力,提升了智媒体传播效率,增强了传播内容的可信度,并融合物理空间、信息空间、社会空间来定制更多个性化的传播内容和传播形式,满足人们多方面的价值诉求。智媒时代的传播体系把智媒体融入人们的社会实践之中,催生着人机物融合在传播领域的形成和发展,满足人们高标准的审美需求和体验诉求,呈现出大融合、智能化、虚拟化的传播特征。

智媒时代社会主义核心价值观传播机制的治理理念主要是基于传统媒体时代社会主义核心价值观的传播机制展开的。这种治理理念强调通过控制传播渠道、审核传播内容的方式来开展社会主义核心价值观的传播活动。有学者明确表示:"传统社会中以地域为基础的监督、管理方式、他律机制在一定程度上失去了效力,对于一切虚拟活动的管理、监督、约束、制裁往往心有余力不足。"② 同样,这种治理理念在智媒时代社会主义核心价值观传播机制中难以取得预期的效果。在智媒时代,智媒体的传播渠道众多,很难完全控制传播渠道。用户可以在任一智媒体平台上传播信息,并且运用自己所掌握的传播渠道,如朋友圈、微信群等来传播自己所认可的价值观念。智媒体平台每秒可以生产成千上亿的信息,我们难以对每天的信息进行监管。尽管我们可以运用智媒技术来

---

① 孙世芳:《人机物三元融合——万物智能互联》,《经济日报》2021年12月4日,第10版。
② 孙伟平:《人类交往实践的革命性变迁——虚拟交往及其哲学批判》,《吉林大学社会科学学报》2012年第3期。

审核传播内容，但是，用户也可以采用多种方式来逃避信息审核。在智媒时代处理虚假信息、庸俗信息、低俗信息等不健康价值观的方法通常是快速封闭此条链接，但是，用户重建链接、重新发布内容的速度也非常快，且已有的传播内容可以通过多种方式来保存。传播内容突破了发布之前的部门审核机制，传播渠道的广泛化、便捷化，造成了智媒时代社会主义核心价值观传播机制的治理风险。这缘于互联网的发展形成了多中心的传播格局。这是一种去中心化的传播模式，颠覆了传统媒体单向化的传播方式，消解着以传统媒体为中心的话语格局，挑战着以传统媒体为主导的传播机制。"当大众媒介转换成去中心化的传播网络时，发送者变成了接收者，生产者变成了消费者，统治者变成了被统治者，这样，用来理解第一媒介时代的逻辑就被颠覆了。"① 智媒技术的发展将发送者扩展到机器的范围，使得机器成为信息的发送者、生产者，将多中心传播格局扩展到智能机器的领域，使得以传统媒体为中心的治理理念面临着更为严峻的风险挑战。

二 组织方式的变革相对保守

当前，社会主义核心价值观传播活动主要是从本部门、本领域出发来开展的，尚未从整体上、全局上来系统地协调社会主义核心价值观的传播活动。智媒时代社会主义核心价值观传播机制需要突破部门之间的局限性，实现从顶层设计的角度来规范社会主义核心价值观传播活动。习近平总书记提出："媒体融合发展不仅仅是新闻单位的事，要把我们掌握的社会思想文化公共资源、社会治理大数据、政策制定权的制度优势转化为巩固壮大主流思想舆论的综合优势。"② 智媒时代社会主义核心价值观传播机制涉及每一名党员、每一个部门、每一个机构。智媒时代，用户可以主动地参与到社会主义核心价值观的传播过程之中，进行点播

---

① 〔美〕马克·波斯特：《第二媒介时代》，范静哗译，南京大学出版社，2005，第33页。
② 《习近平谈治国理政》第3卷，外文出版社，2020，第319页。

第五章 智媒时代社会主义核心价值观传播机制的风险分析

和互动，并利用智媒体平台来生产相关信息，通过这些信息影响社会主义核心价值观的传播效果。在这些信息之中，不时夹杂一些无中生有的虚假信息，或者出现以偏概全的片面信息，还有一些错误信息。这些虚假、片面、错误的信息可能涉及任何一个部门，迫切需要相关部门进行澄清。同时，在流量为王的影响之下，智媒体平台上不时出现极端信息。关于这些极端信息的最初传播内容，党和政府相关权威机构或权威部门有时未及时发声，才导致网络舆论的产生。这种缺位有时是内容生产者故意为之，单方面制作耸人听闻的传播内容。而一旦有相关机构或部门指明传播内容的可疑之处，并进行权威性的解读，单方面的谎言就会不攻自破。更为严重的是，智媒体平台上出现的传播内容不是谣言，而是事实，但通过刻意、错误的解读，把用户引导到它设定的方向，这也会干扰社会主义核心价值观的传播活动。鉴于此，智媒时代社会主义核心价值观传播机制不仅需要理顺党的宣传体系的各要素，使党和政府相关部门之间协调对接，而且应当实现智媒体与传统媒体的融合，调动各个部门的力量形成传播社会主义核心价值观的合力。

这种从本部门、本领域出发来组织社会主义核心价值观传播活动的方式根源于传统媒体时代"+智媒体"的传播理念。"+智媒体"的传播理念主要采用传统媒体的传播机制来提升媒体的传播能力。例如，在智媒体平台上组织专家学者录制关于社会主义核心价值观的讲解视频、撰写关于社会主义核心价值观的系列文章等。虽然，这种把社会主义核心价值观的传播内容和传播形式放在智媒体平台上传播的行为，与传统媒体社会主义核心价值观的传播内容和传播方式相似，甚至完全相同。但实质上，社会主义核心价值观在智媒体平台上的传播是传统媒体传播内容的"转移"，是对智媒传播的表面化跟进。即便这种传播活动传播的是当前最先进的、代表着未来发展的价值观，但是仍然可能面临着难以引起智媒体用户注意力、无法吸引用户沉浸其中等问题。如果智媒体用户不爱看、不想参与、不关注这一信息，那么，社会主义核心价值观为人们所认知就无从谈起；如果无法吸引用户沉浸其中，那么，社会主义核心价值观就难以入脑入心。鉴于此，创新社会主义核心价值观传播机制不仅需要关注"我们要传播什么"，而且要重视"用户想要什么"，特别是关注年轻网民、中等学历人群的价值诉求。因为年轻网民和中等学历人群是我国网民的主要群体，而且这一群体正呈现逐年增长的态势。

我们应采取"智媒体+"的传播理念来应对当前社会主义核心价值观传播机制面临的风险挑战，并建构智媒时代社会主义核心价值观传播机制。"智媒体+"传播理念是基于"互联网+"传播理念建立的，可以更有效地整合社会的媒体资源，并能够更大程度地满足人民群众多样化、差异化的信息需求。2015年，国家把"互联网+"作为国家重大发展战略来整合国内的生产方式，实现经济转型升级，"深入实施'互联网+'行动计划，扩大有效需求，更好满足人们个性化、多样化的需求，更好保护生态环境"[①]。"智媒体+"的传播理念是"互联网+"传播理念在智媒时代的延伸。"智媒体+"是要构建"智媒体+政务服务商务"的传播格局，将社会主义核心价值观的传播机制与新时代中国特色社会主义建设紧密结合，实现智媒体为社会全面服务的目的。社会主义核心价值观的传播活动不是一种抽象的、教条式的口号宣传活动，而是要真正地落实到社会实践之中，能够解决人们的价值困惑，满足人们的价值需求。只有及时地为个体、群体、组织提供有价值的信息，人们才能真正地认可我们的传播活动。要建构"智媒体+"的传播机制关键是要动态地掌握用户的价值认知和价值评判情况，基于用户的语言风格和传播特色来生产差异化、个性化的传播内容，并能够精准推送这些形式各异的社会主义核心价值观传播内容，真正地把社会主义核心价值观的传播活动融入"媒体+政务服务商务"的传播格局之中。

智媒时代社会主义核心价值观传播机制尚未把社会主义核心价值观的传播活动完全地融入党和政府的各方面工作之中，特别是在网络舆论

---

① 《习近平谈治国理政》第2卷，外文出版社，2017，第485页。

第五章 智媒时代社会主义核心价值观传播机制的风险分析

引导之中。习近平总书记曾形象地概括出智媒时代社会主义核心价值观传播机制的特点,他指出:"一张图、一段视频经由全媒体几个小时就能形成爆发式传播,对舆论场造成很大影响。这种影响力,用好了造福国家和人民,用不好就可能带来难以预见的危害。"[①] 网络舆论引导不仅涉及涉事部门,还涉及涉事部门的监管部门、上级部门,其发声更有可信度。智媒时代社会主义核心价值观的传播活动既要体现在日常组织的社会主义核心价值观相关传播活动之中,更应反映在每一个网络舆论引导的事件之中。如果网络舆情所涉及的相关部门或个人没能依据社会主义核心价值观来开展具体工作,那么,负责处理这起网络舆情的部门能否从社会主义核心价值观出发来处理网络舆情事件就成为焦点,稍有不当就会使智媒体平台成为网民非理性情感的发泄场。在智媒时代,相关部门要做到自觉地把社会主义核心价值观贯彻到网络舆情事件的处理之中,并在处理网络舆情事件的全过程中让网民真实地感受到社会主义核心价值观的落实,要维护网络舆情相关群众的切身利益,以真正赢得群众的信任。智媒时代,我们应让社会主义核心价值观体现在网络舆论引导的全过程,体现在每一个网络舆情事件的治理与引导之中,让人们在每一次的网络舆情引导中体会到社会主义核心价值观的力量。鉴于"进入我们的价值系统之中的所有事件和展望,都显示着时代的特征"[②],因此,如何在网络舆情事件的处理中坚持社会主义核心价值观,并让广大人民群众相信我们在舆情事件中遵循社会主义核心价值观的价值准则,是智媒时代创新社会主义核心价值观机制的重大时代问题。

三 法治方面的建设相对薄弱

习近平总书记曾指出:"数字经济、互联网金融、人工智能、大数

---

① 《习近平谈治国理政》第 3 卷,外文出版社,2020,第 319 页。
② 〔美〕赫伯特·西蒙:《关于人为事物的科学》,杨砾译,解放军出版社,1988,第 177 页。

据、云计算等新技术新应用快速发展，催生一系列新业态新模式，但相关法律制度还存在时间差、空白区。"① 面对智媒体快速发展的态势，我国关于智媒时代社会主义核心价值观传播机制的法律制度存在时间差、空白区，造成一定的传播风险，甚至存在危害用户个人权益和国家安全的风险。智媒时代的数据采集工作缺乏完善的法律法规，导致智媒体采集的数据缺乏合理合规性，甚至违背现有的法律法规。实现个性化推送的前提在于较为准确地掌握用户的数据信息，能够形成关于用户兴趣、习惯、需求的智能图谱或用户画像。智媒体公司利用这一图谱或画像来分析用户的价值取向、阅读习惯等，建构"信息—用户—内容"关系。因此，采集用户的数据信息是智媒传播的前提和基础。但是，智媒体收集到的用户身份信息、交易记录、位置信息等敏感数据，存在泄露、滥用和篡改等安全风险，可能出现损害用户个人权益的行为。对此，国家先后出台了《App 违法违规收集使用个人信息行为认定方法》《中华人民共和国个人信息保护法》等文件明确了智媒时代信息采集主体的责任，指出了违法违规收集个人信息的具体行为，使智媒时代的信息采集更具规范性，促进了个人信息保护和智媒时代相关监督管理工作的落实。

智媒时代社会主义核心价值观传播机制要进一步完善立法工作，形成智媒时代社会主义核心价值观传播机制的具体的、明确的规定，使智媒时代社会主义核心价值观传播活动有法可依。网络谣言的治理、网络舆情的治理、网络舆论的引导是智媒时代社会主义核心价值观传播机制的重要组成部分，也是提升社会主义核心价值观传播效果的关键一环。智媒时代应当规范社会主义核心价值观传播活动的程序及流程，明确网络舆论突发情况的应对机制，建构智媒时代网络谣言"识谣—辟谣"的工作机制等。此外，智媒体的研发与设计、智媒体的运用等方面缺乏相关法治建设，亟须将社会主义核心价值观融入智媒体的研发及应用之中，提前规避智媒时代社会主义核心价值观传播的技术风险点。

---

① 《习近平著作选读》第 2 卷，人民出版社，2023，第 382 页。

第五章　智媒时代社会主义核心价值观传播机制的风险分析

智媒时代应落实社会主义核心价值观传播活动的相关执法工作，具体应体现在每一款智媒体平台的开发与应用之中。法律法规的生命力在于执行。我们应强化智媒时代社会主义核心价值观传播机制的执行力，加强监督，切实把我国制度优势转化为治理效能。2022年11月，国家网信办就依照《中华人民共和国个人信息保护法》《App违法违规收集使用个人信息行为认定方法》等法律法规，依法查处"超凡清理管家"等135款侵犯个人信息合法权益的违法违规App。近年来，在地方网信办多次约谈智媒体企业负责人来整治智媒体八大乱象的过程中，这些已成立党支部的智媒体企业亦在约谈之中，并且有些成立党支部的智媒体企业被多次约谈。这表明党领导智媒时代社会主义核心价值观传播机制尚处于起步阶段。因此，这些智媒体企业成立党支部和开展党建活动，对智媒体平台社会主义核心价值观传播活动产生了何种影响以及存在着哪些问题等，都是需要研究的重大问题。

第三节　智媒时代社会主义核心价值观传播机制的话语风险

智媒时代，大量碎片化、隐喻性的表达方式出现在互联网上，出现了以游戏态度来对待自己生活方式和生产方式的话语。这在一定程度上挑战着社会主义核心价值观现有的话语体系，增加了其话语风险。具体而言，智媒时代出现的"游戏化"的话语方式消解着论证的严谨性，以隐喻的形式解构着确定性的表述方式，微叙事的表达方式挑战着宏大叙事的表达方式。

一　"游戏化"的话语方式消解着论证的严谨性

美国媒体文化研究者尼尔·波兹曼（Neil Postman）指出，"一切公众话语都日渐以娱乐的方式出现，并成为一种文化精神。我们的政治、宗教、新闻、体育、教育和商业都心甘情愿地成为娱乐的附庸"①，在这种娱乐至上的逻辑之下，"那些危险的无稽之谈成了我们公众话语的重要部分"②。当无稽之谈成为公众话语的重要组成部分之后，那么，在智媒体平台上讨论的内容是否符合理性逻辑就变得不那么重要，重要的是其是否具有娱乐性。

娱乐性成为智媒体用户选择信息的重要标准，并且这种趋势逐渐蔓延到经济、政治、文化等领域之中。在互联网发展状况的相关统计报告和智媒体平台的热搜排名中，娱乐性信息无论是在数量上还是在时间上总是占据着重要位置，其关注度一度超过大众关注的民生热点话题。与此同时，经济学、法学、心理学、社会学等理应严谨的从业人员也从娱乐信息中寻找相应的经济关系、法律关系、心理效应、社会结构等，并撰写相关文章，推动娱乐性信息在全社会蔓延。

娱乐至上的游戏态度解构着社会主义核心价值观传播机制的严谨性，甚至从根本上瓦解着价值和真理的存在价值。社会主义核心价值观传播机制追求的是用严谨的逻辑思维、高度的理性、准确的语言来阐述自己的观点，避免自相矛盾，而智媒体娱乐至上的游戏态度用语无伦次、无聊琐碎的传播方式传播着碎片化、非理性的内容，在对社会主义核心价值观的语言不断进行重构的同时，还不断地挑战着理性自律用户已有的逻辑思维。智媒体生产和传播的许多信息可能存在因果关系混乱、逻辑不通、纯粹情绪发泄等非理性问题。越来越多的用户在智媒体平台上的发言正在成为非理性地宣泄，放弃追求真理与意义。尤瓦尔·赫拉利指出，"智人统治世界，是因为只有智人能编织出互为主体的意义之网：其中的法律、约束力、实体和地点都只存在于他们共同的想象之中"③，并

---

① 〔美〕尼尔·波兹曼：《娱乐至死：童年的消逝》，章艳、吴燕莛译，广西师范大学出版社，2009，第5~6页。
② 〔美〕尼尔·波兹曼：《娱乐至死：童年的消逝》，章艳、吴燕莛译，广西师范大学出版社，2009，第16页。
③ 〔以色列〕尤瓦尔·赫拉利：《未来简史：从智人到神人》，林俊宏译，中信出版社，2017，第133页。

第五章 智媒时代社会主义核心价值观传播机制的风险分析

把作为现实第三个层次的互为主体（intersubjective）理解为"依靠许多人类的沟通互动而存在"[①]。在智媒时代，智媒体开始自动地编造意义之网，而意义的背后则体现着多元价值观。但是，娱乐至上的游戏态度是要瓦解意义存在的价值，打破意义的存在方式。

智媒时代"游戏化"的话语方式是人们生活方式游戏化的体现。生活方式游戏化是倡导用娱乐化和游戏化的生活态度来取代规则化和组织化的生活态度，以游戏的态度对待现有的生活方式，突破传统道德和规范所规定的生活方式，尝试各种新的生活方式，在游戏中寻求新的自由和创新，追求一种平等的、区分化的生活方式。这种生活方式源于人们拥有更多闲暇的时间和空间，反映出人们在面对事物存在和发展不确定性上存在的冒险心态。同时，在智媒时代，社会主义核心价值观原有的语言符号不断被改变、曲解，新的用语层出不穷且不符合语言规范，形形色色的虚拟符号被创造出来并被特定群体用于交流。"游戏化"的话语方式割断了符号与事物之间的关系及意义，也使得任何确定语言准确意义的想法开始落空。在这种传播语境下，越来越多的年轻人对理性的、系统的社会主义核心价值观传播内容和传播形式不再感兴趣，而是倾向于一些趣味的、生活化的、令人放松和愉悦的内容。游戏化的话语方式成为智媒时代社会主义核心价值观传播机制面临的话语挑战。

二 以隐喻的形式解构着确定性的表述方式

确定性的表述方式是现代性思维方式的体现。追求确定性是现代性思维方式的显著特点，而这一思维模式本身是在世界是可以被认知的，人类能够运用理性来掌握真理的基础上形成的。但是，现代性的突出问题是把追求确定性的努力扩大为寻求压倒一切的确定性知识，将促进人类自由发展的知识转变为对人类控制和奴役的现代性知识。赵汀阳研究

[①] 〔以色列〕尤瓦尔·赫拉利：《未来简史：从智人到神人》，林俊宏译，中信出版社，2017，第128页。

员曾总结:"现代性可以看做是一个人类自我认识的极端表现的知识论问题。这种极端表现可以概括为两种野心:(1)试图把人类社会和生活的所有秘密都'显现'出来;于是进一步想做到(2)把所有事情都技术地、专业地统一管理起来。"[1] 面对现代性这一强势态度,许多人开始重视非确定性的表述方式,如在表述过程中使用包含着大量含混不清、不稳定、自相矛盾的表达内容。他们逐渐放弃对确定性的追求,甚至从一开始就不再追求确定性。隐喻成为智媒时代解构确定性的重要表达方式。

隐喻作为理解不同事物或不同事件的一种手段,也是一种影响人们价值取向和价值评判的思维方式和认知方式,且这种影响力在智媒时代呈现出扩大化、普遍化的趋势。隐喻最初是作为一种语言现象,用来比较不同类事物之间的相似性,而后扩展到认知领域和思维领域,成为人们运用自己所熟知的领域来认识不熟悉领域的重要方法。"隐喻不仅仅是一种语言现象,它更重要的是一种人类的认知现象。它是人类将其某一领域的经验用来说明或理解另一类领域的经验的一种认知活动。"[2] 隐喻代表着概念的重组,不断地赋予已有概念新的内涵,或者创造出全新的概念。"隐喻的构造隐含着深层次的、潜在的概念类型层级的重组。但是,这种牵涉不同语义场内容的分类逻辑重组是通过隐喻表层结构的极端简单性表现出来的。换言之,隐喻的产生是以一种简单的语形构造引发出创造性的语义突变,从而对固有的逻辑分类系统进行改造,对固有的逻辑规则进行质疑和重塑。"[3] 当前,人们时常用抽象的上层概念来代替具体的下层概念,引发群体的共鸣。人们表述中的动词、形容词、名词等信息往往隐喻着用户的价值取向和价值评判。从深层的角度来看,隐喻"能够引导我们组织思想和总结生活经历,所以总是影响着我们的

---

[1] 《赵汀阳自选集》,广西师范大学出版社,2000,第9页。
[2] 束定芳:《隐喻学研究》,上海外语教育出版社,2000,第28页。
[3] 安军、郭贵春:《隐喻的逻辑特征》,《哲学研究》2007年第2期。

第五章 智媒时代社会主义核心价值观传播机制的风险分析

意识和不同的社会结构。它有时影响着我们对于真善美的看法,并且一直左右着我们理解真理和定义真理的方法"[1]。

媒体具有隐喻现实的重要作用,并在智媒时代发挥着日益强大的隐喻现实的功效。尼尔·波兹曼从媒体的角度来把握隐喻,提出"媒介即隐喻"[2]的观点。他认为,任何媒介本身都能在一定程度上发挥着隐喻现实的作用,"用一种隐蔽但有力的暗示来定义现实世界。不管我们是通过言语还是印刷文字或是电视摄影机来感受这个世界,这种媒介—隐喻的关系为我们将这个世界进行着分类、排序、构建、放大、缩小、着色,并且证明一切存在的理由","指导着我们看待和了解事物的方式"。[3] 媒体为我们提供了理解世界的思维方式,使我们可以运用媒体提供的视野来认识世界和把握世界,甚至可以代替我们去真实的现场。媒体在隐喻现实的同时也完成着对现实的重构,发挥着影响人们精神活动的重要作用。例如,1937年,美国著名记者埃德加·斯诺(Edgar Snow)出版的纪实文学《红星照耀中国》(*Red Star Over China*)向世界展示了中国陕北革命根据地的真实情况和红军战士的精神风貌,展示了中国的光明与希望。

智媒体凭借强大的数据资源和分析能力、先进的虚拟现实技术、整合各类媒体的能力,在更大范围内隐喻现实,且隐喻现实的功能更加强大。人们虽然无法亲身经历所有的社会实践,但是,可以通过智媒体平台上的文字、视频、图片等来看到人们想看到的一切真实发生的事情,甚至可以看到人们通过肉眼看不到的事物。我们习惯性地将在智媒体平台上看到的文字、视频、图片等内容"等同于"现实,而事实上,这些

---

[1] 〔美〕尼尔·波兹曼:《娱乐至死:童年的消逝》,章艳、吴燕莛译,广西师范大学出版社,2009,第18页。
[2] 〔美〕尼尔·波兹曼:《娱乐至死:童年的消逝》,章艳、吴燕莛译,广西师范大学出版社,2009,第5页。
[3] 〔美〕尼尔·波兹曼:《娱乐至死:童年的消逝》,章艳、吴燕莛译,广西师范大学出版社,2009,第11页。

信息很有可能是由 AI 制造的。特别是当有些人把真实的场景与 AI 的虚拟创造相结合之后，并且借助其他 AI 内容作补充，产生着海量的相似信息，使得人们更容易相信智媒体的隐喻性。此外，智媒体凭借强大的数据库资源能够实现对已有数据的重组，自动地生产出新的信息，而用户的评判、转载等可能会进一步深化隐喻的内容。智媒体掌握了重新组合信息的能力，自动地进行着粒子化、模块化的信息生产。

智媒体在传播社会主义核心价值观的过程中，需要采用成千上万个词进行表达，而每一个词都存在被隐喻的风险，导致社会主义核心价值观传播活动充满不确定性。评判事物隐喻的标准恰恰在于一个词是否能够同时表达两种或多种观点。正是由于一个词可以表达两种或多种观点，隐喻才得以产生。智媒体能够层出不穷地创造出新的表达词语、新的传播场景来传达社会主义核心价值观，也能运用已有的词语或场景来表达社会主义核心价值观的新进展，更是可以通过评论、点赞等形式来隐喻用户对社会主义核心价值观传播活动的见解。智媒体对隐喻的运用可谓渗透在智媒体的各个方面，并且隐喻之后的传播内容解构着已有的确定性表述方式，而确定性的表述内容正是社会主义核心价值观传播机制的鲜明特征。鉴于此，社会主义核心价值观的传播活动充满了不确定性，在智媒时代时时刻刻存在着被解构的风险，出现了曲解社会主义核心价值观传播内容的种种现象。

三 微叙事的表达方式挑战着宏大叙事的表达方式

微叙事的表达方式是智媒时代的一种新型叙事形态，且被智媒体用户广泛采用。微叙事方式是以简短的语言文字来表达自身的意思。微叙事的表达方式短则几个字，长则百余字的内容，甚至有时没有一个文字，只有一个表情包，或者几秒钟的视频。微叙事的这种表述方式是与移动化、便捷化、即时性、图像化等媒体传播特征密切相关的。智媒体企业在设计智媒体软件时，就明确了用户输入的字数限制、发布视频内容的最大时长等。采用这类智媒体软件来表达我们的内容时，我们也只能选

第五章 智媒时代社会主义核心价值观传播机制的风险分析

择和摘编出"精华内容",而精华内容的选取本身就把信息生产者的价值理念融入其中,蕴含着人们对某一事件价值观念的认同。长此以往,人们越来越多地采用微叙事的表述方式,也越来越难以把握整个传播过程。虽然智媒体平台上的"微叙事"内容足以拼接起整个叙事内容,也能理清整个过程的时间脉络,但是,人们通常无法从海量的信息中整合出整个过程,仍然采用微叙事的方式"再现"整个过程,或过程中的某一细节。人们如果长期从多样的资源中抽取一些碎片化的信息,那么将可能失去深度阅读和批判性反思的能力。

微叙事的表达方式挑战着宏大叙事的表述方式。宏大叙事是法国思想家让-弗朗索瓦·利奥塔尔(Jean-Francois Lyotard)在反思现代理论过程中提出来的,认为后现代理论解构了现代的宏大叙事方式,指出让人无条件接受的宏大叙事是不可能的。他在研究知识获得合法性的过程中,深入研究宏大叙事在知识合法化中的作用。利奥塔尔指出,知识的合理性表现为哲学的思辨叙事和政治的解放叙事。他阐释了哲学的思辨叙事方式,即"哲学……通过一个叙事,或更准确地说通过一个理性的元叙事,像连接精神生成的各个时刻一样把分散的知识相互连接起来"[1]。这种叙事方式在现代社会中占据主导地位,其追求真理的合法性。政治的解放叙事强调社会的解放和个体的自由,"是自我解放的史诗,这是相对于一切阻碍它自治的事物而言的"[2]。"元叙事"是一种在哲学思辨的叙事方式和政治解放的叙事方式之上的叙事方式,是对其他叙事进行组织和解释的叙事方式。"元叙事"强调思辨体系的真理与社会现实的正义具有内在统一性。利奥塔尔进一步指出,这种元叙事的叙事方式在后现代正在衰落。元叙事和宏大叙事是现代性的代表,意味着传统的、宏大的叙事方式不再具有以往的权威性与统一性。同时,真理与正义的表达方

---

[1] 〔法〕让-弗朗索瓦·利奥塔尔:《后现代状态:关于知识的报告》,车槿山译,南京大学出版社,2011,第120页。

[2] 〔法〕让-弗朗索瓦·利奥塔尔:《后现代状态:关于知识的报告》,车槿山译,南京大学出版社,2011,第124页。

式更加多元化和相对化。英国社会学家安东尼·吉登斯（Anthony Giddens）把"元叙事"指认为"宏大叙事"，认为宏大叙事"即借助于贯穿始终的'故事主线'，我们被置身在具有确定的过去和可预见的未来的历史之中"①。宏大叙事方式是现代主义理论为了论证理想的必要性和可行性而提出来的，强调在实现理想的各种方案中存在着普遍的指导原则，进而从各种角度来论证这种指导原则对实现理想的重要性和可行性。

就社会主义核心价值观传播机制而言，社会主义核心价值观传播活动中的宏大叙事方式正在面临智媒时代微叙事的表达方式的挑战。宏大叙事方式是传统媒体传播社会主义核心价值观的主要叙事方式。传统媒体承担着传播社会主义核心价值观的重任，突出了传播过程中的宏大场景，强调社会主义核心价值观传播活动的整体性、历史性、逻辑性。但是，智媒时代的人们越来越忽略"宏大叙事"的表达方式。智媒技术的开发使得随时随地地分享自身的所见所闻、所知所感成为可能。短视频的兴起、片段化的社交媒体交流、短短几字的互动与回复在人们的社会生活中占据着重要的地位。久而久之，人们越发习惯于智媒体的微叙事表达方式，甚至沉迷其中。这种叙事方式影响人们的认知方式和思维方式。人们每天阅读着海量的信息，但难以长时间关注一个内容。持续地获取智媒时代用户的注意力是社会主义核心价值观被认知的前提，因此，微叙事的表述方式是智媒时代社会主义核心价值观传播机制的风险要素之一。

---

① 〔英〕安东尼·吉登斯：《现代性的后果》，田禾译，译林出版社，2011，第3页。

第六章　智媒时代社会主义核心价值观传播机制的构建原则

在分析智媒时代社会主义核心价值观传播机制面临的风险之后，我们应明确智媒时代社会主义核心价值观传播机制的构建原则。智媒时代社会主义核心价值观传播机制的构建原则是智媒时代创新社会主义核心价值观传播机制的指导原则，也是智媒时代社会主义核心价值观传播机制有效运作的行为准则。智媒时代社会主义核心价值观的构建原则应坚持党的领导、坚持实事求是、坚持公开透明、坚持法治规范、坚持以人为本。

第一节　坚持党的领导

党的二十大报告明确指出，"中国特色社会主义最本质的特征是中国共产党领导，中国特色社会主义制度的最大优势是中国共产党领导，中国共产党是最高政治领导力量，坚持党中央集中统一领导是最高政治原则"[①]。坚持党对智媒时代社会主义核心价值观传播机制的全面领导，系统完善党领导智媒时代社会主义核心价值观传播活动的制度体系，确保党充分发挥总揽全局、协调各方的领导核心作用。具体而言，智媒时代社会主义核心价值观的传播机制创新应始终坚持中国共产党对社会主义

[①]《习近平著作选读》第1卷，人民出版社，2023，第6页。

核心价值观传播机制的思想领导、政治领导、组织领导。

一 坚持党对社会主义核心价值观传播机制的思想领导

思想领导是政治领导与组织领导的前提与基础,是中国共产党在理论观点、思想方法和精神状态方面的领导。党的领导是思想领导、政治领导、组织领导的有机统一。自建党以来,中国共产党就"把党的建设提到了思想原则和政治原则的高度,坚持无产阶级思想的领导"[①],明确提出思想建党的原则。党员干部不仅要在组织上入党,而且要在思想上入党,要用无产阶级思想来改造自己的世界观,自觉地同非无产阶级思想作斗争。中华人民共和国成立后,中国共产党加强先进性建设,要求共产党员在新的历史条件下胸怀共产主义远大理想,领导全国各族人民全面建设社会主义现代化国家。中国共产党只有坚定共产主义理想信念,才能不断学习,自觉在实际的工作、学习、生活中发挥先锋模范作用。当今时代,我国正处于以中国式现代化全面推进强国建设、民族复兴伟业的关键时期,亟须从思想上引导广大党员和人民群众认同这一奋斗目标,为实现奋斗目标贡献力量。

坚持党对智媒时代社会主义核心价值观传播机制的思想领导,就是要解放思想,研究智媒时代的传播规律和传播特征,推进社会主义核心价值观传播机制契合智媒时代的发展规律,把创新社会主义核心价值观的传播机制融入党的全面领导之中。智媒时代社会主义核心价值观传播机制的创新理应以马克思主义为指导,特别是坚持以习近平新时代中国特色社会主义思想为指导。因此,要探究智媒时代的发展规律,借助新媒体发挥社会主义核心价值观引领社会思潮的作用,主动占领新媒体阵地,提升社会主义核心价值观在全社会乃至全世界的影响力。要实现这一目标,我们需要不断地解放思想,摒弃不符合智媒时代发展规律和发展趋势的传播理念和治理理念,调动全体人民共同参与社会主义核心价

[①] 《毛泽东选集》第3卷,人民出版社,1991,第985页。

第六章 智媒时代社会主义核心价值观传播机制的构建原则

值观传播活动的主动性，把党的思想转化为人民群众自觉自愿坚持的价值评判标准和价值创造原则。毕竟，"解放思想是前提，是解放和发展社会生产力、解放和增强社会活力的总开关"①。因而，邓小平强调："我们干的是社会主义事业，最终目的是实现共产主义。这一点，我希望宣传方面任何时候都不要忽略。"② 在智媒时代社会主义核心价值观传播机制的建构和完善过程之中，我们应当始终坚持社会主义的发展方向，推动党的思想与社会主义核心价值观传播机制的有机结合，凝聚起全社会全面建设社会主义现代化国家的精神共识。

二 坚持党对社会主义核心价值观传播机制的政治领导

党对社会主义核心价值观传播机制的政治领导就是在社会主义核心价值观传播机制的建构和完善之中，始终要体现和维护无产阶级的利益。马克思、恩格斯认清了报刊等媒体的党派性，要求无产阶级的报刊必须坚持无产阶级的性质。马克思明确指出，"党派名称对政治性报刊来说则是一种必要的范畴"③。无产阶级的媒体是在资产阶级的剥削下产生的，是无产阶级反抗资产阶级压迫的工具。因此，无产阶级的媒体具有鲜明的党性特点。马克思、恩格斯在创办《新莱茵报》时，明确该报为民主派左翼报纸，并把《新莱茵报》的副标题定为"民主派机关报"。但是，《新莱茵报》刊发的内容表现出鲜明的无产阶级性质。列宁也十分重视当时印刷媒体的党性原则，明确表示，"日常的宣传和鼓动必须具有真正的共产主义性质。党掌握的各种机关报刊，都必须由已经证明是忠于无产阶级革命事业的可靠的共产党人来主持编辑工作"，并且"应该很好地进行宣传，使每一个普通的工人、士兵、农民都能通过我们报刊上每天不断报道的活生生的事实"。④ 这一观点深深地影响着中国共产党对媒体的

---

① 《习近平著作选读》第1卷，人民出版社，2023，第180页。
② 《邓小平文选》第3卷，人民出版社，1993，第110页。
③ 《马克思恩格斯全集》第1卷，人民出版社，1995，第125页。
④ 《列宁选集》第4卷，人民出版社，2012，第251页。

认知。

自成立之日起，中国共产党就始终坚持媒体的党性原则。1921年，《中国共产党的第一个决议》明确要求："杂志、日刊、书籍和小册子须由中央执行委员会或临时中央执行委员会经办""无论中央或地方的出版物均应由党员直接经办和编辑""任何中央地方的出版物均不能刊载违背的方针，政策和决定的文章"。① 毛泽东指出，宣传工作是党的工作的重要组成部分，要求"必须公开向党内外声明，各受中央委托的机关是执行中央的路线、政策和任务的"②，并且"务使通讯社及报纸的宣传完全符合于党的政策，务使我们的宣传增强党性，拿《解放日报》所发表的关于如何使报纸增强党性的许多文件去教育我们的宣传人员，克服宣传人员中闹独立性的错误倾向"③。坚持党对媒体的政治领导是中国共产党成立以来最基本的领导原则，表现在媒体能够准确地传播党的路线、方针和政策，及时地提出明确的政治目标和政治口号来动员人民群众，领导人民群众共同朝着党的奋斗目标努力。

智媒时代社会主义核心价值观的传播机制创新应采用先进技术来宣传党在新时代中国特色社会主义建设中的政治目标，维护群众利益，维护党和政府的形象。人民群众是推动党的新闻事业高质量发展的基础，也是媒体变革和发展的基础。邓小平强调："党的新闻报刊、国家的广播电视和有关出版物，是党和人民的喉舌，必须在党的领导之下，无条件地宣传党和政府的路线、方针、政策。"④ 正因为媒体能真实地反映人民群众的心声，且中国共产党代表人民群众的利益，因此，党性与人民性高度一致。坚持党性就是坚持人民性。"党性寓于人民性之中，没有脱

---

① 中国社会科学院新闻研究所编《中国共产党新闻工作文件汇编（1921—1949）》（上），新华出版社，1980，第1页。
② 《毛泽东文集》第5卷，人民出版社，1996，第127页。
③ 《毛泽东文集》第2卷，人民出版社，1993，第454~455页。
④ 《十二大以来重要文献选编》（下），人民出版社，1988，第1257页。

第六章 智媒时代社会主义核心价值观传播机制的构建原则

离人民性的党性,也没有脱离党性的人民性。"① 坚持党性使社会主义核心价值观的传播机制创新有了鲜明的立场与指向,坚持人民性使社会主义核心价值观的传播机制创新获得了活力源泉与动力。

就媒体技术变革而言,党性和人民性的统一集中表现为党管媒体的原则。习近平总书记强调:"无论时代如何发展、媒体格局如何变化,党管媒体的原则和制度不能变。"② 这一概括源于中国共产党在长期应对媒体技术变革的过程中积累的宝贵经验,是指导智媒时代社会主义核心价值观传播机制创新的行为准则。"党管媒体"并不是说党直接管理各级各类媒体,而是把这些媒体置于党的领导之下,使得媒体能够真实地反映党的主张,维护党中央权威。在智媒时代,传播格局发生着巨大的变化,多元价值观相互冲突,网络舆论生态纷繁复杂,社会价值共识难以凝聚。这给创新智媒时代社会主义核心价值观的传播机制带来了前所未有的挑战。为适应智媒时代的传播要求,我们需要恪守党管媒体的原则,坚持科学社会主义的价值意蕴与价值诉求,并基于智媒体行业的发展现状和发展趋势寻求"党管媒体"的创新,把"党管媒体"的原则深入推进到"党管数据""党管智媒"的领域。这将有助于推进党的领导与智媒体发展的深度融合,更好地维护党在智媒时代的形象,更能有效地维护党的团结统一。

三 坚持党对社会主义核心价值观传播机制的组织领导

组织建设是中国共产党创新社会主义传播机制的关键环节。习近平总书记强调:"党的力量来自组织。党的全面领导、党的全部工作要靠党的坚强组织体系去实现。"③ 中国共产党关于坚持党对社会主义核心价值观传播机制组织领导的认识是一个不断深化的过程。自成立之初,中国

---

① 《习近平著作选读》第 1 卷,人民出版社,2023,第 452 页。
② 《习近平著作选读》第 1 卷,人民出版社,2023,第 452 页。
③ 《十九大以来重要文献选编》(上),中央文献出版社,2019,第 560 页。

共产党就明确科学社会主义理论的传播要有严密的组织体系。在新民主主义革命时期，中国共产党提出了"成立中央宣传部""建立各地方党的宣传部工作，在宣传部下组织宣传委员会"①"支部建在连上"等关于加强党的组织建设的创新性观点，推动党的组织建设与科学社会主义理论传播的紧密结合。改革开放以来，中国共产党向全党提出"执政党应该是一个什么样的党，执政党的党员应该怎样才合格，党怎样才叫善于领导"②的重大课题，强调组织建设在党的建设中的重要性。当前，习近平总书记站在党和国家事业发展全局的高度，强调增强党组织的组织功能，提出"完善上下贯通、执行有力的组织体系""构建起党统一领导、全面覆盖、权威高效的监督体系"等重要论述，③要求做好智媒时代社会主义核心价值观传播机制的组织工作。这些思想不断地提升了我们党对执政党建设规律的认识水平，从组织的角度深刻地回答了"建设什么样的长期执政的马克思主义政党、怎样建设长期执政的马克思主义政党"这一重大时代课题。

组织领导是中国共产党建立和完善社会主义核心价值观传播机制的保障，也是智媒时代社会主义核心价值观传播机制创新的组织保证。没有强有力的组织领导，党的思想领导和政治领导就会落空。社会主义核心价值观传播机制的建立和完善主要依托党的组织领导来具体展开，要求各级党委和宣传部门具体地组织人民群众开展社会主义核心价值观传播活动。但是，社会主义核心价值观的传播机制并不仅是由宣传部门组成的组织体系，而是中国共产党领导全国各族人民共同参与的传播活动。早在中国共产党第一次全国宣传工作会议上，刘少奇就指出："我们不能仅仅依靠专门的宣传机关去做宣传工作，主要地是领导全体党员以及非党积极分子、党外的共产主义者去做宣传工作。如果我们仅仅依靠宣传

---

① 《建党以来重要文献选编（一九二一——一九四九）》第16册，中央文献出版社，2011，第305页。
② 《邓小平文选》第2卷，人民出版社，1994，第276页。
③ 《习近平著作选读》第2卷，人民出版社，2023，第591、592页。

第六章 智媒时代社会主义核心价值观传播机制的构建原则

部的一些职业宣传员来做宣传工作,那是做不好的。从来我们党的宣传工作也不是这样做的,而是依靠全党以及党外的共产主义者,马列主义者,党外的积极分子做宣传工作的。这样才能把宣传工作做好。"[①] 因此,"宣传部应当作为一个计划机关、指挥机关、领导机关来推动全党做宣传工作"[②]。这一论述明确指出,社会主义核心价值观传播机制的建构与创新是要通过党的组织体系来调动全体党员干部的积极性,引导广大人民群众参与社会主义核心价值观的传播活动,全面发挥党在社会主义核心价值观传播机制中的领导核心作用。

智媒时代社会主义核心价值观的传播机制创新需要中国共产党建立更加严密的组织体系来协调智媒时代社会主义核心价值观传播活动的各个环节、各个流程,保证智媒时代社会主义核心价值观传播机制能够在整体上提升社会主义核心价值观的传播效能。在现实社会中,有些人善于办报刊,有些人是优秀的理论工作者,有些人精于办广播电视等。这就需要党理顺智媒时代社会主义核心价值观的传播机制,解决智媒时代社会主义核心价值观传播机制中存在的问题。在社会主义核心价值观传播机制的建构和完善过程中,中国共产党需要制定严密的计划,衡量社会主义核心价值观的传播效果,发现社会主义核心价值观传播机制中的问题,总结社会主义核心价值观传播活动的经验,为广大人民群众开展好社会主义核心价值观的传播活动。同时,智媒时代,数十亿的用户既是智媒体的主要使用者,也是多元价值观的传播者、生产者,更是全体党员干部的监督者。我们不仅需要党的宣传部门来开展社会主义核心价值观的传播活动,而且应当让广大人民群众从内心认同社会主义核心价值观,成为社会主义核心价值观传播活动的参与者、监督者。

面对智媒体平台上层出不穷的虚假信息、错误信息、庸俗信息等消极信息,智媒时代社会主义核心价值观传播机制的建构需要完善党对智

---

① 《建国以来重要文献选编》第 2 册,中央文献出版社,1992,第 294~295 页。
② 《建国以来重要文献选编》第 2 册,中央文献出版社,1992,第 296 页。

媒体平台的监督和治理，制定智媒时代社会主义核心价值观传播机制的相关政策法规，规范智媒时代社会主义核心价值观传播行为。习近平总书记强调，"在党的组织建设方面，要健全党的组织体系，整顿软弱涣散党组织，不断增强各级党组织的创造力、凝聚力、战斗力"[①]。这不仅包括对社会主义核心价值观传播内容的治理，特别是要加强智媒体企业、智媒体科研院所等智媒体研发领域的党建工作，也包括对智媒技术数据库及其应用的监督，更要发挥广大网民群众的监督作用。同时，中国共产党应重视提高全体人民媒体素养，确保人们在参与智媒时代的社会实践过程中，能够自觉地践行社会主义核心价值观。

第二节　坚持实事求是

实事求是作为马克思主义的世界观和方法论，是中国共产党人重要的思想方法、工作方法，也是中国共产党的生命线。在《改造我们的学习》一文中，毛泽东明确指出："'实事'就是客观存在着的一切事物，'是'就是客观事物的内部联系，即规律性，'求'就是我们去研究。"[②] 在纪念毛泽东同志诞辰120周年座谈会上，习近平总书记把实事求是上升到方法论的高度，指出实事求是在社会实践领域中的重要性："实事求是，是马克思主义的根本观点，是中国共产党人认识世界、改造世界的根本要求，是我们党的基本思想方法、工作方法、领导方法。不论过去、现在和将来，我们都要坚持一切从实际出发，理论联系实际，在实践中检验真理和发展真理。"[③] 我们建构智媒时代社会主义核心价值观传播机制应坚持实事求是的基本原则，探究智媒时代的传播规律，并依据智媒时代的传播规律来创新社会主义核心价值观的传播机制。

---

① 《习近平谈治国理政》第3卷，外文出版社，2020，第533页。
② 《毛泽东选集》第3卷，人民出版社，1991，第801页。
③ 《习近平著作选读》第1卷，人民出版社，2023，第209页。

第六章 智媒时代社会主义核心价值观传播机制的构建原则

一 尊重智媒时代的传播事实

实事求是首先要求深入地了解事物的本来面貌,从整体上把握事物本身,并能准确地描述客观事物。"准确、权威的信息不及时传播,虚假、歪曲的信息就会搞乱人心;积极、正确的思想舆论不发展壮大,消极、错误的言论观点就会肆虐泛滥。"① 真实追求准确性、客观性。就智媒时代社会主义核心价值观传播机制而言,我们需要了解智媒时代社会主义核心价值观传播机制的真实情况,从整体上掌握智媒时代社会主义核心价值观传播机制,并能够精准地描述智媒时代社会主义核心价值观传播机制的现状、风险及挑战。

要把握智媒时代社会主义核心价值观传播机制的真实情况,就要认清智媒时代社会主义核心价值观传播机制中存在的非真实情况。一方面,智媒时代社会主义核心价值观传播内容中出现了大量虚假的内容。传播内容的真实性是指传播内容与所反映的客观现实相符,是客观事实在智媒体平台上的呈现。唯有真实的社会主义核心价值观传播内容才能被人们所接受,才能赢得人们对社会主义核心价值观的认同与认可。如果社会主义核心价值观传播活动是虚假的或部分失实的,那么,就很可能损害社会主义核心价值观传播主体的公信力。一些失实的报道夸大其词,不符合实际情况,终将影响社会主义核心价值观传播效果。社会主义核心价值观传播机制的真实性要求传播内容与社会主义核心价值观传播活动的现场一致,而现实的社会事件不能是形式主义、教条主义的社会主义核心价值观传播活动。任何单位或个人妄图以形式主义的形式开展社会主义核心价值观传播活动的做法终将会随着越来越多细节的公布而成为传播社会主义核心价值观的反面教材。智媒时代可以把社会事件的各个细节以种种方式收集到大数据之中,很容易获取整个社会事件的信息。因此,社会主义核心价值观传播活动的全过程应力求实事求是,既不能

---

① 《习近平谈治国理政》第3卷,外文出版社,2020,第319页。

存在无中生有的内容，也不能有主观夸大或缩小的内容。

另一方面，智媒时代社会主义核心价值观传播机制应遵从整体的真实性，而不能局限于细节的真实性。整体的真实性是对当今时代多元价值观的宏观认识，是对社会主义核心价值观传播机制的系统把握。真实性与准确性是信息的生命和本质特征。但是在智媒时代，真实性成为智媒时代信息传播的新挑战。事实上，在很多时候，我们凭借眼睛和直觉难以辨别真假。人们可以借助智能技术复刻、复现个体生物识别信息，进行人脸替换、人脸重现、人脸编辑，并合成或制作音视频片段，达到假冒某人身份来编造虚假信息的目的。这种深度合成的传播内容往往一部分是基于现实的、真实的数据，凭借人类自身的视觉、听觉难辨真假。

部分群体专注于当前社会主义核心价值观传播机制中的问题，而不是关注社会主义核心价值观的整体传播状况，容易造成对社会主义核心价值观传播状况的误判。智媒体平台上的每一篇文章、每一个视频、每一张图片组合起来，呈现的应当是我们国家的整体面貌。但是，部分用户并非从真实的社会主义核心价值观传播活动出发，而是出于流量等要素的考量，在智媒体平台上传播自己虚构的、杜撰的信息，甚至对现实社会的具体事件进行恶意编辑、剪切，让人们误以为是真实情况。中共中央曾就"什么是社会主义社会的真实"指出："我们认为，总的说来，社会主义社会的主导方面是光明的，同时也存在着阴暗面，我们并不忽视阴暗面，但那究竟是次要的。我们这样的大国，今天如果有谁专门搜集阴暗面，每天在报上登一百条，容易得很！如果把这一百条集中到一张报纸上，可以整整覆盖四个版面，搞成一幅彻头彻尾的阴暗图画。虽然其中每一条可能都是真实的，但如果谁要说这就是代表今天中国社会主义社会的整个画面，那就不真实了。"[①] 因此，尽管智媒体平台上传播的某些信息是真实的，但是，在刻意的剪辑、编辑之下，整体的传播内

---

① 《十二大以来重要文献选编》（中），人民出版社，1986，第634页。

第六章　智媒时代社会主义核心价值观传播机制的构建原则

容已经偏离了整体性的真实，带来了更大范围的"失真"。

即便智媒体所传播的内容每一个细节都是真实的、现实社会的，但是如果颠倒视频的相关顺序，或者是只选取部分情节，仍然无法做到完全准确的无误。因此，这种情况仍然是不真实的，是失真的传播内容。严格地说，这种传播是传播形式的真实，而不是传播内容的真实。因而，传播形式上的真实并不能保证其内容的真实。尤其是在商业化和市场化的传播情境之下，形式的真实有时恰恰成为掩饰其虚假内容的绝好屏障，以达到其目的。

二　探索智媒时代的传播规律

智媒时代，社会主义核心价值观传播机制的真实性不仅包括完整地再现社会主义核心价值观传播活动，而且要求社会主义核心价值观传播活动能够让人们感同身受、身临其境，让人们体验真实性。智媒时代，社会主义核心价值观传播机制在很大程度上并不是真实的场景，而是创造出来的场景。但是，人们可以在创造出来的场景中获得更为真实的体验。尤瓦尔·赫拉利指出，"人体内至少有两种自我：体验自我（experiencing self）及叙事自我（narrating self）。体验自我是我们每时每刻的意识"[1]，而"叙事自我并不是将所有的经验进行总和，而是进行平均"[2]。但是，人们往往认同的"是我们脑中的故事，而不是身体持续感觉的当下体验。我们认同的是自己内心的系统，想从生活的各种疯狂混乱中理出道理，编织出一个看来合理而一致的故事"[3]。人们对社会主义核心价值观的理解在很大程度上来自智媒体平台，源于人们对虚拟世界的个体体

---

[1] 〔以色列〕尤瓦尔·赫拉利：《未来简史：从智人到神人》，林俊宏译，中信出版社，2017，第266页。
[2] 〔以色列〕尤瓦尔·赫拉利：《未来简史：从智人到神人》，林俊宏译，中信出版社，2017，第268页。
[3] 〔以色列〕尤瓦尔·赫拉利：《未来简史：从智人到神人》，林俊宏译，中信出版社，2017，第270页。

验。毕竟"叙事自我也会用到我们的种种体验,作为重要(但非唯一)的故事素材。反过来,这些故事也会塑造体验自我的种种感受"①。

就智媒技术带来的越来越逼真的传播场景而言,我们应尽可能地让人们在使用智媒体的过程中体会到社会主义核心价值观的力量。我们在使用智媒体时,智媒体也在熟悉我们。智媒体清楚地知道什么样的传播内容能够影响我们的心跳和血压,清楚什么能让我们欢喜、什么能让我们哭泣、什么能让我们生气。即便是我们自己忘记了我们在使用智媒体时的体验,但是,智媒体什么都不会忘。有了这些数据,智媒体能够更精准地与我们进行互动,也让平台、企业更清楚地了解我们是什么样的人,如何让我们激动或平静。智媒体可以让我们获取更加个性化的自我体验。社会主义核心价值观传播机制应当与智媒体企业等进行互动,依据智媒时代的用户传播特征和个体习惯来创造个性化的社会主义核心价值观传播内容和传播形式。

习近平总书记强调:"积极、正确的思想舆论不发展壮大,消极、错误的言论观点就会肆虐泛滥。这方面,主流媒体守土有责,更要守土尽责,及时提供更多真实客观、观点鲜明的信息内容,牢牢掌握舆论场主动权和主导权。主流媒体要敢于引导、善于疏导,原则问题要旗帜鲜明、立场坚定,一点都不能含糊。"② 智媒时代社会主义核心价值观的价值引导并不是要求整齐划一的声音与内容,而是在尊重多元价值观的基础之上实现的。"加强思想政治引领,要正确处理一致性和多样性的关系。一致性是共同思想政治基础的一致,多样性是利益多元、思想多样的反映,要在尊重多样性中寻求一致性,不要搞成'清一色'。"③ 社会主义核心价值观的价值认同是智媒时代社会主义核心价值观进行价值引导的目的,是基于共同价值诉求的价值目标的一致性。

---

① 〔以色列〕尤瓦尔·赫拉利:《未来简史:从智人到神人》,林俊宏译,中信出版社,2017,第270页。
② 《习近平谈治国理政》第3卷,外文出版社,2020,第319页。
③ 《习近平谈治国理政》第3卷,外文出版社,2020,第296页。

第六章　智媒时代社会主义核心价值观传播机制的构建原则

要实现智媒时代社会主义核心价值观传播活动的引导，我们需要在智媒体平台上广泛传播真实的社会主义核心价值观内容，并能及时地发现关于社会主义核心价值观的种种虚假信息。发布信息的真实性是有效引导的前提。В.А.利西奇金和Л.А.谢列平曾深刻地指出："苏共意识形态专家们以国家名义发布明显的虚假信息，使人们丧失了对国家的信任。"① 我们还需要借助智媒技术来及时地发现关于社会主义核心价值观的虚假信息，并能实现针对性的价值引导。在智媒时代的今天，社会主义核心价值观要担起形成价值共识的重任。当代中国的价值共识建立在以生产资料公有制为主体的经济基础之上，代表无产阶级的利益，是追求人的自由全面发展和坚定共产主义信仰的共识；是要维护社会主义社会的基本秩序，为当前中国的发展提供政治保证；是要体现当今时代的一些基本价值，能够主导价值共识的形成过程，并能通过智媒体的手段获得广大社会成员的认可，凝聚广大社会成员的共同价值追求。正是基于社会主义核心价值观本身的先进性与科学性，它才能承担起在智媒时代凝聚价值共识的主导作用。智媒时代社会主义核心价值观的传播机制创新应结合本国、本民族的特色来丰富社会主义核心价值观的传播内容，结合智媒时代的传播特点来团结一切可以团结的力量来共同建设社会主义。

第三节　坚持公开透明

公开透明反映了智媒时代人们对真实性和权威性信息的要求，要求智媒体企业和媒体机构不要阻碍人们表达和传播真实信息，代表和维护人民群众的利益，保证信息的可溯性。马克思曾批评资本主义机构和资产阶级阻碍真实信息传播的问题。在马克思看来，对摩塞尔河沿岸地区贫困状况比较熟悉的行政机构及其任命的行政人员，特别是参加过调整

---

① 〔俄〕В.А.利西奇金、〔俄〕Л.А.谢列平：《第三次世界大战——信息心理战》，徐昌翰等译，社会科学文献出版社，2003，第44页。

该地区事务的人员，虽然很内行并熟悉该地区行政事务，但是，因为利益纠葛其中，自然有失公正全面或客观的立场。更为恶劣的是，"每届政府都把某地涉及国家的状况看作其前任的活动结果，而前任又多半升迁为顶头上司"①，"这位官员能看出报告书中的诉苦就是对他在工作上的见解和他以前的工作的批评"②。显而易见，在普鲁士官僚等级制度中，摩塞尔河沿岸地区的普遍贫困状况，如"贫困居民压在头上而发出的粗鲁的呼声"，"葡萄酒酿造者求助的呼声"从来不为世人所知。此外，贫困居民因为忙于生计，自然没有时间，也没有文化知识来描写自己的贫困状况，来维护和争取自己的利益。代表和维护人民群众的利益成为社会主义核心价值观传播机制的根本要求。智媒时代社会主义核心价值观传播机制更应该坚持公开透明的原则来保证人民群众能够发出真实的、客观的声音，也能使人民群众获取权威的、全面的信息。

一　坚持智媒体研发和应用的公开透明性

智媒体研发的公开透明性是智媒时代社会主义核心价值观传播机制的基础，也是智媒时代社会主义核心价值观传播效果的重要保障。"因深度学习技术而不断发展的 AI 展示出了超过人类智能的能力。但是 AI 研发人员无法说明为什么、如何得到这样的结果，即 AI 的判断已经被黑箱化了。"③ 当前智媒体的研发主要处于黑箱工作模式，且发展速度非常快，极有可能存在着灾难性的风险，因此，需要坚持公开透明的原则。客观地来看，智媒体的研发存在着诸多安全风险要素，如智媒体研发的技术缺陷、智媒体设计的偏见、智媒系统程序运行的安全风险等。同时，智媒体研发人员本身无法阐释清楚智媒体所产生的结果。因而，智媒体的

---

① 李建立、李东方、王红玲：《经济分析的伦理基础：马克思对古典经济学的道德重塑》，云南大学出版社，2008，第155页。
② 《马克思恩格斯全集》第1卷，人民出版社，1956，第224页。
③ 彭诚信主编，〔日〕弥永真生、宍户常寿编《人工智能与法律的对话3》，郭美蓉等译，上海人民出版社，2021，第8页。

第六章 智媒时代社会主义核心价值观传播机制的构建原则

研发工作应处于相关监管机构、社会大众的监督之下,以确保智媒体的发展处于可预测、可理解的状态之下,并用其传播积极、健康、向上的价值观,确保智媒体不被消极、庸俗、低俗的人所掌控,确保智媒体发展在人的监控范围之内。国外不少学者发现智媒体背后蕴含着不同价值观之间的较量,特别是受到市场机制的影响,呈现出推送信息的片面性、庸俗化、娱乐化等倾向,并出现夸大错误、传播谣言、群体极化等问题。爱因斯坦曾指出:"如果你们想使你们一生的工作有益于人类,那末,你们只懂得应用科学本身是不够的。关心人的本身,应当始终成为一切技术上奋斗的主要目标;关心怎样组织人的劳动和产品分配这样一些尚未解决的重大问题,用以保证我们科学思想的成果会造福于人类,而不致成为祸害。"[①] 因此,研发的公开透明性意味着人们能够清楚地看到智媒体是怎样发现人们的价值诉求的,是如何将这些价值诉求体现到智媒体的研发之中的,并且可以全过程地监督智媒体满足人们价值诉求的程度。这有助于增强智媒体研发的社会责任感,更有针对性地推动社会进步。

智媒体应用的公开透明性有助于我们更深入地掌握智媒时代信息传播的过程,也更准确地获取人们的价值观现状,把握智媒技术是如何影响人们的思想和行为的。智媒时代,从画像、身体、位置、行为到情绪、心理、社会关系、思维方式等,有许许多多的数据呈现在智媒体平台上,并且每秒产生着数以亿计的新数据。可穿戴式的生物计量装置、便携式的摄像机和麦克风、我们在智媒体平台上的点赞和转载等,都会以数据的形式存储在智媒体平台上。庞大的数据处理系统可以清楚地知道我们的感觉,觉察到我们所未知的事情。显然,智媒时代的数据量是一个天文数字,单纯地依靠人力难以应对。而智媒体能够以人类想不到的方式来处理这些数据,并且把处理的结果通过种种方式推送到人们的生活之中,以影响人们的价值观念和价值创造。但是,这些数据是如何被采集的、如何被存储的、如何被运用的、影响人们的效果如何等,我们并不

---

① 许良英、赵中立、张宣三编译《爱因斯坦文集》第3卷,商务印书馆,1979,第73页。

知晓。美国学者伊莱·帕里泽（Eli Pariser）曾批评智媒体平台的研发与运用的不透明性，他认为："谷歌的立场是不透明的。谷歌不会告诉你它认为你是谁，也不会告诉你搜索结果的依据为何。你不知道它对你的假设是否准确，你甚至可能不知道它一开始就在对你做假设。"①

智媒体的公开透明性有助于推动智媒体研发和应用的合理性与合法性，也有助于进一步规范智媒时代社会主义核心价值观传播活动的各个环节。不少学者发现智媒体的算法推荐机制"扭曲了我们对什么是重要的、正确的和真实的认识，因此亟须让它见见光，接受审视"②。算法推荐机制发生作用的前提在于拥有数据控制权。英国著名科学家文卡·拉马克里希南（Venki Ramakrishnan）认为："我们可能已经到了这样一个阶段，大多数政府无力抗拒少数强大跨国公司联合起来带来的影响，这些跨国公司控制了人类和人类的数字未来。今天大公司之间的争夺实际上是在争夺对我们数据的控制权。它们会利用其巨大的影响力来阻止数据管制，因为它们的利益在于不受限制地控制数据。"③许多智媒体企业肆意采集用户信息，运用这些信息来获取企业利润，尽可能地将相关产品、服务等推送给用户，并引导用户购买相关服务。为了获取微信、抖音等这类智媒体的免费服务，我们一直在无偿地分享我们珍贵的各类数据，但是，这些平台运用我们的数据不断地给我们推送相关产品，试图让我们购买这类产品或影响我们的价值认知。因此，这类智媒体企业真正服务的是给他们付费的大公司。这些大公司付费给智媒体企业以更及时地了解我们的诉求，也更容易以种种便捷的形式来说服我们购买其产品。例如，许多用户反映，当我们在提到某个产品时，我们的手机便会

---

① 〔美〕伊莱·帕里泽：《过滤泡：互联网对我们的隐秘操纵》，方师师、杨嫒译，中国人民大学出版社，2020，第8~9页。
② 〔美〕伊莱·帕里泽：《过滤泡：互联网对我们的隐秘操纵》，方师师、杨嫒译，中国人民大学出版社，2020，第16页。
③ 〔美〕约翰·布罗克曼编著《AI的25种可能》，王佳音译，浙江人民出版社，2019，第226页。

第六章 智媒时代社会主义核心价值观传播机制的构建原则

立即弹出这一产品的购买链接、相关信息。这反映了个体的信息时刻被采集。那么,这些采集我们信息的行为是否合规呢?毕竟,当人们把数据呈现在智媒体平台上之后,从数据生产到应用的诸多环节都存在着造假的可能性。例如,数据样本不完整而产生的"以偏概全",虚假数据导致的数据污染,不合理数据分析引发的结果偏差,个别媒体有限的数据分析处理能力造成的随意性、主观性数据解读等。我们亟须从社会主义核心价值观的立场出发来规范智媒时代信息传播机制,而规范的前提正是智媒体研发和应用的公开透明性。

二 坚持社会主义核心价值观传播机制的公开透明性

较传统媒体时代而言,智媒时代社会主义核心价值观的传播机制更需要公开透明性。传统媒体时代,发布在媒体上的传播内容依法依规经过了层层审查,保证着传播内容的准确性与权威性。此外,媒体的互动性弱,人们很难在媒体上公开发表意见。即使人们撰写的内容能够发表在媒体之上,那也是经过层层审核过的。但是,智媒体的出现彻底地改变了这种传播状况。智媒体使得用户与用户、用户与媒体之间的互动更加智能化,也使得人们获取信息和发布信息的途径多样化,极大地丰富了社会主义核心价值观的传播内容与传播形式。这为社会事件的相关方提供了平等的表达机会,也为人们寻求价值认同和价值创造创造了平台。国外著名的人工智能专家曾指出:"将工作都委托给'比人类聪明'的机器人、AI 就不会引发意外事故吗?因此,自然会产生一个新的问题——是否能够确保机器人、AI 的透明性和可解释性,若不能确保的话就应该限定其使用场景。"[1] 那么,智媒体生成的传播内容是否正确呢?我们把社会主义核心价值观传播活动委托给智媒体来创造,那么,智媒体创造出来的传播场景是否契合社会主义核心价值观的传播要求呢?如果把社

---

[1] 彭诚信主编,〔日〕弥永真生、宍户常寿编《人工智能与法律的对话 3》,郭美蓉等译,上海人民出版社,2021,第 8 页。

智媒时代社会主义核心价值观传播机制创新研究

会主义核心价值观的生产和传播活动交给智媒体，那么，智媒体对社会主义核心价值观理解的准确度、智媒体生产的社会主义核心价值观传播内容的可信度、智媒体生产信息的合规性等就成为智媒时代社会主义核心价值观传播机制公开透明性的前提性问题。

智媒时代社会主义核心价值观传播机制的公开透明性可以清晰地显示出社会主义核心价值观传播的整个过程，有助于优化社会主义核心价值观传播活动的流程，及时地获取社会主义核心价值观传播机制的反馈信息，提升社会主义核心价值观的传播效果。公开透明的社会主义核心价值观传播机制可以更好地展示自己的传播流程、数据来源、算法逻辑等，减少人们对社会主义核心价值观传播活动的误解与猜疑。我们借助智媒技术可以探寻到社会主义核心价值观传播内容被编辑的痕迹，动态地把握社会主义核心价值观传播内容的演变过程。可追溯性是智媒时代进行伦理监管的重要因素，也是智媒时代社会主义核心价值观传播机制公开透明性的重要方面。可追溯性的确立让智媒时代社会主义核心价值观传播活动的全过程置于人们的监督视阈下，增强人们从事传播活动的自律性。同时，社会主义核心价值观传播机制的公开透明性可以更全面地发现社会主义核心价值观传播机制存在的各类问题，从整体上改革创新智媒时代社会主义核心价值观传播机制，有效地培育和践行社会主义核心价值观。

坚持社会主义核心价值观传播机制的公开透明性可以更有效地打击网络谣言，更好地引导网络舆论。习近平总书记曾指出，"要本着对社会负责、对人民负责的态度，依法加强网络空间治理，加强网络内容建设，做强网上正面宣传，培育积极健康、向上向善的网络文化，用社会主义核心价值观和人类优秀文明成果滋养人心、滋养社会"[①]。智媒时代赋予人们越来越多的传播自主权，每个人在智媒体平台上的行为体现着自身的价值取向。这就使智媒时代既有利于多元价值观传播，也极易产生网

---

① 《习近平著作选读》第1卷，人民出版社，2023，第473页。

络谣言。如果当事人、亲历者不直接回应网络谣言，或者对网络谣言保持沉默，那么，不明真相的用户就会倾向于相信网络谣言和虚假信息。随着当事者或亲历者沉默时间的增加，越来越多的人会倾向于相信网络谣言、虚假信息。即便是当事者、亲历者进行回应，仍然会有不少用户相信网络谣言。这既源于智媒技术所产生的网络谣言能够以假乱真，甚至比真实的情况更容易让人们接受，也源于人们猎奇等种种心理。网络谣言澄清不当，极可能引发网络舆情，并且可能产生次生舆情。因而，在网络舆情事件发生之后，监测网络谣言的演变过程、借助传感器等设备来真实地再现网络舆情事件的现场将有助于更为准确地把握网络舆情事件，也有利于更有针对性地澄清网络谣言，让谣言"止于阳光、止于透明"。在这过程中，我们应当基于社会主义核心价值观的视角来引导网络舆情事件，让人们在网络舆情事件的引导过程中体会到社会主义核心价值观的力量。这也有助于纠正部分用户对社会主义核心价值观传播活动的偏见，提升党和政府的公信力。

第四节 坚持法治规范

习近平总书记在主持中共中央政治局第十二次集体学习时明确表示："要使全媒体传播在法治轨道上运行，对传统媒体和新兴媒体实行一个标准、一体管理。主流媒体要准确及时发布新闻消息，为其他合规的媒体提供新闻信息来源。要全面提升技术治网能力和水平，规范数据资源利用，防范大数据等新技术带来的风险。"[①] 因此，智媒时代社会主义核心价值观传播机制应当遵循法治规范的原则，从立法、执法、守法等方面来加强智媒时代社会主义核心价值观传播机制的治理，进一步推进法治建设融入社会主义核心价值观的培育和践行之中。

[①] 《习近平谈治国理政》第3卷，外文出版社，2020，第319页。

智媒时代社会主义核心价值观传播机制创新研究

一 建立智媒时代社会主义核心价值观传播机制的法治体系

党中央曾明确要求:"要坚持问题导向,提高立法的针对性、及时性、系统性、可操作性,发挥立法引领和推动作用。要抓住提高立法质量这个关键,深入推进科学立法、民主立法,完善立法体制和程序,努力使每一项立法都符合宪法精神、反映人民意愿、得到人民拥护。"[①] 智媒体、互联网、大数据等技术的深度融合给传播关系带来颠覆性革新,亟须构建智媒时代社会主义核心价值观传播机制的法治体系。在这个全新的智媒时代,智媒体塑造出物理世界与数字世界并存的世界,形成现实世界与虚拟世界同构的交往状态。特别是在智媒体发展的高级阶段,智媒体能够深入地、全面地参与人类价值交流的全过程,自主地与人类开展价值交流,独立地进行价值评判和价值行动。那么,在智媒体与人的传播关系中,人应当如何制定规则来规范智媒时代社会主义核心价值观的传播机制呢?这里蕴含着人类在智媒时代传播活动中占据主导地位的前提条件。如果人类在智媒体的研发和运用过程中丧失主体地位,那么,人类便难以为智媒体研发和应用制定规则。或者说,一旦人类丧失传播活动中的主导地位,即便人类为智媒体的发展制定出规则,但是,这些规则不符合智媒时代的发展规律,便难以在现实中发挥作用。因此,我们需要研究智媒时代社会主义核心价值观的传播规律,制定出适应智媒时代发展规律的法治体系,才能有效地发挥其对智媒时代社会主义核心价值观传播机制创新的引导和推动作用。

在智媒体的发展和运用过程中,法治体系发挥着至关重要的作用。法治体系的建立能够帮助我们在享受智媒体便捷的同时,也能够帮助我们规避智媒时代社会主义核心价值观传播机制的传播风险,明确智媒时代社会主义核心价值观传播机制的传播目标与传播标准,维护人们在智媒时代的传播主导地位。英国学者瑞恩·艾伯特(Ryan Abbott)曾指出:

---

① 《十八大以来重要文献选编》(中),中央文献出版社,2016,第56页。

第六章 智媒时代社会主义核心价值观传播机制的构建原则

"法律可以改变,并不意味着法律应当改变。法律变更可能带来巨大的制度成本,而不合时宜的变革还会损害法治,摧毁大众对法律系统的信任。因此,要回答刑法是否应当惩罚人工智能,则需要非常严肃认真地审查这样做的成本和收益,其中的工作就包括确认刑法的教义学和理论在这个问题上能不能得到一如既往的贯彻。"[1] 在智媒时代信息传播机制的法治体系建构中,我们需要把握社会主义核心价值观传播机制的结构及运行机理,分析不同情况下智媒体设计者、生产者、使用者之间的责任分配,提高跨学科研究者进行智媒时代社会主义核心价值观研究的能力。以智媒体生产内容是否具有原创性为例。有学者认为:"MSW,(即使用计算机作为工具生成的、真实人类做成的东西)是受著作权保护的作品,但是CGW(即人类仅需直接按一下按钮的全自动生成的内容),不能称之为创作,则不受著作权保护。"[2] 当智媒体生产原创性内容,满足原创性标准时,法律应当承认智媒体的版权,鼓励智媒体企业从事具有社会价值的活动。也有部分批评者认为,法律不应当给智媒体的发明成果提供知识产权保护,因为法律仅仅保护智力成果,而智媒体并不会思考。因此,智媒体是否会思考、如何思考,是否应当保护智媒体的发展成果成为智媒时代社会主义核心价值观传播机制在立法方面需要深入考量的问题。未来智媒体生产出的原创性成果会越来越普遍。那么,我们的专利系统应当如何处理这些作品,这就成为一个必须考虑的法律问题。

在智媒时代社会主义核心价值观传播机制的法治体系建设中,我们需要探究相关立法工作,既要与现有的法律体系相衔接,也要能够弥补信息传播机制相关的法律空白,共同规范智媒时代社会主义核心价值观的传播秩序。现行的法治体系不足以解决智媒时代信息传播机制过程中的犯罪问题,应当探寻解决智媒时代社会主义核心价值观传播机制犯罪

---

[1] 〔英〕瑞恩·艾伯特:《理性机器人:人工智能未来法治图景》,张金平、周睿隽译,上海人民出版社,2021,第20页。
[2] 彭诚信主编,〔日〕弥永真生、宍户常寿编《人工智能与法律的对话3》,郭美蓉等译,上海人民出版社,2021,第248页。

问题的最佳方案。英国知识产权局曾在回应人工智能的发明成果不能获取专利时指出："尽管技术的进步日新月异，但目前的系统并不适合这些本来就从未考虑过的发明。的确，目前有关这些发明的可专利性正在引发广泛讨论，而相关的立法调整也要在这个背景下加以考虑。"[1] 2017年7月，国务院印发《新一代人工智能发展规划》，强调建立保障人工智能健康发展的法律法规，妥善应对人工智能可能带来的挑战，形成适应人工智能发展的制度安排。这一规则明确要求"开展与人工智能应用相关的民事与刑事责任确认、隐私和产权保护、信息安全利用等法律问题研究，建立追溯和问责制度，明确人工智能法律主体以及相关权利、义务和责任等"[2]。这一要求同样适用于智媒时代社会主义核心价值观传播机制的立法工作。就智媒体的研发和应用而言，我们需要从法律层面明确智媒体在传播活动中对人类的代理是否有效、如何识别智媒时代的信息病毒、怎样有效地切断信息病毒的传播路径、如何避免智媒体数据库被污染等问题。此外，智媒体采集数据的法律建立与完善、个体在智媒时代隐私和产权的保护、智媒体研发权利与责任的界定、智媒体研发和运用的法律底线、智媒时代违背法律底线的传播行为的处理法规等也是需要在立法方面确定的关键问题。

惩罚违法违规行为既要遵循法律法规的基本原则，也要能够产生普遍的威慑力，抑制其他潜在的犯罪。我们可以没收或者销毁高价值的智媒体设备，或者对智媒体所有者进行罚款。例如，深度伪造及类似的合成技术的滥用已经催生出一大批非法交易。如果我们让人们安心地使用智媒体，就需要合理地界定智媒体传播安全的责任，对相关违法行为进行相应处罚。通过处罚智媒时代信息传播机制中的犯罪行为，人们可以看到我们对人民群众切身利益的维护。这有助于提升人民群众对国家的信

---

[1] 〔英〕瑞恩·艾伯特：《理性机器人：人工智能未来法治图景》，张金平、周睿隽译，上海人民出版社，2021，第16页。

[2] 《国务院关于印发新一代人工智能发展规划的通知》，中华人民共和国中央人民政府网站，2017年7月8日，https://www.gov.cn/gongbao/content/2017/content_5216427.htm。

第六章　智媒时代社会主义核心价值观传播机制的构建原则

任,使得危害群众利益的行为受到惩罚,即便不法者是智媒体亦不例外。

二　优化智媒时代社会主义核心价值观传播机制的执法能力

智媒时代,智媒技术辅助执法的范围日益扩大,且执法能力逐渐增强。传感器、电脑、手机等设备可以观察和记录个体的社会实践活动,并将个体在智媒体平台上的传播活动与执法系统结合起来。每一个智能化执法系统需要许多不同的个体或组织来设计、执行、监督,已然从政府公职人员扩大到全体人员,甚至包括机器人。智媒时代,许多执法者不是警察,甚至不是公职人员,而是智媒体企业的员工或者智媒体的研发人员。特别是有的执法行为由机器人在实施。例如,当前传播内容的审核主要是通过人工审核和智能审核相结合的方式,对用户上传的传播内容进行实时或定期的审核。关于传播内容中的敏感内容主要是机器人借助先进技术来进行审核,而人工审核团队主要负责处理更为复杂或特殊的传播内容,确保审核内容的合法合规性。因而,执法者的范围扩大了,那么,这就面临着一个问题,即一旦出现执法错误,谁应当成为执法错误的承担者。如果机器人在审核传播内容时,错误地指控了一个无辜的人,那么,谁应该承担这一过错呢? 是智媒系统所有者,智媒系统的使用者,智媒系统的设计者,还是立法机关?

"法律的生命力在于实施,法律的权威也在于实施。"[①] 面对智媒时代的违法违规行为,人们应当如何找到要为此犯罪行为负责的特定自然人。处罚智媒时代传播活动中的违法违规行为,可以改变智媒体的开发者、所有者、使用者对于智媒体的立场,还能够让相关受害人认识到国家打击此类违法违规行为的坚决态度。在惩戒相关违法违规问题时,我们应当避免出现执法混乱的情况,并尽可能地避免伤及无辜。智媒时代,智媒体在生产和传播信息的过程之中,具有高度的自主性和不可还原性。自主性指某些智媒体能够在没有人参与的情况下自行接收数据、设定传

[①] 《十八大以来重要文献选编》(中),中央文献出版社,2016,第56页。

播目标、基于自身的传播标准来评估传播结果、作出大规模传播某些相关信息的决策，并为增强传播信息的效果而进行可能性的调整。可还原性是指智媒体的传播行为可以识别出需要承担法律责任的个体。如果智媒体的传播行为无法有效还原，那么，就没有其他主体对这一行为负责。因此，这在某种程度上就可以使这类传播行为逃避惩罚。目前为止，绝大多数智媒体软件所开展的传播活动中出现的犯罪行为是具有可还原性的。例如，某个人研发了某个智媒体软件，能够自动采集个人的手机号、身份证号、姓名等隐私，并把这类信息卖给其他公司，那么，这个人就直接实施了犯罪。即使智媒体能够自主地生成信息和传播信息，但其是被自然人用作工具，并且行为具有可预测性，可以识别出该智媒体软件在犯罪过程中造成的伤害。即便是智媒体造成了不可预见的伤害，某些情况下仍然具有可还原性。

智媒体软件的研发人员太多、参与传播人员的地点分布广泛或时间久远，也往往难以还原为个人行为。当前，不少网络诈骗分子运用智媒体软件来进行诈骗活动，但是，因为涉及多种因素，往往很难对犯罪分子进行有效的惩罚。智媒体在自动创造社会主义核心价值观传播内容时，是否侵害人类的隐私权和知识产权，以及在何种程度上是侵犯了他人的隐私权和知识产权，这也是一个难以监测并进行惩罚的法律问题。例如，"在处理一项发明机器的专利申请时，美国专利局作了这样的描述，'2005年1月25日，在计算机科学史上，遗传程序通过了第一次真正意义上的图灵测试：专利审查员不知道他正在审查的居然是计算机生成的知识产权！'"[1]。

威慑机制不仅是对犯罪分子进行处罚，让其在未来不敢实施更多的犯罪，更是让社会上潜在的犯罪分子不敢实施犯罪。只有当个体充分认识到他们潜在的选择和行为，与其他个体受到处罚的错误选择和行为之间具有相似性时，威慑机制才起作用。从智媒体犯罪普遍性程度和社会

---

[1] 〔英〕瑞恩·艾伯特：《理性机器人：人工智能未来法治图景》，张金平、周睿隽译，上海人民出版社，2021，第113页。

第六章 智媒时代社会主义核心价值观传播机制的构建原则

效果来看,运用民事责任与适度扩张刑法相结合的方法来惩治应该更为有效。同时,在实施智媒时代社会主义核心价值观传播机制的相关法律时,我们需要采取谨慎使用的态度,既要防止滥用,不能造成无辜者被惩罚或者惩罚过重等不公正问题,也不能放任智媒时代信息传播活动的违法行为。我们应该规范智媒时代社会主义核心价值观传播秩序,赢得人民群众对新时代中国特色社会主义法治体系的信任。

三 提高智媒时代全民传播社会主义核心价值观的法治意识

智媒时代社会主义核心价值观传播机制的法治工作存在不少空白,缺乏有效的法治约束,因此,需要提高人民群众传播社会主义核心价值观的法治意识。迄今为止,相较于传统媒体的传播活动,智媒体做得更多的是辅助人类组织社会主义核心价值观的传播活动,以自动化的方式解决人们的价值矛盾和价值冲突。未来,智媒体的发展趋势是日益高级、日益普遍、日益独立的,可能在不承担责任的情况下实施犯罪。因此,人们在参与智媒时代信息传播机制的建构时,应当秉持法治意识,避免智媒体成为违法违规行为的帮凶,防止智媒体被不法分子所操纵或者跟不法分子同流合污。当前,不少网络诈骗事件、舆论操纵事件、网络犯罪过程中都存在着智媒体的痕迹。此外,智媒体的传播机制不同于人类的传播行为和传播逻辑,容易在出现伤害人类的行为时缺乏相应的法律法规。

因此,要提高人民群众的法治意识,增强人民群众辨别信息真伪的能力,防止被误导和欺骗,引导人民群众自觉地同智媒时代违法违规、违背道德底线的言行作斗争。习近平总书记强调斗争精神在新时代中国特色社会主义建设中的重要作用,要求:"全党必须清醒认识前进道路上进行伟大斗争的长期性、复杂性、艰巨性,坚持底线思维,增强忧患意识,发扬斗争精神,提高斗争本领。既要敢于斗争,勇于碰硬,又要善于斗争,讲究斗争艺术和策略。"[①] 同时,创新传播内容时,要坚持底线原则:"没有知

---

① 《十九大以来重要文献选编》(中),中央文献出版社,2021,第833页。

识性不行,没有趣味性也不行。你写的东西毫无吸引力,没人爱看,怎么行呢?当然,讲知识性、趣味性,总要有一个目的,不能超过一定的界限,尤其不应当容许假借所谓知识性、趣味性来宣扬封建迷信和资本主义的腐朽没落思想"[1]。因此,智媒时代社会主义核心价值观传播机制在提升社会主义核心价值观传播内容趣味性、知识性的同时,不能用来传播封建迷信、资本主义价值观。当前,智媒时代社会主义核心价值观传播活动正在实现从认知时代到体验时代、从话语时代到场景时代、从界面治理到过程治理的转变,因此,应当让人们意识到在体验时代、场景时代、过程治理中存在的违法违规、违背道德底线的新情况,自觉地阻断信息病毒,增强免疫能力。智媒体作为新生的事物,存在着可能威胁个人隐私、违规收集未经用户许可的诸多信息、擅自使用用户的信息来从事违法行为、利用获取的用户信息给他人带来心理伤害、自动地生产和传播具有歧视性的言论等问题。因而,坚持智媒时代社会主义核心价值观传播机制的法治原则应当在遵循法律原则和法律理想的基础之上,提高全民法治意识以规范智媒时代社会主义核心价值观传播活动。

人类的法治意识程度是训练智媒体法治意识的前提条件。如果人类的法治意识薄弱,那么,就会影响智媒体所产生的大数据,而这些法治意识淡薄的大数据在智媒体的影响下会传播到网络的各个领域,影响着人们的价值评判和价值创造。当大数据存在错误或歧视时,就会降低信息的准确度和公正度,可能导致智媒体进行违反人类利益的传播行为。尽管智媒体可以帮助人类识别和解决未意识到的传播问题,但是,它们也可能给人类造成意想不到的伤害。因此,人们应当慎重地使用智媒体,通过法治的方式来管控这些风险,并在智媒体、法律之间建立共识,考虑对现有法律进行一系列的修正。我们应为智媒时代社会主义核心价值观传播机制的长远发展提供强有力的法律支撑和法律保证。

---

[1] 《十二大以来重要文献选编》(中),人民出版社,1986,第638页。

第六章 智媒时代社会主义核心价值观传播机制的构建原则

第五节 坚持以人为本

媒体与人民紧密地联系在一起，坚持以人为本构成创新社会主义核心价值观传播机制的基本原则。在某种意义上，媒体就"生活在人民当中，它真诚地和人民共患难、同甘苦、齐爱憎"[①]。早在《"新莱茵报。政治经济评论"出版启事》中，马克思恩格斯就发现："报纸最大的好处，就是它每日都能干预运动，能够成为运动的喉舌，能够反映出当前的整个局势，能够使人民和人民的日刊发生不断的、生动活泼的联系。"[②]他们揭示了报刊与人民之间的密切关系，表明人民可以通过报刊来认识世界和改造世界。他们指出"人民的信任是报刊赖以生存的条件"，"取得人民信任的唯一先决条件"是"报刊能够开展工作"。[③] 正是由于认识到报刊这种先进媒体在当时印刷时代产生的巨大影响，马克思恩格斯耗费了极大的精力来创办报刊、向报刊投稿，提升科学社会主义理论在无产阶级中的影响力，形成媒体为人民的重要原则。

一 坚持人类在智媒时代传播活动中的主导权

在技术的发展历程中，许多哲学家强调技术的人文价值，主张技术应当服务人类，促进人类的解放。当代美国技术哲学家刘易斯·芒福德（Lewis Mumford）阐述了科技发展与社会文化的关系，主张现代技术社会应服务于人类的发展。他认为，当代技术文明阻碍着人类的发展，并对其进行了深刻的批判："当代技术文明蒙蔽了人类的眼界，并将人类本身存在看作孤立现象，因而它是个巨大的精神污染源。"[④] 鉴于此，芒福德

[①] 《马克思恩格斯全集》第1卷，人民出版社，1956，第187页。
[②] 《马克思恩格斯全集》第7卷，人民出版社，1959，第3页。
[③] 《马克思恩格斯全集》第1卷，人民出版社，1956，第234页。
[④] 〔美〕刘易斯·芒福德：《机器神话（下卷）：权力五边形》，宋俊岭译，上海三联书店，2017，第415页。

强调人类应当掌握技术发展的主动权，打破机器对人类的统治。他认为，"技术发展的核心问题是如何创造新人类的问题。这新人类须对自身本质有充分、足够理解，因而能够控制，必要时还能制止他们已经创造出的技术能力和发展机制"①。主张技术人道论的人本主义哲学家埃利希·弗洛姆（Erich Fromm）也认为，"我们的技术能力要服务于人类的发展"②，强调"计算机应当成为以生命为宗旨的社会生活体系的功能部分，而不是扰乱这个体系、最后毁灭这个体系的癌症。机器和计算机必须作为由人的理性和愿望所决定的最终目的的手段……是人的最佳发展，而不是最大限度的生产的发展是一切规划的标准；必须是人而不是技术作为价值的最终根源"③。弗洛姆担心，在现时代，我们的生活将被计算机所控制。

马克思恩格斯高度重视技术的人文价值，从社会制度的角度来把握科学技术的发展，辩证地看待科学技术发展对人类发展的深刻影响。马克思恩格斯在科学技术的背后看到人与人之间的社会关系，强调从生产方式的视野来把握社会的传播机制。尤瓦尔·赫拉利指出："在20世纪下半叶，生产方式成了热议的主题，让人类几乎忘了自己的存在。即使是最严词批评马克思和列宁的人，也接受了他们对历史和社会的基本态度，更仔细地思考科技和生产。"④ 马克思恩格斯认为，科学技术和工业生产为人类的发展提供着丰富的物质资源和精神财富，也辩证地看到在私有制之下，科学技术和工业生产的成果归资本家所有，导致工人和自己的劳动产品相异化。鉴于此，他们主张科学技术应当服务于全人类，而解决方法就是扬弃私有制。"对私有财产的积极的扬弃，作为对人的生

---

① 〔美〕刘易斯·芒福德：《机器神话（上卷）：技术发展与人文进步》，宋俊岭译，上海三联书店，2017，第192页。
② 〔美〕埃利希·弗洛姆：《人的希望》，赵桂琴等译，辽宁大学出版社，1994，第91页。
③ 〔美〕埃利希·弗洛姆：《人的希望》，赵桂琴等译，辽宁大学出版社，1994，第91~92页。
④ 〔以色列〕尤瓦尔·赫拉利：《未来简史：从智人到神人》，林俊宏译，中信出版社，2017，第248页。

第六章 智媒时代社会主义核心价值观传播机制的构建原则

命的占有,是对一切异化的积极的扬弃,从而是人从宗教、家庭、国家等等向自己的合乎人性的存在即社会的存在的复归。"① 这是马克思主义关于人的本质与科学技术发展关系的经典论述。只有扬弃私有制,人类才能彻底地从被科学技术异化的状态之中解放出来,才能自觉地创造自己的历史。

智媒时代的到来,人类在信息传播活动中的主动权正面临着严峻的挑战。一方面,智媒体的发展越来越智能化,朝着拥有自我意识的方向发展,在拥有了自我学习、自我思考之后出现了脱离人类监督的问题。不少技术哲学家认为,有许多方案可以让机器的智能水平与人类的智能水平相当。例如,库兹韦尔指出,"我们可以开发和训练一套系统,将具有大规模并行处理能力的神经网络与其他软件相结合,就能让电脑学习人类的语言与知识,包括阅读与理解文字材料的能力"②。而一旦智媒体能够独立地阅读各类文献材料,理解所阅读的文字材料和视频材料,那么,它将可以"自行通过各种各样的媒体和信息服务等渠道来吸取知识;并且与其他电脑互通有无,共享信息(这方面的能力电脑比它们的创造者人类强多了)"③。以 ChatGPT 为代表的生成式人工智能的出现和快速发展,代表着智能技术实现了机器学习、自然语言处理、深度强化学习的结合,是智媒时代的一个重大里程碑。智媒体有了自我学习、自我进化的能力,甚至开始具有洞察人心的能力,由此开启了智媒体与人相互作用的新篇章。未来,智媒体处理信息的速度远远超过人类,凭借高速性、准确性等优势源源不断地创造出大量的新知识,并能清楚地意识到自己创造了知识。那么,智媒体能否拥有人类的思维呢?人类的思维活动与机器的思维活动是否相同呢?这是一个具有挑战性的难题。有些哲学家认为这

---

① 《马克思恩格斯文集》第 1 卷,人民出版社,2009,第 186 页。
② 〔美〕雷·库兹韦尔:《灵魂机器的时代——当计算机超过人类智能时》,沈志彦、祁阿红、王晓冬译,上海译文出版社,2006,"序言"第 4 页。
③ 〔美〕雷·库兹韦尔:《灵魂机器的时代——当计算机超过人类智能时》,沈志彦、祁阿红、王晓冬译,上海译文出版社,2006,"序言"第 4 页。

一问题毫无意义,也有哲学家认为这是哲学中最有意义,甚至是唯一有意义的哲学问题。

另一方面,智媒体将可以模拟人类的某些品质与情感,并呈现出与人类情感和品质不一样的表现形式。当前,随着智媒体广泛地获取人类的数据信息,智媒体可以在与人类的交流互动中表现出幽默、愤怒、悲伤等人类的情感,逐渐地呈现出自身的个性,并在某些情况下与人类产生情感共鸣。美国未来学家雷·库兹韦尔肯定人工智能将拥有自我意识:"从客观意义上来说,我个人预言未来的机器将拥有自我意识,当它们说出自己的感受时,人类会相信它们。它们将具备各种微妙的、类似的情感;它们会让我们欢笑与悲伤;如果我们告诉它们我们不相信它们是有意识的,它们会很生气。"[1] 当前,人们很难想象智媒体能有自己的幽默感,可以表现出人类的思想品质。但是,雷·库兹韦尔认为,未来的智媒体将会拥有理解抽象事物并能对此作出反应的能力,并在模拟人类的基础之上具有某种价值观和情感,例如,"将来的电脑将不再是冰冷的机器,而是有意识的物体,它们具有值得我们尊重的自己的个性"[2]。在与人类进行深入交往之后,智媒体将不断地进行自我完善,以更好地融入人机传播活动中。我们关于未来经济、政治、文化等智能社会发展趋势的诸多讨论,恰恰是建立在智媒体拥有自主传播性与传播潜力的基础之上的。

面对智媒技术的飞速发展,我们应当将人类的价值准则融入智媒时代的传播与发展之中,掌握智媒时代信息传播的主动权。随着智媒技术越来越智能化、自动化,人类习惯地接受智媒时代推送的各类信息,无形中受到智媒体传播内容与传播形式的价值引导。智媒时代,记录、上传、分享成为人们主要的交流方式。"现代的新座右铭是:'如果你体验到

---

[1] 〔美〕雷·库兹韦尔:《如何创造思维:人类思想所揭示出的奥秘》,盛杨燕译,浙江人民出版社,2014,第195页。
[2] 〔美〕雷·库兹韦尔:《灵魂机器的时代——当计算机超过人类智能时》,沈志彦、祁阿红、王晓冬译,上海译文出版社,2006,第75页。

第六章 智媒时代社会主义核心价值观传播机制的构建原则

了什么，就记录下来。如果你记录下了什么，就上传。如果你上传了什么，就分享。'"① 而许多人认为，如果不在智媒体平台上分享，那么这种经历就没有价值。这种日益普遍化的交流方式容易使人们过度地依赖从智媒体平台上获取信息，存在放弃自身价值评判的可能性。智媒时代人们不仅在思维方式上日益依赖智媒体，而且在现实社会中沉溺于智媒体。智媒体正在占据着人们工作、学习和生活的大量时间，对人们精神世界进行控制。人类的正常交往也存在被智媒体所取代的风险。在人类将自己大量的数据传送到智媒体平台之后，高度智能的智媒体会比我们人类更了解我们自身的传播习惯和个人喜好，可以基于每个人的传播特性和传播规律来推送其喜欢的传播形式与传播内容。长此以往，人们经常性地在智媒体平台上浏览信息，获取价值创造的动力与源泉，进而形成习惯。不少学者担心，智媒技术的发展将可能使人类把传播主导权交给智媒体，失去自身在信息传播过程中的主动性。因为智能技术的飞速发展，智媒体极有可能实现自我传播，而这种自我传播可能会对人类产生一定的危险。比如，"当人类让它做一件事情时，它可能会完全误解这个指令，做出让人类后悔莫及的事情"②。

面对智媒时代的传播风险，我们应当清醒地认识到，智媒时代信息传播风险源于人类自觉或不自觉地放弃了智媒时代信息传播的自主性，对智媒时代信息传播机制缺乏批判性思维。佩德罗·多明戈斯（Pedro Domingos）认识到智媒技术的局限性，指出："人们担心计算机会变得过于智能而统治世界，但真正的问题是，它们也很愚蠢但已经统治世界。"③ 因此，我们应当坚持以人为本的原则，让人类自身的价值理想与价值体

---

① 〔以色列〕尤瓦尔·赫拉利：《未来简史：从智人到神人》，林俊宏译，中信出版社，2017，第352页。
② 〔美〕皮埃罗·斯加鲁菲：《人类2.0：在硅谷探索科技未来》，牛金霞、闫景立译，中信出版社，2017，第76页。
③ 〔美〕佩德罗·多明戈斯：《终极算法：机器学习和人工智能如何重塑世界》，黄芳萍译，中信出版社，2017，第365页。

系成为智媒技术发展的价值准则，推动智媒体满足人类的价值诉求，提升人类自由全面发展的能力。

二 坚持动态把握和满足人民群众的价值诉求

是否代表和反映人民群众的价值诉求是社会主义传播机制与资本主义传播机制的本质差别。资本主义国家在传播技术、管理经验方面具有一定优势。胡耀邦明确表示，"资本主义国家新闻事业在新闻的写作、编辑、传播等方面的先进技术和先进经营管理方法，当然必须认真学习"[1]。他也认识到资本主义传播机制与社会主义传播机制存在着本质性的差别："同资本主义国家这种情况相反，我们党的新闻事业是党和政府的喉舌，而我们党和国家是为人民服务的，所以党的新闻事业完全能够代表和反映最广大人民的呼声。作为党的代言人和反映人民群众的呼声，在根本上是完全一致的。当然，这是就两种不同社会制度的根本性质不同，必须划清根本界限来说的。"[2] 因此，是否为人民服务成为社会主义传播机制与资本主义传播机制的本质差别。资本主义传播机制在表面上是媒体公司在开展传播活动，实质上是媒体公司背后的资产阶级财团控制着资本主义社会形态下的传播机制，是为大资产阶级、垄断资产阶级服务的。"因为除了少数进步力量比较强大的国家以外，资本主义国家的劳动人民以至力量比较小的资产阶级反对派，都很难拥有大量发行的报纸和出版机关，更不必说广播电台、电视台等等了。"[3] 社会主义社会形态的传播机制是先进社会形态在传播机制方面的集中体现，代表和反映了最广大人民群众的传播诉求。虽然智媒时代的信息传播机制完全不同于印刷时代、电子时代的传播机制，但是，以人民群众的价值诉求为根本构建原则仍然是社会主义核心价值观传播机制所应遵循的价值原则。

---

[1] 《十二大以来重要文献选编》（中），人民出版社，1986，第625页。
[2] 《十二大以来重要文献选编》（中），人民出版社，1986，第627页。
[3] 《十二大以来重要文献选编》（中），人民出版社，1986，第627页。

第六章 智媒时代社会主义核心价值观传播机制的构建原则

以人为本的构建原则就是以人民群众的价值诉求为根本出发点来构建智媒时代社会主义核心价值观传播机制。智媒时代创新社会主义核心价值观传播机制是要保证人民群众在智媒体平台上的表达权，允许人民群众随时随地地参与到智媒时代社会主义核心价值观传播活动之中；通过分众化和差异化的传播机制来动态地把握人民群众的价值需求，把人民群众所需要的信息及时地推送给人民群众。智媒时代社会主义核心价值观应当维护人民群众在智媒体平台上的发言权与表达权，要使智媒体能够真实地反映人民群众的所思所想，维护人民群众的切身利益。

智媒时代社会主义核心价值观传播机制既要能容得下尖锐的批评，还要允许存在真实地反映人民群众心声的逆耳之言，更要深刻地把握逆耳之言的原因何在，通过更有针对性的交流互动来赢得人民群众的支持。"没有人民支持和参与，任何改革都不可能取得成功。无论遇到任何困难和挑战，只要有人民支持和参与，就没有克服不了的困难，就没有越不过的坎。"[1] 智媒时代社会主义核心价值观传播机制的创新并不意味着只能有一个声音，而是要在法律法规允许之下凝聚全社会的价值共识，引导广大人民群众主动地参与到社会主义现代化强国的建设之中。习近平总书记曾指出，良好的传播氛围"不是说只能有一个声音、一个调子，而是说不能搬弄是非、颠倒黑白、造谣生事、违法犯罪，不能超越了宪法法律界限"[2]。允许人民群众在智媒体平台上真实地表达自己的声音，有助于我们更准确地把握当今社会价值观的焦点和分歧是什么，明晰产生价值分歧的社会历史条件，从而有针对性地创新社会主义核心价值观的传播机制。我们鼓励人民群众在智媒体平台上积极发言，建言献策。这本身也是民主价值观念在智媒时代社会主义核心价值观传播机制中的具体体现。

---

[1] 《习近平著作选读》第1卷，人民出版社，2023，第186页。
[2] 《习近平谈治国理政》第2卷，外文出版社，2017，第337页。

三 坚持让人民群众享受智媒时代的发展成果

智媒时代社会主义核心价值观传播机制应当服务于人民群众全面发展的目标，让人们平等地享受智媒时代先进价值观的发展成果。智媒时代，要让发展成果"更多更公平惠及全体人民"[①]，不断地为创新社会主义核心价值观传播机制夯实群众基础。智媒时代的到来，人们拥有了更多的自由时间来丰富自身的精神世界，追求自己感兴趣的信息并参与其中。就哪些信息是值得阅读并应当广泛推广，有助于人们从事价值创造活动的，而哪些信息是损耗人们的时间和精力，干扰人们正常的工作或学习，甚至是法律法规禁止传播的，要有清晰的判断。国内外智媒体平台的立场不同，评判信息的标准存在差异，甚至彼此之间相互冲突。事实上，这是一个对智媒时代信息传播机制进行价值评判的过程，并且价值评判的结果很可能会基于智媒体平台的不同而大不相同。

智媒时代的部分群体没有享受到智媒时代发展的先进成果，反而饱受错误价值观的误导，甚至陷入智媒时代的"科林格里奇困境"。英国技术哲学家大卫·科林格里奇（David Collingridge）发现技术控制的两难困境：一项技术如果因为担心不良后果而过早实施控制，那么技术很可能就难以爆发；但是，如果控制过晚，已经成为整个经济和社会结构的一部分，就可能走向失控，再来解决不良问题就会变得昂贵、困难和耗时间，甚至难以或不能改变。这就是著名的"科林格里奇困境"。因而，新技术的发展和运用具有两面性，理智运用就可以为人类造福，而滥用就会危害人类社会，甚至具有毁灭人类的可能性。就传媒技术的变革而言，人们虽然在传媒技术变革的推动之下，争取到越来越多的自由时间，拥有更多的传播权利，但是，并没有完全用来完善自身的发展，而是深陷在各类娱乐性的、庸俗的、低俗的信息之中。人们用于独立思考的时间越来越短，从事现实社会实践的机会越来越少。由此，人们与现实社会实践活

---

① 《习近平著作选读》第 1 卷，人民出版社，2023，第 99 页。

第六章 智媒时代社会主义核心价值观传播机制的构建原则

动的联系日益间接化。许多人认为,通过智媒体平台上的内容了解了社会事件的相关信息就等同于认识了这一事件,而参与智媒体平台上的讨论就等同于亲自参与了这一社会事件。长此以往,不少人会沉溺于阅读、收听、观看智媒体提供的各类信息,从而导致缺乏批判性思维,而缺乏批判性思维就容易被信息牵着走,甚至认为智媒体平台上的行为可以代替现实的价值创造活动。智媒时代正在营造一种数字化的"在场感",形成一种不是真实却让人类感觉更为真实的虚拟认识逻辑,而真实的客观世界的轨迹正在被淡化和稀释。智媒时代社会主义核心价值观传播机制创造出虚拟的"代入感""在场感",让人们难以把握真实与虚拟之间的微妙平衡。因此,我们需要引导智媒时代的人民群众拓宽接触信息的视野,提高群众的自主价值选择和价值评判能力,鼓励人民群众从事积极的、健康的价值创造活动。

为了更好地获取社会主义核心价值观的传播内容,享受智媒时代培育和践行社会主义核心价值观的成果,智媒时代社会主义核心价值观传播机制需要激浊扬清,完善用户监督机制。"万物皆媒、人人皆媒"的发展趋势使得每个人都可以阐发对社会主义核心价值观的认识,但是,这种阐发不一定都是准确的,误判误解难免发生,恶意解读亦不可避免。这些错误的、虚假的、片面的信息一经发布,瞬间也可传遍全网,尤其是在信息茧房、圈层化的影响之下,极易形成更为片面化、极端化的观点,甚至可能引发公众恐慌,影响社会稳定。与此同时,智媒体平台上存在封建迷信、低俗信息、庸俗信息等不良信息,需要及时发现和治理。用户作为智媒体平台的重要参与者,对于不良信息的发现发挥着重要作用。我们应当增强用户参与社会主义核心价值观传播活动的责任感,形成全社会共同监督智媒时代社会主义核心价值观传播机制的良好氛围。

第七章　智媒时代社会主义核心价值观传播机制的当代建构

针对智媒时代社会主义核心价值观传播机制所面临的诸多风险，我们亟须创新社会主义核心价值观传播机制，构建契合智媒时代发展规律和原则的社会主义核心价值观传播机制。正如习近平总书记所指出的："今天，宣传思想工作的社会条件已大不一样了，我们有些做法过去有效，现在未必有效；有些过去不合时宜，现在却势在必行；有些过去不可逾越，现在则需要突破。'不日新者必日退。''明者因时而变，知者随事而制。'做好宣传思想工作，比以往任何时候都更加需要创新。"[①] 深化智媒时代社会主义核心价值观传播机制的研究、立足传播受众创新社会主义核心价值观传播评价机制、健全多元传播主体的社会主义核心价值观共建机制、创新智媒时代社会主义核心价值观传播内容的激励机制、完善智媒时代社会主义核心价值观传播活动的监督机制是创新智媒时代社会主义核心价值观传播机制的具体路径，意在实现智媒时代的传播规律与社会主义核心价值观传播机制的有机结合，更好地构建全媒体时代的社会主义核心价值观传播格局。而坚持中国共产党的领导是智媒时代社会主义核心价值观传播机制的本质特征，也是智媒时代社会主义核心价值观传播机制创新的根本保证。

---

① 《习近平关于全面深化改革论述摘编》，中央文献出版社，2014，第84页。

第七章　智媒时代社会主义核心价值观传播机制的当代建构

第一节　深化智媒时代社会主义核心价值观传播机制的研究

研究智媒时代社会主义核心价值观传播机制主要是探索社会主义核心价值观传播机制与智媒时代、新时代中国特色社会主义之间的内在逻辑。因为"'未来'本身也正在变为'现在'"[①],研究现在的社会主义核心价值观传播机制不能缺少对未来的考量。这就需要我们突破对社会主义核心价值观传播机制的已有认识,破解当下社会主义核心价值观传播过程中所面对的问题,预判智媒时代社会主义核心价值观传播机制所面临的各种风险,并对智媒时代社会主义核心价值观传播机制的发展趋势进行前瞻性探索。

一　探索全媒体时代的社会主义核心价值观传播机制

全媒体时代是传统媒体与智媒体深度融合的时代,是智媒时代创新社会主义核心价值观传播机制所必须考量的关键要素。习近平总书记强调要利用现代化的媒体技术来构建"融为一体、合而为一的全媒体传播格局"[②],"形成立体多样、融合发展的现代传播体系"[③]。智媒体作为全媒体传播格局中的重要组成部分,是迈向全媒体时代的技术支撑。全媒体最初是指把不同的媒介形式融合在一起,打破单一媒介仅仅提供一种服务的局限性,是多种媒介形式的融合,而后扩大到全程媒体、全息媒体、全员媒体、全效媒体。互联网已经从 Web 1.0 的门户网站时代走向 Web 2.0 的社交数据时代,正在走向 Web 3.0 的智能场景时代。因此,我们既需要研究如何根据社交媒体的大数据来精准把握网民的特征,以此

---

① 《马克思恩格斯全集》第32卷,人民出版社,1974,第460页。
② 《习近平谈治国理政》第3卷,外文出版社,2020,第318页。
③ 《习近平关于网络强国论述摘编》,中央文献出版社,2021,第64页。

智媒时代社会主义核心价值观传播机制创新研究

来生产和传播社会主义核心价值观传播内容,也要分析 Web 3.0 的智能场景以更为精准地满足用户的价值诉求,并基于不同的场景、不同的时空维度来更为智能化地生产和传播社会主义核心价值观的内容。全媒体时代的社会主义核心价值观传播机制不仅指采用多种媒体形式共同进行传播,而且意味着利用智媒技术来对社会主义核心价值观的传播活动进行多角度、多方位、多形式的展示,并将这些结合了不同媒介特点的、不同受众特点的传播内容进行有针对性的推送,提高社会主义核心价值观传播活动的实效性。

研究全媒体时代社会主义核心价值观传播机制要理顺社会主义核心价值观传播机制与智媒体传播的内在关系,让智媒体满足社会主义核心价值观传播的技术要求和平台设计。智媒体企业往往是集技术、经济、政治的力量于一体,既是信息产业组织,受市场经济的制约;也是社会机构,具有服务社会的责任;还具有媒体的属性,具有教育功能和政治功能。在智媒时代,我们运用智媒体平台展示具有我国特色的历史传统、文化积淀、政治优势等优质内容,及时采编和推送当前全面建设社会主义现代化国家新征程中的优秀事迹,正确地解读建设过程中的政策文件、法律法规,并在出现与社会主义核心价值观所传播的价值理念不相符的现实问题时能够贯彻社会主义核心价值观的理念,批判违背社会主义核心价值观的言行举止并督促其改正。为了实现这一目标,我们需要认真调研智媒时代社会主义核心价值观传播机制的各个环节,理顺社会主义核心价值观传播机制的各个流程,系统分析智媒时代的传播现象,总结全媒体时代信息传播规律与传播趋势。

鉴于此,探索全媒体时代社会主义核心价值观传播机制需要研究智媒体是怎样影响其他类型媒体并形成爆发式传播的,是通过何种途径对舆论场产生巨大影响力的。具体而言,基于全媒体时代的发展规律,我们需要研究传统媒体与智媒体之间是什么样的迭代关系、如何实现二者的优势互补、怎样才能充分发挥智媒体在社会主义核心价值观传播机制中的

第七章 智媒时代社会主义核心价值观传播机制的当代建构

整体优势，最终实现一体化的发展目标。当前，我国正在推进媒体融合"尽快从相'加'阶段迈向相'融'阶段，从'你是你、我是我'变成'你中有我、我中有你'，进而变成'你就是我、我就是你'"[1]，提出"放大一体效能，打造一批具有强大影响力、竞争力的新型主流媒体"[2]。因此，传播媒体与智媒体深度融合的目标是能够有效地整合各类媒体资源和生产要素，实现二者之间的共融互通，抢占信息传播的制高点。

要实现这一目标，我们需要研究实现传统媒体与智媒体融合的流程、步骤、制度、技术、平台等各个要素，有条不紊地化解各媒体之间的利益冲突和利益矛盾，有效地运用智媒体的先进技术来提升全媒体时代的现代化水平，实现一场媒体领域的自我革命。"智媒时代的到来为着力提高中国话语说服力提供了新机遇，尤其是'具身性'思维的融入突破了单一文化与政治的限制，而更倡导传播与认知过程中多元主体、技术与世界的不可分离性。这有利于寻找中国与其他国家的话语契合点与共情点。"[3] 具体而言，研究内容包括不同媒介形式对社会主义核心价值观传播效果的影响程度，社会主义核心价值观传播受众对不同媒介的体验感和参与互动程度，全媒体传播的场景化、自动化、精细化、立体化程度等。此外，全媒体不仅包括国内各类媒体，而且包括国外媒体，特别是国外的智媒体。我们应积极推动与国外智媒体公司合作，以提升社会主义价值观的国际传播能力。在与国外智媒体公司的合作过程中，我们要研究不同类型的国外智媒体公司的传播特色、国外民众的认同点和表述风格、国外媒体对我国相关重大问题的看法等，以更有针对性地利用智媒体拓宽对外传播的渠道，更灵活地传播我们的价值理念。由此，我们可以运用全媒体来提升社会主义价值观在国际舆论传播格局中的地位，增强国际话语权。

---

[1] 《习近平关于网络强国论述摘编》，中央文献出版社，2021，第69页。
[2] 《习近平谈治国理政》第3卷，外文出版社，2020，第317页。
[3] 高慧敏：《智媒时代为提升中国话语说服力提供新机遇》，《中国社会科学报》2022年9月8日，第A03版。

二 研究契合新时代中国特色社会主义的价值观传播机制

习近平总书记曾强调:"一个民族、一个国家的核心价值观必须同这个民族、这个国家的历史文化相契合,同这个民族、这个国家的人民正在进行的奋斗相结合,同这个民族、这个国家需要解决的时代问题相适应。"[1] 智媒时代社会主义核心价值观传播机制的构建需要立足新时代中国特色社会主义传播机制的具体情况,从社会主义核心价值观面临的传播问题出发,并将其融入中华民族伟大复兴的中国梦之中。

中国梦作为近代以来中国人民最伟大的梦想,作为坚持和发展中国特色社会主义的总任务,需要中国共产党统一人民的思想来共同进行中国特色社会主义实践。习近平总书记指出:"只有全党思想和意志统一了,才能统一全国各族人民思想和意志,才能形成推进改革的强大合力。"[2] 当前我国社会的价值观在内容上可谓"多元并存、互相竞争、新旧交替"。"多元并存"是指在共时态上,古今中外各种价值观并存,特别是个体或群体在不同场景下所持有的差异性价值观得以全方位地展现在媒体平台上。"互相竞争"是指传统与现代、"新"与"旧"、"左"与"右"、"中"与"西"等某些价值观相互冲突,且价值矛盾与价值冲突日益尖锐化、普遍化。我们应当摒弃传统的、旧的价值观中的糟粕,认清西方资本主义价值观的局限性,更需要建立起先进的、与中国式现代化建设相契合的价值体系。这就使我们面临着主流价值观"变革"和"建设"的双重任务。从动态变化的角度来看,当前我国价值观念呈现出"新旧交替"的特点。"新旧交替"是指在历时态上,当前我国价值观的总体发展趋势是要推陈出新,要抛弃迷信的、僵化的旧价值观念,构建与社会主义市场经济和社会主义现代化强国目标相适应的新型强国价值观。

---

[1] 《习近平谈治国理政》,外文出版社,2014,第171页。
[2] 《习近平谈治国理政》,外文出版社,2014,第90页。

第七章 智媒时代社会主义核心价值观传播机制的当代建构

要研究运用中华优秀传统文化来传播社会主义核心价值观,使其融入智媒时代社会主义核心价值观传播机制的建构之中。要培育社会主义核心价值观,就不可能抛弃传统、丢掉根本,割断本民族的精神命脉,而应固其根本。正可谓"中华文明源远流长,蕴育了中华民族的宝贵精神品格,培育了中国人民的崇高价值追求。自强不息、厚德载物的思想,支撑着中华民族生生不息、薪火相传,今天依然是我们推进改革开放和社会主义现代化建设的强大精神力量"[①]。在社会主义现代化建设过程中,要"实现传统文化的创造性转化、创新性发展"[②]。创造性转化、创新性发展的实质并不是像有些人理解的那样去"不加分析"地实现所有中华传统文化的现代化,而是要根据时代和人民的需要将其精华的部分创造性地转化为新时代中国特色社会主义文化的有机组成部分。创新和发展新时代中国特色社会主义文化,绝不是简单地在保持传统文化内核的基础上在形式上赋予其时代的特点。这里要做到的是对传统文化的根本性质进行改造,是真正意义上的根本性质的转化和本质性的创造性发展。因此,智媒时代社会主义核心价值观传播机制应当吸收中华优秀传统文化的精华,特别是中华优秀传统文化中蕴藏的丰富的文化治理经验,并将其融入智媒时代社会主义核心价值观传播机制的构建之中,这是智媒时代社会主义核心价值观传播机制创新的新视角,也是实现中华优秀传统文化创造性转化的生动实践。

社会主义核心价值观作为一种先进社会形态的核心价值观,也是中国特色社会主义的主流价值观,而要发挥其统一思想的作用,就需要明确评判多元价值观的标准和准则、如何通过价值评判来进行有效的价值引导,就需要深入分析智媒时代社会主义核心价值观传播活动存在的问题。只有人们在社会实践中自觉地践行社会主义核心价值观,党员干部发挥践行社会主义核心价值观的引领作用,我们才有可能建构好智媒时

---

① 《习近平谈治国理政》,外文出版社,2014,第 158 页。
② 《习近平著作选读》第 1 卷,人民出版社,2023,第 281 页。

代社会主义核心价值观传播机制,真正地把智媒时代社会主义核心价值观传播机制融入社会主义现代化建设之中。

三 探索智媒时代社会主义核心价值观传播活动的认同机制

运用智媒体建构社会主义核心价值观传播活动的认同机制需要通过智媒体动态地了解人民群众不同层面、不同种类的价值需求,及时提供有效的解决方案,使人民群众真正地了解党政相关部门和党员干部培育和践行社会主义核心价值观的实际情况。党员干部只有在生活、工作、学习的点点滴滴中自觉地践行社会主义核心价值观,才有可能赢得人民群众的认同,进而使其内化为人民群众的价值遵循。这也就是马克思曾谈到"精神力量的传达能力",即"我不能成为别人的什么,我也就不是而且也不能成为自己的什么。如果我没有权利成为别人的精神力量,那末,我也就没有权利成为自己的精神力量"①。

加强对党员干部率先践行社会主义核心价值观的研究是建构智媒时代社会主义核心价值观传播活动认同机制的关键。党员干部不仅是人民群众,而且是有共产主义觉悟的先锋战士。因而,党员干部需要时时刻刻秉持"全心全意为人民服务,不惜牺牲个人的一切,为实现共产主义奋斗终身"②的宗旨,并在自己的生产活动和生活活动中自觉践行。《中国共产党章程》的这一规定同样适用于构建智媒时代社会主义核心价值观传播活动的认同机制。只有每一位党员在新时代中国特色社会主义建设中起到先锋模范作用,自觉地在工作和生活中践行社会主义核心价值观,才能将共产主义理想信念更具体地传递给他人,在全社会塑造中国共产党的良好形象。

满足人民群众个体的"情感倾向"和"心理归属"成为建构智媒时代社会主义核心价值观传播活动的认同机制的重要方面,也是实现社会

---

① 《马克思恩格斯全集》第1卷,人民出版社,1956,第90页。
② 《十二大以来重要文献选编》(上),人民出版社,1986,第69页。

主义核心价值观引导网络舆论的前提。《牛津词典》在2016年收录了年度词语"post-truth"（后真相），即"诉诸情感及个人信念，较客观事实更能影响民意"。"后真相"与后现代的兴起密切相关，体现在智媒时代的传播活动之中。智媒时代的传播内容越来越专注于调动情感，只在意情绪而无视真理和事实。部分用户对社会主义核心价值观传播活动的情感要求——"不求高大上，但求真情实感接地气"。智媒时代的社会主义核心价值观传播活动应当让人民群众产生情感共鸣，并将这种情感共鸣延伸到现实的社会实践之中，借助智媒体强大的传播力量扩大共鸣群体的范围。此外，让人民群众获得心理归属感是智媒时代对社会主义核心价值观传播的新要求。事实上，很多重大网络舆情事件的传播和发酵恰恰是人民群众"心理归属"的潜意识所造成的，是人们对自身所属群体和所在社会的担忧。要满足人民群众的"心理归属"需要，应当基于不同群体、不同事件、不同阶段等来动态地把握用户的心理需求，有针对性地解决不同群体的心理困惑，增进广大群众的价值认同。

第二节　健全多元传播主体的社会主义核心价值观共建机制

　　智媒时代是人与机器共同参与传播的时代，是智能机器主动学习和适应人类传播习惯的过程。智媒体从大量人类的传播数据中找寻适合当今人类价值认知水平和认可水平的传播规律，并基于不同群体、不同阶段、不同地域、不同兴趣等提供差异化的、个性化的传播服务。在智媒时代的发展过程中，智媒体正在成为人与人之间沟通的桥梁，让人与人之间的传播活动更加便利，更加顺畅。智媒时代社会主义核心价值观传播机制的创新需要更好地健全多元传播主体的共建机制，理顺智媒体传播活动与人类传播活动的内在逻辑，推动"中央—省级—市级—县级—乡镇"社会主义核心价值观联动机制的构建。

一 完善多主体参与社会主义核心价值观传播的横向协作机制

在建构传播机制的过程中，中国共产党一直重视发挥多主体共同参与社会主义核心价值观的传播活动，强调要发挥人民群众的力量来共同传播社会主义核心价值观。习近平总书记曾深刻地分析智媒时代的网络人士，指出这些网络人士"有些经营网络、是'搭台'的，有些网上发声、是'唱戏'的，往往能左右互联网的议题，能量不可小觑"，要求统战部门"把这些人中的代表性人士纳入统战工作视野，建立经常性联系渠道，加强线上互动、线下沟通，引导其政治观点，增进其政治认同"[1]，以抢占社会主义核心价值观的网络传播阵地。社会主义核心价值观的传播主体应当包括网络"意见领袖"、智媒体从业人员、网民群体，以形成智媒时代传播社会主义核心价值观的强大力量。因此，智媒时代社会主义核心价值观传播机制的建构"要抓紧做好顶层设计，打造新型传播平台，建成新型主流媒体，扩大主流价值影响力版图，让党的声音传得更开、传得更广、传得更深入"[2]。

智媒时代，智媒体企业所拥有的智媒技术可以精准地获取不同群体在不同阶段的价值需求，更为动态地整合社会主义核心价值观的传播资源。智媒时代的核心特征是智能化。智媒时代的大数据把人与人、人与物紧密地联系在一起，使得每一个人都在影响着其他人的价值观，而每个人的价值观也借助智媒体被他人的价值观所影响。这一互动易于形成大数据，有助于提升人们动态把握社会主义核心价值观的能力，促进个体之间的价值交流与互动，推动人类社会的进步。诺贝尔化学奖获得者文卡·拉马克里希南（Venki Ramakrishnan）在发现智能技术发展能够带来社会进步时，清醒地意识到智媒技术可能会延续或者加剧我们已有的价值偏见，他指出："基于数据的决策无疑会反映出社会偏见……但真正的危险是，我们并不总是能意识到数据中的偏见，从而可能一直都在使

---

[1] 《习近平谈治国理政》第2卷，外文出版社，2017，第325页。
[2] 《习近平谈治国理政》第3卷，外文出版社，2020，第319页。

第七章 智媒时代社会主义核心价值观传播机制的当代建构

用它们。"① 智媒时代,智媒技术的发展日益成熟,并随着时间的推移和数据的增多而变得越来越准确,从而强化我们已有的价值偏见。长此以往,人们之间的价值分歧在智媒时代会得到强化,而我们也变得难以接受全新的价值观念。

数据控制权成为智媒体企业之间争夺的关键内容,也是其获取利益的根源。百度创始人李彦宏认为:"越来越多的人工智能科学家从知名院校的实验室跳槽去了谷歌,去了百度……就是因为高校无法提供研发人工智能所需要的海量数据,也无法承担计算硬件集群的巨大成本。"② 为了获取抖音、微信等这样的免费软件,我们一直在赠送关于自己方方面面的各类数据,而那些付费给智媒体企业让其了解我们的公司才是这些智媒体公司的真正用户。"对于谷歌、脸书、苹果和微软这样的互联网巨头来说,尽可能多地了解用户已经成为这个时代竞争的主战场。"③ 那些人通过我们在智媒体平台上留存的各类数据来影响我们的评判能力或者让我们购买他们的产品。借助深度学习等现代技术,智媒体可以分析海量的数据,感知用户的信息诉求、价值理想、价值目标,并进行精准回应。因此,智媒体记录的不仅是物理空间的轨迹,而且是人们价值观发展变化的轨迹。在此种情况下,我们要传播好社会主义核心价值观,就需要通过智媒体企业来动态把握人民群众的思想观念,以更好地满足人们的价值诉求。

智媒时代,我们不仅要运用智媒技术来提升社会主义核心价值观的传播效率,而且需要发挥全社会共同的力量来建构社会主义核心价值观传播机制。当前,社会主义核心价值观传播机制更多是通过设置审查的环节来决定发布的内容,而且发布信息之前需要经过内部审批和决策流

---

① [美]约翰·布罗克曼编著《AI 的 25 种可能》,王佳音译,浙江人民出版社,2019,第 226 页。
② 李彦宏等:《智能革命:迎接人工智能时代的社会、经济与文化变革》,中信出版社,2017,自序第 IV 页。
③ [美]伊莱·帕里泽:《过滤泡:互联网对我们的隐秘操纵》,方师师、杨媛译,中国人民大学出版社,2020,第 6 页。

程。这样做是为了保证社会主义核心价值观的传播内容能够更加准确。但是，这存在一个问题，即审批往往需要一定的时间。当出现重大网络舆情时，这种层层审批机制就往往会因为尚未走完流程而错失引导舆论的契机。要解决这一问题，就需要由其上级部门或同级监管部门自觉发声，共同推进网络舆情事件的治理工作。

建立跨地域、跨部门、跨层级的多主体协作机制有助于打通智媒时代社会主义核心价值观传播的各个环节，及时地应对社会主义核心价值观传播活动中出现的突发事件。大众传媒之前，人们通过社会群体参与获得核心价值观的价值意识，这是群体之间的理解和认知。大众传媒能够跨越时空，让社会群体获得同一价值观的价值信息，直接感受、感知核心价值观传播的价值和意义。智媒体则是将二者结合，能够让不同群体同时感知同一价值观的传播，并且能够让不同群体以群体的方式同时参与同一价值观的传播。这种群体的范围不受时空的制约，且群体之间能够跨越时空实现彼此互动，获得理解和认知。鉴于智媒时代社会主义核心价值观传播机制的建构方式是开放的，对所有人、所有事开放，因此，我们需要建构起跨地域、跨部门、跨层级多主体的社会主义核心价值观协作机制来更为系统地开展智媒时代社会主义核心价值观传播机制的建构工作。

二 推进多层级社会主义核心价值观传播活动的纵向联动机制

智媒时代社会主义核心价值观传播机制的创新是传统媒体与智媒体、中央媒体与地方媒体的深度融合，同时也要建构"中央—省—市—县—乡"的社会主义核心价值观传播活动的媒体联动机制。建构智媒时代社会主义核心价值观传播机制的关键是要推动形成以中央媒体为引领、省级媒体为骨干的融合传播布局，实现"中央—省—市—县—乡"共享社会主义核心价值观的传播信息与传播资源。早在2016年，习近平总书记就强调要"着力打造一批新型的主流媒体"[①]。2018年，在全国宣传思想

---

① 《习近平关于网络强国论述摘编》，中央文献出版社，2021，第69页。

第七章　智媒时代社会主义核心价值观传播机制的当代建构

工作会议上,习近平总书记强调"要扎实抓好县级融媒体中心建设,更好引导群众、服务群众"[①]。县级融媒体中心是县一级成立的新型传媒单位,将县原有的广播电视台、县党报、县属网站等媒体单位全部纳入,整合成县级党委政府的一个宣传单位,负责全县所有信息发布服务,包括政务新闻、天气预报、医疗信息、交通信息、社区服务信息等,资源集中、信息优质、服务规范,有利于更好地为当地群众服务。之后,县级融媒体中心建设在全国如火如荼地展开,有力地整合着县级媒体资源,提高了县级媒体的传播能力。应该说,当前"中央—省—县"的媒体格局已经初步形成,且彼此之间的联动机制正在逐步开展。应该说,中央媒体与省级媒体之间的互动相对频繁,而如何把县级融媒体中心的媒体资源统一到中央媒体、省级媒体之中,促进中央媒体与省级媒体的社会主义核心价值观传播机制与县级层面的实际情况相融合,成为当前建构"中央—省—县"媒体格局的首要任务。

　　对于市级融媒体中心建设和乡镇媒体中心建设,许多省(自治区)正处于探索的阶段。一方面,市级融媒体中心能够起到承上启下的关键作用。据不完全统计,河北、浙江、湖北、广东、河南、新疆、宁夏等多个省(自治区)开始了市级融媒体中心建设。有的市级融媒体中心通过在智媒体平台开设官方账号或者打造手机 App 等形式来开展社会主义核心价值观的传播活动,也有的市级融媒体中心整合市级的"台、报、网、微、端"业务来提高政务新闻的传播能力,还有的市级融媒体中心开始打造"一专多能"的智媒体平台,提高社会主义核心价值观传播的水平。目前还没有统一市级融媒体中心建设的具体体制机制。市级融媒体的主要任务是既能保证省级社会主义核心价值观的媒体资源顺利地配置到县级层面,又能指导和规范所辖县域范围内的社会主义核心价值观传播资源的整合。另一方面,乡镇是连接县级与群众之间的基层组织,而乡镇媒体中心作为全媒体传播矩阵中的"最后一公里",尚处于研究阶段。乡

---

① 《习近平谈治国理政》第 3 卷,外文出版社,2020,第 313 页。

镇智媒体的数量极为有限,传播内容与形式相对单一,传播社会主义核心价值观的范围相对有限。因此,县级融媒体中心应整合各乡镇的媒体资源。乡镇媒体既应把县级的社会主义核心价值观传播活动传递给群众,也应把群众践行社会主义核心价值观的情况反映在县级融媒体平台上。

智媒时代社会主义核心价值观传播机制需要从国家战略高度为智媒体深度融入我国社会主义核心价值观传播系统指明方向。2019年在主持中共中央政治局第十二次集体学习时,习近平总书记提出,"要形成资源集约、结构合理、差异发展、协同高效的全媒体传播体系"[1],要求"各级党委和政府要从政策、资金、人才等方面加大对媒体融合发展的支持力度。各级宣传管理部门要改革创新管理机制,配套落实政策措施,推动媒体融合朝着正确方向发展。各级领导干部要增强同媒体打交道的能力,不断提高治国理政能力和水平"[2]。《中华人民共和国国民经济和社会发展第十四个五年规划和2035年远景目标纲要》提出,要"推进媒体深度融合,做强新型主流媒体","坚持党建引领、重心下移、科技赋能,不断提升城市治理科学化精细化智能化水平",以"推动构建网络空间命运共同体"[3]。这些政策体现了中国共产党从党和国家的发展全局来考察智媒时代的发展问题,为智媒时代社会主义核心价值观的传播机制创新提供了政策支持。

第三节 创新智媒时代社会主义核心价值观传播内容的激励机制

党中央多次强调"坚持内容为王",提倡推进正能量信息采集、加工、发布、推送等工作,要求用正能量的信息来抢占舆论阵地,积极地

---

[1] 《习近平谈治国理政》第3卷,外文出版社,2020,第318页。
[2] 《习近平谈治国理政》第3卷,外文出版社,2020,第320页。
[3] 《中华人民共和国国民经济和社会发展第十四个五年规划和2035年远景目标纲要》,人民出版社,第106、84、53页。

第七章　智媒时代社会主义核心价值观传播机制的当代建构

发挥社会主义核心价值观传播机制在全社会的引导作用。习近平总书记明确指出："内容永远是根本，融合发展必须坚持内容为王，以内容优势赢得发展优势。"[1] 智媒时代，社会主义核心价值观传播内容在社会主义核心价值观传播活动中处于至关重要的位置，事关社会主义核心价值观传播的成败，关乎人民群众精神文化生活的丰富和满足。创新智媒时代社会主义核心价值观传播内容的激励机制需要优化智媒时代社会主义核心价值观的虚拟传播机制，强化人民群众创造社会主义核心价值观传播内容的动力机制，健全社会主义核心价值观传播内容的个性化推荐机制。

一　优化智媒时代社会主义核心价值观的虚拟传播机制

优化智媒时代社会主义核心价值观的虚拟传播机制需要借助媒体奇观来提升社会主义核心价值观传播内容的感官冲击力，吸引人们的注意力，震撼人们的精神世界。奇观早在媒介出现之前就已出现，比如，古埃及的金字塔，古罗马的角斗场，我国古代的兵马俑、长城等。随着媒体的发展，特别是随着智媒体的发展，人们不仅可以复制高清晰度的现实奇观，而且可以创造现实社会中并不存在的各种奇观，如星球大战、外星生命、天堂和地狱的生活场景等，为平凡的生活增添丰富的色彩。西方马克思主义批判理论家、媒体理论家道格拉斯·凯尔纳（Douglas Kellner）将展现各种奇观的媒体现象称为"媒体奇观"，认为"媒体奇观是指那些能体现当代社会基本价值观、引导个人适应现代生活方式、并将当代社会中的冲突和解决方式戏剧化的媒体文化现象，它包括媒体制造的各种豪华场面、体育比赛、政治事件"[2]。媒体奇观主要是指在电视、报纸、杂志、书籍、广播等媒体上展现各种引人关注的、轰动的，甚至耸人听闻的图像，而这些图像可以是现实奇观的再现，也可以是想象奇

---

[1] 《习近平关于网络强国论述摘编》，中央文献出版社，2021，第69页。
[2] 〔美〕道格拉斯·凯尔纳：《媒体奇观——当代美国社会文化透视》，史安斌译，清华大学出版社，2003，第2页。

观的呈现。

随着智媒体在人们生活中占据着越来越重要的地位，智媒体整合了电视、电影等传统媒体，成为展现媒体奇观的主要场所，成为人们获取价值观传播内容的主要来源。智媒技术的发展提升着展现媒体奇观的水平，使其具有更大的感官冲击力，增强人们的场景体验感。人们利用智媒技术，打造沉浸式体验场景，使社会主义核心价值观的体验场景更加逼真，也使得用户更能身临其境地感受社会主义核心价值观的深刻内涵。例如，我们利用深度伪造等智能技术来合成英雄人物讲解历史的视频，让人们更加直观地了解我国的历史和优秀传统文化，增强人们的代入感，进而增强人们对社会主义核心价值观的认同感和自豪感。我们重视采用视觉、听觉、触觉等技术方面的新成果对感官进行刺激，通过刺激其感官给人们留下深刻的、难以忘怀的印象。为了展现培育和践行社会主义核心价值观的现实情况，社会主义核心价值观在智媒体平台上的传播内容可以突破以往讲故事、讲道理等叙事模式，完善以图像生产为特点的新传播方式，增强图像叙事的功能，将奇幻的视觉效果、美妙的听觉效果、真实的触觉效果与叙事内容智能结合，并将社会主义核心价值观的传播内容隐喻在图像叙事的功能之中。这既可以满足人们感官的需求，也可以让人们享受社会主义核心价值观的传播过程。

创新智媒时代社会主义核心价值观的虚拟传播机制不应局限于再现现实传播社会主义核心价值观的实际情况，而且应该基于想象力来创造一个现实中并不存在的虚拟形象来增加社会主义核心价值观传播内容的吸引力和感召力，发挥虚拟形象和虚拟世界对人们价值观的引领作用。当前，媒体奇观的运用早已不再局限于对现实的虚拟仿真上，而是将虚拟技术运用到想象力之中，使其成为"只有想不到，没有做不到"的艺术创造。智媒技术已经可以从"'客观记录'转向'虚拟仿真'，不仅人物角色，而且故事场景都可以通过'虚拟仿真'的方式完成。并且，这个虚拟的形象看起来完全符合我们的视觉真实性逻辑，它虽然并不实际存在，

第七章　智媒时代社会主义核心价值观传播机制的当代建构

但是却能使我们的所有感官和知觉都察觉不出它有任何虚假性；或者说，它虽是虚拟形象，但是从视觉效果上来说，它与真实世界的影响具有相同的质感、相同的'感官-心理'真实性"[1]。而这种"真实性"完全可以实现对人民群众价值观的引领作用，并且不必担心其是否具有客观性和现实真实性而引发质疑。鉴于此，我们应努力发掘智媒体的传播潜力，运用"虚拟技术+价值观"的优势使其成为智媒时代社会主义核心价值观传播内容的新载体，探索其引领人们进行价值评判和价值选择的新路径。

智媒时代社会主义核心价值观的虚拟传播机制冲击着人民群众对现实和虚拟的认知结构，使其容易将媒体奇观视为真实存在的本体、社会实践的组织原则，不自觉地被媒体奇观所影响。奇观逻辑或者媒体奇观直接来源于德波的"景观社会"理论和鲍德里亚等人的后现代理论。这些理论认为，由于表象从表征本体的地位提升到具有本体论的意义，人们才陷入真实世界与表象世界的分离之中无法自拔。"在真实的世界变成纯粹影像之时，纯粹影像就变成真实的存在——为催眠行为提供直接动机的动态虚构事物。为了向我们展示人不再能直接把握这一世界，景观的工作就是利用各种各样专门化的媒介，因此，看的视觉就自然被抬高到以前是触觉享有的特别卓越的地位；最抽象、最易于骗人的视觉，也最不费力地适应于今天社会的普遍抽象。"[2] 在智媒体创造的奇观世界里，人们往往会"无意识地臣服于景观制造出来的游戏规则，从而也就遮蔽了现实中真正出现的分离"[3]。事实上，这一观点忽视了人们在面对媒体奇观时具有的强烈自主性。在面对媒体奇观时，人们可以服从、抵制、妥协、反抗，甚至可以对权力和资本制造的奇观事件施压，嘲讽权威、蔑视权力，释放自己的情绪。"与其说奇观是一种意识形态和权力、资本征服世界的工具，毋宁说它是具有不同政治、经济和文化背景的人群进

---

[1] 蒋原伦主编《媒介文化十二讲》，北京大学出版社，2010，第121页。
[2] 〔法〕居伊·德波：《景观社会》，王昭凤译，南京大学出版社，2006，第6页。
[3] 张一兵：《文本的深度耕犁：后马克思思潮哲学文本解读》第2卷，中国人民大学出版社，2008，第99页。

行文化战争的'角力场'。权力和资本制造种种媒体奇观以操纵大众的事实固然无可争议，但受众通过微观层面的意义解读活动对其加以抵制和利用也是事实。"① 智媒技术创造出的一些与现实生活分离的媒体奇观，是为了掩盖资本主义现实社会中的种种异化现象的，在本质上宣传的是资本主义价值观。我们在意识到虚拟传播内容背后伴随着资本主义价值观的输入，更应有批判意识和独立的思维意识，对智媒体平台上的多元价值观有着清醒的认识。多元价值观之间的汇集和较量成为智媒时代社会主义核心价值观传播过程中的常态性问题。而如何让社会主义核心价值观的传播机制吸引人们的关注力，并让人们在面对媒体奇观时能明辨是非，不仅需要传播主体具备良好的应对能力，而且需要人们具有独立的价值评判能力。

二 强化人民群众创造社会主义核心价值观传播内容的动力机制

智媒时代是用户生产内容的时代，是人人参与传播的时代。人们既能采编社会主义核心价值观活动的相关内容，也能在交流互动过程中产出新的内容。邓小平曾指出："我们党现在已经是一个拥有三千九百万党员、领导着全国政权的大党。但在全国人民中，共产党员始终只占少数。我们党提出的各项重大任务，没有一项不是依靠广大人民的艰苦努力来完成的。"② 强化人民群众创造社会主义核心价值观传播内容的动力机制，要调动人民群众在构建智媒时代社会主义核心价值观传播机制中的主动性和积极性，发挥人民群众作为社会主义核心价值观传播活动创造者和传播者的重要作用。

强化人民群众创造社会主义核心价值观传播内容的动力机制需要运用智媒技术来鼓励人们参与智媒时代社会主义核心价值观的传播活动。我们应构建奖励机制，提高人们参与社会主义核心价值观传播内容生产

---

① 蒋原伦主编《媒介文化十二讲》，北京大学出版社，2010，第112页。
② 《改革开放三十年重要文献选编》（上），中央文献出版社，2008，第261页。

第七章 智媒时代社会主义核心价值观传播机制的当代建构

和传播的主动性和积极性。这种奖励机制的目的在于肯定人们生产和传播社会主义核心价值观传播内容的价值和意义。具体奖励的内容可以是物质报酬，也可以在智媒体平台上给予肯定性的称号或头衔，保障人们创造社会主义核心价值观传播内容的相关权利。同时，人们也会将自身的价值认知和价值理念融入智媒时代社会主义核心价值观传播内容的生产和传播过程，在人与机器、人与人的互动过程中增加对社会主义核心价值观的认同度，并在与不同价值观碰撞的过程中丰富社会主义核心价值观的传播内容。

提升人民群众运用智媒技术创造社会主义核心价值观传播内容的能力有助于提升人民群众在构建智媒时代社会主义核心价值观传播机制中的主体地位。如果人民群众创作的社会主义核心价值观传播内容同质性严重、形式单一，那么，就很容易淹没在智媒时代的信息海洋之中，也无法起到影响网络舆论的作用。久而久之，人们也就会丧失参与社会主义核心价值观传播活动的积极性。因此，要能使人民群众持续地保持参与社会主义核心价值观传播活动的热情，且能发挥舆论引导作用，提升人民群众在智媒时代的传播水平和传播能力至关重要。要达到智媒时代发展所要求的传播水平和传播能力，我们不仅要了解智媒体的传播方法、传播流程，还要根据不同媒体的特点来制作适合在不同媒体平台上发布的传播内容。在一定程度上，我们既要创作出多种多样的传播内容，也要避免社会主义核心价值观传播内容出现前后矛盾、不一致的问题。强化人民群众创造社会主义核心价值观传播内容的动力机制不仅能够吸引广大人民群众参与其中，而且能够提升社会主义核心价值观传播内容的感染力与吸引力，使社会主义核心价值观以更加生动、多样的形式呈现在人民群众的面前。

三 健全社会主义核心价值观传播内容的个性化推荐机制

智媒时代社会主义核心价值观传播内容的个性化推荐机制是建立在

数据、算法、算力的基础之上的，有助于提升社会主义核心价值观传播内容的针对性。个性化推荐机制是以用户的分众化和差异化为前提的，而用户的分众化和差异化则反映了人们传播地位的上升，与智媒时代多中心的传播方式密不可分。正所谓"技术改变了传媒、改变了传播格局，也改变了信息传播的基本策略；一个不争的事实呈现在我们眼前：在相对的范畴之内，传统意义上的信息的中心场发散式传播模式正在逐步地消失，而被网状结构的信息传播方式所取代"①。智媒时代多中心的传播方式弱化了传播主体的地位，在一定程度上强化了用户自发传播的行为，形成了用户差异化、分众化的传播格局。智媒时代生产信息的自动化和差异化使得每个用户的信息需求得以满足。

构建社会主义核心价值观传播内容个性化传播机制的前提是精准地把握传播受众的价值需求，进行动态跟踪并及时推送。当前智媒体的传播趋势正在从人搜索信息的时代走向信息推送给人的时代。基于大数据分析技术和智媒体互动技术，我们可以从中寻找到用户与价值观相关信息的"关系"，发现具有共同信息需求的群体，有针对性地推送用户所需要的信息，提升社会主义核心价值观传播的有效性。然而，这一群体并不是稳定不变的，而是动态的变化的，需要我们运用辩证的眼光和大数据手段来不断地对同一用户进行价值观信息传播类型的更新、对不同用户进行动态归类。

创作和生产个性化的社会主义核心价值观传播内容是健全社会主义核心价值观传播内容个性化推荐机制的根本。智媒时代，"在某种程度上，我们总是习惯使用那些符合我们兴趣和爱好的媒体，而忽略掉其他大部分"②。智媒时代个性化传播内容的创作和生产意味着社会主义核心价值观在智媒体平台上的传播内容不仅要有意义，符合人们求知的理性

---

① 程士安：《分众化媒介与精细化分层的受众》，《广告大观》2006年第1期。
② 〔美〕伊莱·帕里泽：《过滤泡：互联网对我们的隐秘操纵》，方师师、杨嫒译，中国人民大学出版社，2020，第8页。

第七章 智媒时代社会主义核心价值观传播机制的当代建构

需求,而且要有意思,契合传播受众的价值诉求;既要将社会主义核心价值观的理念蕴含在智媒体的传播内容之中,又要避免引起人们的反感;既有幽默、风趣的传播形式,能够放松心情,缓解压力,又有可以让人民群众"发泄"的空间,成为释放情绪的"解压阀";既要不断地发掘人民群众身边的好事,并推送到其生活之中,使其感到亲切,又要根据社会学的研究方法和大数据手段及时了解人民群众的需求,以及时、有效的方法为其解惑、解难,真正地将社会主义核心价值观贯彻到新时代中国特色社会主义建设的方方面面。

构建个性化推荐机制不能任由个人主义的发展而损害价值共识的基础,而应始终坚持以社会主义核心价值观为价值遵循,发挥社会主义核心价值观在智媒时代的引领作用。阿尔温·托夫勒曾指出,个性化传播是把用户"分散为很多小部分,每分散一次都增加了文化的多样性,同时又大大削弱了至今仍然完全统治着我们形象的新闻广播宣传网的力量","第三次浪潮就这样开始了一个真正的新时代——非群体化传播工具时代。一个新的信息领域与新的技术领域一起出现了。而且,这将对所有领域中最重要的领域——人类的思想,发生非常深远的影响。总之,所有这一切变化,变革了我们对世界的看法,也改变了我们了解世界的能力"[1]。如果仅构建个性化推荐机制而没有内在的社会主义核心价值观的传播基础,缺乏社会主义核心价值观对智媒体的引导,那么就有从价值观多元化走向价值观混乱化的可能性,也就存在丧失价值共识的可能性。"传播工具的非群体化,也使我们的思想非群体化了。第二次浪潮时代,由于传播工具不断向人们的头脑输入统一的形象,结果是产生了批评家称之为'群体化的思想'。今天,广大群众接收到的,已不是同一的信息。比较小的,分散的集团彼此互相接收并发出大量他们自己的形象信息。"[2]

---

[1] 〔美〕阿尔温·托夫勒:《第三次浪潮》,朱志焱、潘琪、张焱译,生活·读书·新知三联书店,1983,第225页。
[2] 〔美〕阿尔温·托夫勒:《第三次浪潮》,朱志焱、潘琪、张焱译,生活·读书·新知三联书店,1983,第225~226页。

因此，我们要对个性化的信息内容进行有效引导，以更好地建构智媒时代社会主义核心价值观传播机制。

第四节　完善智媒时代社会主义核心价值观传播活动的监督机制

较传统媒体时代社会主义核心价值观的传播机制而言，智媒时代社会主义核心价值观传播机制更为开放、自由、灵活，吸引着越来越多的传播主体参与，生产出各式各样的、前所未有的传播内容。但是，社会主义核心价值观传播活动经过不同传播主体的阐释、不同传播形式的展示，特别是在逐利的影响下，出现了种种怪象。鉴于此，我们需要健全智媒时代社会主义核心价值观传播活动的法治监督机制、完善智媒时代社会主义核心价值观传播活动的行政监督机制、优化智媒时代社会主义核心价值观传播活动的全方位监督机制。

一　健全智媒时代社会主义核心价值观传播活动的法治监督机制

不同于传统媒体时代，智媒时代社会主义核心价值观的传播活动出现前所未有的新特点、新情况，使得传统媒体时代的法治监督机制无法适应智媒时代社会主义核心价值观的传播机制，理应进一步健全社会主义核心价值观的法治监督机制。这是践行社会主义核心价值观"法治"理念的生动实践。习近平总书记曾提出，"要使全媒体传播在法治轨道上运行，对传统媒体和新兴媒体实行一个标准、一体管理"[1]。鉴于智媒体作为新兴媒体、全媒体的重要组成部分，这就要求新兴媒体从全媒体传播活动法治化建设的角度指明智媒时代社会主义核心价值观传播活动法治监督机制建构的方向。

把社会主义核心价值观的价值理念体现在具体的法律规定之中，是

---

[1]　《习近平谈治国理政》第3卷，外文出版社，2020，第319页。

第七章　智媒时代社会主义核心价值观传播机制的当代建构

健全智媒时代社会主义核心价值观传播活动的法治监督机制的首要问题。法治理念直接影响着立法的内容，也决定着执法的公正性。2018年，中共中央印发的《社会主义核心价值观融入法治建设立法修法规划》明确要求把社会主义核心价值观贯彻到立法领域，指出"把社会主义核心价值观融入法律法规的立改废释全过程"，并运用社会主义核心价值观来理顺各个具体法律之间的关系，"力争经过5到10年时间，推动社会主义核心价值观全面融入中国特色社会主义法律体系，筑牢全国各族人民团结奋斗的共同思想道德基础"。① 这一举措有利于通过法治来保障社会主义核心价值观的落实，引领全社会形成价值共识。这本身也是在践行和传播社会主义核心价值观。推动社会主义核心价值观入法入规，有利于更有力地规范人民群众在智媒时代的传播活动。具体而言，我们应基于智媒时代我国社会主义核心价值观的传播特点来完善相关法治建设，使得智媒时代社会主义核心价值观传播活动能够在法治的规范下有序展开。党的二十大报告更是明确要求："坚持依法治国和以德治国相结合，把社会主义核心价值观融入法治建设、融入社会发展、融入日常生活。"② 这有助于我们更好地从新时代坚持和发展中国特色社会主义、人们的日常交往活动中来建构智媒时代社会主义核心价值观传播活动的法治监督机制。

健全智媒时代社会主义核心价值观传播活动的法治监督机制要体现在执法力度和执法速度上。践行社会主义核心价值观是一个"内化于心"的自我约束过程。智媒时代，执法部门的执法行为随时随地都可能被传到智媒体平台上，成为人们审视的对象。如果执法部门本身能够自觉遵法守法，依法执法，那么，这一行为便会得到广大网友的认可和支持。2022年，一段上海民警"教科书式执法"的视频在智媒体平台上广为传

---

① 《进一步彰显法律法规的社会主义核心价值观导向——中央有关部门负责人就〈社会主义核心价值观融入法治建设立法修法规划〉答记者问》，《吉林人大》2018年第6期。
② 《习近平著作选读》第1卷，人民出版社，2023，第36页。

播，并被网友点赞，称其"态度强硬而不暴力"。因此，智媒时代社会主义核心价值观传播活动的法治监督机制不仅表现在立法的环节，而且体现为执法人员在日常生活和工作中自觉地践行社会主义核心价值观。

二 完善智媒时代社会主义核心价值观传播活动的行政监督机制

智媒时代，社会主义核心价值观的网上传播活动主要是通过行政监督的方式来进行规范的。国家不仅成立了相关监管机构，而且出台了一系列法规来规范智媒体平台的传播活动，为依法依规地治理智媒时代违法违规的传播行为提供着制度支持。2011年，国家互联网信息办公室成立。国家互联网信息办公室的成立，明确以弘扬社会主义核心价值观为目标，开始从整体上规范包括智媒体传播在内的网上传播活动。这既要求组织和协调好社会主义核心价值观的网上宣传工作，做好网络文化领域的规划和协调工作，也要求做好智媒体平台信息内容的日常监督工作。当前，智媒时代社会主义核心价值观传播活动的行政监督机制主要是中央网信办协同相关部门统一领导，各省、区、市委网信办具体落实。中央网信办推动网络法治建设，指导、协调、督促有关部门加强对智媒体传播内容的治理，负责智媒体新闻业务及其他相关业务的审批和日常监管，依法查处违法违规的智媒体，指导有关部门督促智媒体的管理工作，并在职责范围内指导各地网信办有关部门开展工作。地方网信办通过约谈相关违规智媒体企业负责人的方式来治理相关违法违规活动，对其提出具体的整改要求，推进智媒时代传播活动的有序进行。地方网信办通过组建智媒体企业党支部、开展党建相关活动等方式提升智媒体企业相关人员的文化素养。国家网信办指导各地网信办的工作，要求其依据属地管理原则来监督本行政区域内的智媒体企业，对于智媒体企业的违法违规行为依法依规进行处罚。此外，国家有关主管部门针对智媒体的特点及其在传播领域的应用，完善相应的科学监管方法，制定相应的分类分级监管规则，依法加强智媒体的治理工作。

第七章　智媒时代社会主义核心价值观传播机制的当代建构

2023年7月，国家网信办联合国家发展改革委、教育部、科技部、工业和信息化部、公安部、国家广电总局发布《生成式人工智能服务管理暂行办法》，明确自2023年8月15日起施行。《生成式人工智能服务管理暂行办法》根据《中华人民共和国网络安全法》《中华人民共和国数据安全法》《中华人民共和国个人信息保护法》《中华人民共和国科学技术进步法》等法律、行政法规制定，意在促进生成式人工智能健康发展和规范应用，维护国家安全和社会公共利益，保护公民、法人和其他组织的合法权益，也防范生成式人工智能的服务风险。《生成式人工智能服务管理暂行办法》要求提供和使用生成式人工智能服务，应当遵守法律、行政法规，尊重社会公德和伦理道德，必须坚持社会主义核心价值观，鼓励生成式人工智能技术生成积极健康、向上向善的优质内容，要求信息提供者按照《互联网信息服务深度合成管理规定》对图片、视频等生成内容进行标识。对于提供具有舆论属性或者社会动员能力的生成式人工智能服务的，应当按照国家有关规定开展安全评估，并按照《互联网信息服务算法推荐管理规定》履行算法备案和变更、注销备案手续。使用者发现智媒体服务不符合法律、行政法规和本办法规定的，有权向有关主管部门投诉、举报。

完善智媒时代社会主义核心价值观传播活动的行政监督机制需要建立科学的社会主义核心价值观传播活动的考核评价体系。我们应把智媒时代社会主义核心价值观传播工作的成效纳入考核评价体系，作为衡量部门和个人工作的重要组成部分。建立智媒时代社会主义核心价值观传播工作的科学评价体系和评价标准，制定契合智媒时代传播规律和传播特点的测评方案，特别是对行政机关及其工作人员是否合法合规行使职权进行有效监督。定期对智媒时代社会主义核心价值观传播活动进行督促检查，有助于及时发现社会主义核心价值观传播活动中的问题与不足，提高社会主义核心价值观传播活动的实效性。尤其是面对智媒时代出现的网络舆情，特别是重大网络舆情，需要政府部门更有针对性、更有说服力地应对网络舆情。对于智媒时代个别部门或者个别干部出现的问题，政府应能够及时地发现并解决，并能够依法依规、合情合理地协调各个方面，提升其在智媒时代的公信力。政府应及时地发现智媒时代信息传播机制中出现的偏差和错误，解决信息传播过程中存在的问题，并鼓励社会各界对自己进行监督和评价。

三 优化智媒时代社会主义核心价值观传播活动的全方位监督机制

智媒时代的传播生态是亿万网民共同维护的精神家园，营造风清气正的良好生态符合人民群众的共同利益。但是，智媒体平台上仍然存在着不少违背社会主义核心价值观的现象，亟须完善智媒时代社会主义核心价值观传播活动的全方位监督机制。这种监督机制既包括智媒体企业内部监督、技术监督，也包括网民自我监督、行业监督、社会监督。就智媒时代信息传播机制而言，最重要的是发挥自我监督和社会监督的作用。

康德曾说："有两样东西，人们越是经常持久地对之凝神思考，它们就越是使内心充满常新而日益的惊奇和敬畏：我头上的星空和我心中的道德律。"[1] 随着智媒体的发展，智媒体匿名化、虚拟化、自动化等传播特点使得智媒体企业、智媒体研发人员、智媒体使用者的自我监督在智媒时代信息传播活动中的作用越来越重要。"拉里·莱西格（Larry Lessig）有句名言：'代码就是法律。'如果真是这样，那么理解新的立法者的意图就非常重要了。我们需要了解谷歌和脸书的程序员秉持何种信念。我们需要了解推动个性化的经济和社会力量，哪些是不可避免的，哪些则不是。我们需要了解个性化对政治、文化和未来意味着什么。"[2] 完善

---

[1] 〔德〕康德：《实践理性批判》，韩水法译，商务印书馆，2009，第220页。
[2] 〔美〕伊莱·帕里泽：《过滤泡：互联网对我们的隐秘操纵》，方师师、杨媛译，中国人民大学出版社，2020，第16页。

第七章 智媒时代社会主义核心价值观传播机制的当代建构

智媒行业的自我监督机制关键在于要推动智媒体企业通过自我监督、自我管理来自觉地履行主体责任，提高智媒体使用者和智媒体研发者的自我规范意识，自觉地抵制不良价值观在智媒时代的传播，净化智媒时代的传播生态。智媒体企业自我监督意味着智媒体企业要提升抵制不良信息的技术水平，健全智媒体企业动态信息监测和管理机制。

智媒时代社会主义核心价值观传播机制创新不仅呼唤智媒体研发者自律机制的形成，而且呼唤人民群众自律机制的建立。智媒体信息传播机制的匿名性、开放性、自由性等特征，使得他律的力量大大减弱。人人都可以随时随地进行生产和传播，因而，智媒体传播生态依靠个人内心价值观，也就是靠人民群众的自律。除了倡导人民群众秉承积极、健康、向上的价值观，还应培养人民群众的道德责任感和"慎独"精神。具体而言，人民群众的自律机制应体现为强化在智媒体平台上发布信息、互动发言、转发或转载文章的自律意识，自觉做到不传谣、不信谣，不参与不良信息的传播过程，并提升其对虚拟事件的甄别能力。此外，针对一些错误价值观念，人们能够自觉抵制与批判，有利于使智媒体的传播生态始终在正确的发展轨道上。

当前，智媒时代社会主义核心价值观传播活动的监督机制要做到全面、有效，仍然面临着诸多难题。鉴于智媒体特有的传播方式和传播机制，规范传统媒体的传播活动的监督机制在规范智媒体的传播活动的过程中效果甚微，而现有的智媒体治理方法也不时被批判。传统媒体主要是通过对传播内容进行审核、对传播主体进行资格认证、对传播机构进行管理等方式来进行监督。但是，这种监督方式在规范智媒体的传播活动时成效甚微。基于互联网、生成式人工智能等现代技术的智媒体发展本身就存在诸多不可控性，注定要挑战传统媒体的监督方式。不少人建议运用人工智能等技术手段来提升审核效率，加强对智媒时代传播内容的监管，并鼓励人民群众参与到智媒时代社会主义核心价值观传播活动的监督之中。在一定程度上，这些方案有助于智媒时代社会主义核心价值观传播机制的有效建构。但是，智媒时代社会主义核心价值观传播机制并不是单纯地制止人们做什么，而是应当鼓励人们传播积极、健康、向上的价值观，让每一个个体的价值观都能够得到尊重，得到恰当的评判和引导，形成良好的传播生态。鉴于智媒时代社会主义核心价值观传播机制在建构人民群众价值观中的深远影响，构建其监督机制面临的复杂性超过以往任何时代，工作难度也更高，因此，需要调动各方力量，推动构建智媒时代社会主义核心价值观传播活动的监督机制。

第五节　坚持中国共产党领导社会主义核心价值观传播机制的建构

社会主义核心价值观传播机制之所以能不断完善、不断进步，一个至关重要的因素是中国共产党始终在社会主义核心价值观传播机制创新过程中发挥着领导作用，保证着社会主义核心价值观传播机制创新的正确方向。智媒时代社会主义核心价值观传播机制的创新主要是运用智媒体来更有针对性地解决人们的价值困惑，满足人们的价值诉求，从而赢得广大人民群众对社会主义核心价值观的认同，推动"人自由而全面的发展"目标的实现。中国共产党要在智媒时代社会主义核心价值观传播机制创新中居于领导地位，就需要基于智媒体的传播规律和传播趋势开展治理活动，科学制定智媒时代社会主义核心价值观传播机制创新的相关政策、有效执行智媒时代社会主义核心价值观传播机制创新的正确决策、协调智媒时代社会主义核心价值观传播机制创新的各方力量、建设智媒时代社会主义核心价值观的强大传播队伍。

一　科学制定智媒时代社会主义核心价值观传播机制创新的相关政策

中国共产党基于媒体变革的新特点不断探索新媒体的传播规律，并

第七章 智媒时代社会主义核心价值观传播机制的当代建构

制定出切合实际情况的社会主义核心价值观传播目标和传播政策,使全党能够有条不紊地开展社会主义核心价值观的传播活动。政策和策略是党的生命,集中体现人民群众的利益。中国共产党之所以能够实现对社会主义核心价值观传播机制建构的领导,关键在于中国共产党可以制定出构建社会主义核心价值观传播机制的正确政策。面对智媒技术给传播领域带来的重大影响,习近平总书记从全球视野来把握智媒技术的发展现状,指出"从全球范围看,媒体智能化进入快速发展阶段",要求"增强紧迫感和使命感,推动关键核心技术自主创新不断实现突破,探索将人工智能运用在新闻采集、生产、分发、接收、反馈中,用主流价值导向驾驭'算法',全面提高舆论引导能力"。[①] 这一论述是科学制定智媒时代社会主义核心价值观传播机制创新的正确政策的基本遵循。

深化智媒时代社会主义核心价值观传播机制的研究是制定智媒时代社会主义核心价值观传播机制创新的正确政策的前提。智媒时代社会主义核心价值观传播机制具有多学科综合性、高度复杂性等特征。智媒时代社会主义核心价值观的传播机制涉及政治学、传播学、社会学、哲学、计算机科学、心理学等多个学科。我们需要研究智媒体是如何学习社会主义核心价值观的,如何以社会主义核心价值观为价值标准来在智媒体平台上开展价值评判的,以及在现实中进行价值评判的效果如何。就智媒体而言,将社会主义核心价值观作为智媒体的价值评判标准是一件非常困难的事情。因为智媒体只有对社会主义核心价值观的理解更加深入,才能更为准确地把握这一价值观。我们需要运用技术的语言来准确地描述社会主义核心价值观的内容,运用智能技术使其识别出不同类型价值观内容的差别所在。同时,我们应研究拥有强大学习机制的智媒体是如何形成关于社会主义核心价值观的认知的,怎样领会到社会主义核心价值观的深刻意义的,并通过何种方法将社会主义核心价值观确立为智媒技术的价值评判标准的。进而,我们分析这一评判标准在智媒时代具体

---

① 《习近平谈治国理政》第 3 卷,外文出版社,2020,第 318 页。

智媒时代社会主义核心价值观传播机制创新研究

传播活动中落实得如何,是否能够判断出哪些传播内容支持社会主义核心价值观,哪些传播内容是与社会主义核心价值观的理念相悖的。尼克·波斯特洛姆曾指出:"保证人工智能理解人的意图——超级智能应该很容易发展出这样的理解能力,困难更在于确保人工智能会被激励着按我们的意图去追求所描述的价值观。"① 因此,中国共产党需要进行长期的、深入的研究,才有可能始终把社会主义核心价值观准确地融入智媒体的研发与应用之中。

制定智媒时代社会主义核心价值观的阶段性传播目标和传播政策是智媒时代社会主义核心价值观传播机制创新的重要方面。"为了实现长远目标,中国共产党采取渐进策略,提出一个时期内的目标任务和实现路径,一步一步推进,积小胜为大胜。"② 为了建构智媒时代社会主义核心价值观传播机制,中国共产党既需要明确智媒时代社会主义核心价值观传播的发展目标,保持社会主义核心价值观传播机制的连续性与稳定性,也需要根据智媒体发展的实际情况进行调整,以更好地适应智媒时代传播的新情况。具体而言,中国共产党根据智媒时代社会主义核心价值观传播的长远战略制定阶段性目标,有效地协调长远理想与现实追求,并为了实现智媒时代社会主义核心价值观传播机制的建构而有步骤地创新现有的社会主义核心价值观传播机制。雷·库兹韦尔对人工智能的发展阶段进行预言:"2027年,计算机将可以模拟人类大脑;2029年,计算机将能拥有和人类一样的智能;2045年,当机器人的智能超越人脑智能并可以自己繁衍时,奇点就会出现。"③ 当前,大部分学者认同把人工智能技术的发展趋势分为弱人工智能(Weak AI)、强人工智能(Strong AI)、超强人工智能(Super AI)三个阶段,而我们正处于弱人工智能的阶段。弱

---

① 〔英〕尼克·波斯特洛姆:《超级智能:路线图、危险性与应对策略》,张体伟、张玉青译,中信出版社,2015,第246~247页。
② 中共中央宣传部:《中国共产党的历史使命与行动价值》,人民出版社,2021,第46页。
③ 〔美〕皮埃罗·斯加鲁菲:《人类2.0:在硅谷探索科技未来》,牛金霞、闫景立译,中信出版社,2017,第30页。

第七章 智媒时代社会主义核心价值观传播机制的当代建构

人工智能是指可以解决特定领域问题的人工智能,当前的人工智能算法和应用就属于弱人工智能的范畴。强人工智能又称通用人工智能(Artificial General Intelligence),指可胜任人类所有工作的人工智能,能够进行自我价值评判。阿兰·图灵(Alan Mathison Turing)密码破译小组的首席统计师兼数学家 I. J. 古德(I. J. Good)指出,超级智能是"具备超越所有聪慧人类智能活动的机器","人类智能会被远远地甩在后面"。[①] 在智媒领域,强人工智能体现为可以进行自主传播。我们应探索在超强人工智能阶段如何把价值观融入其中,掌握智媒体传播的控制权,而不被智媒体所控制。同时,我们可以根据人工智能发展的三个阶段来制定智媒时代社会主义核心价值观传播的阶段性目标,使社会主义核心价值观传播机制的建构具有前瞻性。

二 有效执行智媒时代社会主义核心价值观传播机制创新的正确决策

中国共产党自成立以来,始终把实现共产主义作为自己最终的奋斗目标,以严密的组织体系和严明的纪律来规范广大党员干部,团结和凝聚亿万群众,具有强大的领导力和执行力。"中国特色社会主义制度的最大优势是中国共产党领导,党是最高政治领导力量。"[②] 中国共产党作为中国人民和中华民族的先锋队,具有坚强有力的组织支持和纪律约束,能够保证智媒时代社会主义核心价值观传播机制创新的政策得以贯彻执行。在智媒时代,习近平总书记强调"党管媒体"的原则,要求"把各级各类媒体都置于党的领导之下,这个领导不是'隔靴搔痒式'领导,方式可以有区别,但不能让党管媒体的原则被架空"[③]。党管媒体的原则是有效执行智媒时代社会主义核心价值观传播机制创新的相关政策的重

[①] 转引自〔英〕尼克·波斯特洛姆《超级智能:路线图、危险性与应对策略》,张体伟、张玉青译,中信出版社,2015,第7页。
[②] 《习近平著作选读》第2卷,人民出版社,2023,第183页。
[③] 《习近平著作选读》第1卷,人民出版社,2023,第453页。

要保证。习近平总书记明确提出："要把党管媒体的原则贯彻到新媒体领域，所有从事新闻信息服务、具有媒体属性和舆论动员功能的传播平台都要纳入管理范围，所有新闻信息服务和相关业务从业人员都要实行准入管理。"① 智媒时代，党管媒体的原则也应贯彻到智媒体领域，从事智媒体研究和应用的公司、从事智媒体研发的人员和使用智媒体的人员都应坚持党的领导。而党组织也应覆盖智媒体研究和运用的经济组织和社会组织。党对智媒时代社会主义核心价值观传播机制创新的坚强领导是党的领导的政治优势与国家治理的制度优势的有机结合，使得党、国家和人民成为目标相同、利益一致、相互交融、同心同向的整体，产生极大耦合力，显著提升社会主义核心价值观的传播效能。

加强党的组织体系建设是创新智媒时代社会主义核心价值观传播机制的组织保证。经过长期发展，中国共产党建立了包括党的中央组织、地方组织、基层组织在内的严密组织体系。党的最高领导机关是党的全国代表大会和它所产生的中央委员会，中央委员会、中央政治局、中央政治局常务委员会是党的组织体系的大脑和中枢。2013 年 12 月，中共中央办公厅印发了《关于培育和践行社会主义核心价值观的意见》。2018年，我国全面启动县级融媒体中心建设。2018 年 11 月，中央全面深化改革委员会第五次会议审议通过了《关于加强县级融媒体中心建设的意见》，县级融媒体中心建设的总体布局得以呈现。2019 年 1 月 25 日，在主持中共中央政治局第十二次集体学习时，习近平总书记强调："要形成资源集约、结构合理、差异发展、协同高效的全媒体传播体系。"② 县级融媒体中心被嵌入全媒体传播体系之中，我国基本形成了"中央—省级—市级—县级"的智媒时代社会主义核心价值观传播体系。这一传播体系的建立成为推动智媒时代社会主义核心价值观传播机制创新各种政策得以落实的组织保障。这种广泛的、严密的、坚强的组织体系，既可以使社会主

---

① 《习近平著作选读》第 1 卷，人民出版社，2023，第 453 页。
② 《习近平谈治国理政》第 3 卷，外文出版社，2020，第 318 页。

第七章 智媒时代社会主义核心价值观传播机制的当代建构

义核心价值观的传播机制贯彻落实到基层组织的工作之中,又可以使党组织更加及时地了解人民的价值诉求,不断地提升社会主义核心价值观的影响力和感召力。未来,智媒时代社会主义核心价值观传播机制将扩展到乡村一级,形成覆盖全员的全媒体传播格局。这一组织体系使推动智媒时代社会主义核心价值观传播机制创新的正确政策得以贯彻执行,也使得智媒时代社会主义核心价值观传播机制创新的问题及风险得以及时察觉。

严明党的纪律是推动智媒时代社会主义核心价值观传播机制创新的重要维度。纪律作为党的生命线,是党团结统一的重要保证。如果没有严明的纪律,党的凝聚力和领导力就会大大削弱。在革命战争年代,中国共产党作出"三大纪律、八项注意"等纪律规定,加强了党的思想建设和作风建设,赢得了人民支持。改革开放和社会主义现代化建设新时期,面对资产阶级自由化思潮的冲击,中国共产党提出"坚持四项基本原则",强调依靠纪律来实现共产主义理想,而"遵守纪律的最高标准,是真正维护和坚决执行党的政策,国家的政策"[1]。党的十八大以来,以习近平同志为核心的党中央把严明政治纪律、政治规矩摆在首位,把加强纪律建设作为全面从严治党的治本之策,要求全体党员干部严守党的纪律,遵守法律法规,自觉约束自己的言行举止。中国共产党修订《中国共产党纪律处分条例》,把党章、党中央的纪律要求以及其他党内法规的纪律规定,整合为政治纪律、组织纪律、廉洁纪律、群众纪律、工作纪律和生活纪律,坚持纪严于法、纪在法前,把政治纪律细化、具体化,使党的纪律成为管党治党的底线。智媒时代,党员干部的言行举止时时刻刻都有被发布在智媒体平台上的可能性,代表着党的形象,因此,用严格的纪律约束党员干部也是践行社会主义核心价值观的重要体现。当党员干部按照纪律来处理工作、学习、生活时,这些情况可能会被记录并上传到智媒体平台上,甚至在智媒时代广为传播。当然,中国共产党不仅要遵守党的纪律,而且要自觉坚定共产主义和社会主义信念,主动

---

[1] 《改革开放三十年重要文献选编》(上),中央文献出版社,2008,第370页。

抵制智媒时代的错误信息、虚假信息、庸俗信息、低俗信息，运用社会主义核心价值观有效引导网络舆论。同时，越来越多的党员干部自觉践行社会主义核心价值观的行为会被纳入智媒时代的数据库，形成传播社会主义核心价值观的有效资源。

三 协调智媒时代社会主义核心价值观传播机制创新的各方力量

智媒时代把万事万物都纳入媒体的视域之下，万物皆媒，协调智媒时代社会主义核心价值观传播机制创新的各方力量就成为新时代中国共产党创新社会主义核心价值观传播机制的必要之举。智媒时代，万物皆媒，万事皆可传播。任何人、任何事物都有可能被纳入智媒时代社会主义核心价值观的传播视域之中。马克思曾指出，"人用以工作的工具重新出现在机器上，不过，现在它们是机器用以工作的那种工具。为了用所希望的方法加工材料或达到所希望的目的，机器借助机械使其工具完成过去人用其工具完成的那些操作"，"现在，工具已经不是由人来操纵，而是由人所创造的机械来操纵。人则看管机器的运动，纠正它偶然发生的差错等"。[①] 智媒时代，智媒体可以自主地生产内容、传播内容，以无形的方式"操纵"着各种各样的传播工具，而人则主要负责监督智媒体的运行，纠正智媒体在传播过程中出现的偏差等。中国共产党作为执政党，在社会主义核心价值观传播机制的创新过程中处于领导地位，理应担负起监督智媒体运行、协调社会主义核心价值观传播机制创新各方力量的重任。

运用社会主义核心价值观全方位地整合社会资源，以提升社会主义核心价值观在智媒时代的影响力。智媒体成为人们精神交往的重要平台，也是文化冲突、文化碰撞频繁的场所，深深地影响着人们的价值认知和价值创造，特别是影响青少年的价值理念。人们越来越依赖用智媒体来

---

① 《马克思恩格斯全集》第37卷，人民出版社，2019年，第73页。

第七章 智媒时代社会主义核心价值观传播机制的当代建构

进行交流互动。智媒体覆盖人群的范围越来越广,与人的接触时间越来越多,获取人们的个人信息也越来越多,也更容易影响人们的价值观念和价值取向。智媒体正在取代传统媒体成为人们获取信息、进行价值评判、开展社会实践的重要媒介,并把人们广泛地聚集在一起。皮埃罗·斯加鲁菲指出:"新兴社交具备的主要特征是:它运用数字化工具把具有共同理想和目标的人们聚集在一起,做一些对人类和社会有益处的事情。社交媒体真正的革命性力量也会从这类社交中爆发,因为它聚合大众一起贡献知识、时间或金钱,保证重要的事情能够践行。"[①] 鉴于此,中国共产党应把智媒时代传播社会主义核心价值观的力量聚集在一起,更加有效地把党的力量、政府的现代化治理、人民群众的价值诉求进行深度融合,形成传播社会主义核心价值观的合力。人们通过学校教育、社团组织、公益活动等多种形式来共同参与智媒时代社会主义核心价值观的传播活动。党和政府可以借助媒体热点话题、网络舆情等无形的方式开展社会主义核心价值观的引导工作,通过把社会主义核心价值观的传播目标与现实的具体情况相结合,提升人们对社会主义核心价值观的认知度和认可度。毕竟,社会主义核心价值观的传播活动是人们在交往过程中传递、交换、分享自身关于社会主义核心价值观认识的过程,体现在人们的社会实践之中,并以无形的方式影响着人们的价值认知、价值评判、价值选择和价值创造。

进行网络舆论引导是智媒时代传播社会主义核心价值观的重要方面,也是促进人们认同社会主义核心价值观的关键环节。智媒体日益成为社会舆论宣传的主要阵地和聚集各种社会思潮的主要平台。我们要想引导广大人民群众把各类问题看得准、想得透,说得对,就需要凝聚各方力量。习近平总书记曾提出要借鉴西方国家传播资本主义价值观的经验。他指出,西方国家的"价值理念保持着一定的稳定性和持续性,其中一

[①] 〔美〕皮埃罗·斯加鲁菲:《人类2.0:在硅谷探索科技未来》,牛金霞、闫景立译,中信出版社,2017,第195页。

个重要原因就是他们的制度设计、政策法规制定、司法行政行为等都置于核心价值理念的统摄之下"[①]。因此，我们也应发挥社会主义核心价值观的统领作用，"使经济、政治、文化、社会等方方面面政策都有利于社会主义核心价值观的培育"[②]。鉴于此，中国共产党既需要协调社会主义核心价值观传播体系的各部门，也需要指导有关智媒时代社会主义核心价值观传播的政策的制定与实施，更需要对突发的网络舆情进行积极引导。面对突发事件造成的网络舆情，我们需要运用现代技术多方面地梳理事件的来龙去脉，就网络舆情的细节进行更有针对性的引导；借助相关公司来鉴别智媒体所传播的内容的真伪，以及网络舆论相关信息产生及演变过程，及时纠正网络舆论引导中出现的偏差。面对智媒体自动生成内容的激增，智媒时代的合成内容大量地存在于智媒体平台上，因此，需要推进国家治理体系和治理能力现代化来有效地应对智媒体所生成的各类信息的挑战，更加深入地探索智媒体在舆情信息采集、生产、分发、接收、反馈中所发挥的作用，全面提升网络舆论引导能力。

四 建设智媒时代社会主义核心价值观的强大传播队伍

强大的传播队伍是智媒时代社会主义核心价值观传播机制建构的决定性因素。中国共产党之所以能够实现对党和国家的全面领导，能够实现对各个领域各个行业的领导，关键是有一支高素质的干部队伍。智媒时代的到来，我们更需要一支庞大的、高素质的传播队伍。这支传播队伍既要从内心高度认同中国共产党的理想信念、性质宗旨，更要有能力把社会主义核心价值观融入智媒时代社会主义核心价值观传播机制的建构之中。

智媒时代社会主义核心价值观的传播队伍应集合全社会的力量来产出高质量、原创性的社会主义核心价值观传播内容。马克思曾预见，在

---

① 《习近平关于社会主义文化建设论述摘编》，中央文献出版社，2017，第111页。
② 《习近平关于社会主义文化建设论述摘编》，中央文献出版社，2017，第111页。

第七章 智媒时代社会主义核心价值观传播机制的当代建构

未来社会中,人类更加专注于创造性的劳动。这将彻底改变少数人参与创造的社会格局,建构着一种崭新的社会关系,使得每个人都有可能参与到社会生产之中,而且有可能参加社会财富的管理。他指出,"人不再从事那种可以让物来替人从事的劳动","个性的劳动也不再表现为劳动,而表现为活动本身的充分发展,在那种情况下,直接形式的自然必然性消失了;这是因为一种历史形成的需要代替了自然的需要"。[1] 在智媒时代,每个人都有可能参与到智媒时代信息的生产活动和传播活动之中,而且有可能参与到价值观传播机制的建构之中。这就形成了一种人与人、人与机器之间的全新的传播关系。智媒体可以省去人类重复性的、繁琐的传播环节,替代人类自主地生产传播内容、智能地将传播内容与用户进行信息匹配、自动地收集用户的反馈信息。智媒体能够与人类自由对话,使人们难以分辨是智媒体还是现实的人在与其进行交流。合理地开发全脑仿真系统有利于从数据的角度更为准确地把握人们的认知系统与认同系统,深化对人们认知系统与认同系统的认知和理解。因而,智媒时代社会主义核心价值观的传播队伍不仅需要发挥每个人作为自由全面发展的主体参与到传播活动之中,而且需要充分地利用智媒体的传播优势,超越人类在信息传播活动中的局限性,从而汇聚共同力量来创新社会主义核心价值观传播机制,推动每一个个体在智媒时代践行社会主义核心价值观。

智媒时代社会主义核心价值观传播主体应借助智媒技术在更广范围内传播社会主义核心价值观,从更深程度上揭示资本主义国家所出现的问题及面临的挑战,更准确地预测智媒时代相关问题的发展趋势,建构有利于社会主义核心价值观传播的新格局。习近平总书记曾深刻地指出:"由于西方长期掌握着'文化霸权'、进行宣传鼓动,当代中国价值观念存在太多被扭曲的解释、被屏蔽的真相、被颠倒的事实。同时,我们的阐释技巧、传播力度还不够,当代中国价值观念的国际知晓率和认同度

---

[1] 《马克思恩格斯全集》第46卷上册,人民出版社,1979,第287页。

还不高，有时处于有理没处说、说了也传不开的被动境地。"[1] 智媒体不是一个中立的工具或手段，而是能够让你看见某些价值取向，同时又能隐藏那些不想让你看到的价值取向。智媒技术的发展及广泛运用成为各国争夺价值观传播话语权的新场所。以美国为首的资本主义国家积极研发智媒体，试图凭借掌握技术研发优势来进行更为隐蔽性的、渗透性的资本主义价值观传播，以扰乱人们的价值认知和价值认同。不少资本主义国家炮制大量相关议题，不断地在智媒体平台上推送，妄图影响人们的价值认知和价值认同。我国应当高度重视智媒时代所带来的价值观传播风险，及时地捕获国外媒体干扰社会主义核心价值观传播的方法与手段，以有效地化解国外智媒体平台干扰我国社会主义核心价值观传播的风险。

智媒时代社会主义核心价值观的传播队伍应善于制造热点话题，吸引人们的注意力，并能够借助热点话题来引导人们的价值取向。马克思曾说"人们要求新东西——形式和内容都新"[2]。新奇性和视觉冲击力是吸引智媒体用户注意力的重要方面。智媒时代的用户很容易被新奇的、有个性的传播形式所吸引，很容易关注感性化、视觉冲击力强的传播内容，有时甚至会陷入视觉轰炸之中。视觉冲击力强不仅可以吸引人们的注意力，而且在一定程度上符合人们的心理需求，具有打动人心的力量，有利于获得人们的共鸣。智媒时代，用户的注意力体现在其搜索的热点问题上，反映在其关注的热门话题上。根据近几年各类热搜榜显示，娱乐性信息成为网民倾向阅读的主要信息，而评选的十大焦点人物中有一大半为娱乐界明星和体育界名人。当网民的注意力放在娱乐性新闻、娱乐界明星、体育界名人的时候，便会无形地忽视道德领域的模范、文明先锋、优秀共产党员等践行社会主义核心价值观的代表人物。智媒时代的注意力成为智媒体平台上的稀缺资源，也是智媒时代信息传播的先决

---

[1] 《习近平关于社会主义文化建设论述摘编》，中央文献出版社，2017，第199页。
[2] 《马克思恩格斯全集》第32卷，人民出版社，1974，第91页。

第七章 智媒时代社会主义核心价值观传播机制的当代建构

条件,更是价值观被关注和被认同的前提条件。智媒时代的信息不再是稀缺的资源,而是过剩的资源。人们的注意力是智媒时代的稀缺资源,更是智媒时代各行业争夺的焦点。西方国家通过智媒体把人们感兴趣的新闻与政治理念、价值评判结合起来,进行智媒体平台上的"捆绑式传播"。这种传播方式既可以避免传播活动的枯燥性与无聊性,也可以增加价值观传播的说服力与吸引力。

  鉴于此,我们应将社会主义核心价值观融入智媒时代各类信息的传播之中,特别要能够运用社会主义核心价值观来引导智媒时代的热点话题,增强社会主义核心价值观传播活动的灵活性。人们在讨论智媒体平台上爆发的种种热点事件,本身也是自身已有价值观与社会主义核心价值观的交流碰撞过程,有利于更为具体地、深入地认识社会主义核心价值观。智媒时代社会主义核心价值观传播主体需要运用智媒体的传播优势,主动地参与到热点事件、舆情事件的讨论之中,把社会主义核心价值观与现实具体问题相结合,用社会主义核心价值观来规范人们的社会实践活动,调动全社会参与社会主义核心价值观传播活动的积极性。

结语　构建面向未来社会的传播机制

审视当今世界可以发现，我们正处于一个剧烈变革的时代。云计算、大数据、物联网、互联网、智能技术飞速发展，极大地便利了人们的生活，丰富了人们的交往活动，促进了人的发展。特别是随着人工智能技术的发展，人们开始深入地思考智能发展的界限何在、人与机器的本质差别是什么、智能对人类产生什么样的影响、人类应以何种价值观念面对智能技术的发展。归根结底，人们开始思考人之所以为人的本质是什么、智能时代人类的未来走向何方。因而，人工智能技术的发展已经把人类推到了反思自身、建构未来的时代。

智能技术与媒体广泛、深入的结合极大地促进了智媒体的产生和发展，推动社会进入智媒时代。智媒体给传播领域带来了颠覆性变革，变革着人类的生活方式和交往方式。置身这一全新的智媒时代，我们切身地感受到，智媒体传播的普遍化、个性化、自动化深度融入社会实践之中。智媒体能模仿人的思维方式和语言表达方式、识别人的情感和思维、读懂人的心思、理解所描述事物在物理世界的存在方式、具有超强的视频生成和剪辑能力，甚至比个体本人更了解其兴趣与爱好。越来越多的人认为，智媒体所传播的信息更具客观性，愈加相信智媒体所生产和传播的信息。事实上，智媒体传播的信息不一定是真实的，其甚至可以"凭空造假"，却可以做到让许多人深信不疑。

人们长期接触智媒体，其思维方式和认知方式深受智媒体传播方式和传播特点的影响。智媒体深度参与人们的观念世界和现实世界,变革着人与传播内容、人与人之间的传播关系,影响着人们的认知方式和思维方式。智媒体集内容生成、审核、反馈等环节于一体,使越来越多的用户成为传播内容的生产者、传播者、消费者。同时,智媒体变革了传统媒体内容生产制作、分发传播的方式,使得许多传统媒体开始采用智能写作、智能排版、智能播报、智能剪辑、场景生成等传播方式来开展传播活动。伴随着视频表达技术的日益便捷化,智媒体可以用视频代替文字和图片来表达相关场景,并基于不同的场景与需求来生成特定的视频,承载更丰富的信息,也更容易引发用户的情感共鸣,让人们沉浸其中。当越来越多的人长时间地沉浸在智媒体之中,特别是深陷碎片化的信息之中时,其深入思考的时间和能力就容易受到影响。即便是智媒体生产的内容出现空间细节混淆、因果关系不一致、违背现实生活的物理原理等问题,人们往往也难以察觉,并相信智媒体所传播的内容。

鉴于人类对智媒体的强烈依赖性,人们开始担心智媒体会控制人类的思维方式、认知方式、行为方式,而不是服务人类。在很大程度上,智媒体依赖强大的算法,拥有庞大的数据库和前所未有的信息处理能力。算法知道我们的个人信息、感兴趣的内容,并对我们的实时感觉了如指掌,甚至对许多我们自己不了解的事情也一清二楚,也更熟悉我们接收信息的途径和我们的思维习惯,更明白什么样的传播活动能影响我们的思维习惯和行为方式。智媒体日益成为人与人交往的中介,处理着海量信息。其处理能力远远超过我们人类大脑的处理能力,因此,处理信息的能力只能交给智媒体。但是,当智媒体具有越来越多人所不具有的能力时,是否会控制人类,甚至威胁人类、伤害人类,乃至消灭个体呢?人类一旦把传播活动交给智媒体,那么,我们人类的价值观便很有可能面临智媒体所"表达"的价值观的挑战。

在未来的发展中,我们应当如何规范智媒体的研发与应用,使之契合未来人类社会的发展目标?智媒时代正在形成一个万物皆媒、人机共

智媒时代社会主义核心价值观传播机制创新研究

生的新时代,也就是所有人、所有事物都具有媒体的属性。那么,智媒体与人在传播关系中应当如何界定彼此,实现人机共生呢?等到智媒体比我们更加了解自己的价值取向、价值评价与价值创造时,社会主义核心价值观传播机制将会发生什么样的深刻变化呢?是智媒体遵从人类的价值规范和价值追求,还是人类遵从智媒体的价值规范和价值追求呢?或者说,智媒体发展的价值规范与价值追求如何与人类的价值规范与价值追求相契合呢?

  社会主义核心价值观作为先进社会形态的核心价值观,承载着社会主义社会的价值规范与价值追求,应当与智媒时代发展的价值理想相契合。一方面,智媒体的研发者需要研究出新的程序来确保智媒体的信息传播机制与社会主义核心价值观的传播要求相契合。这是一项极具挑战性的任务。我们需要解决的问题是如何将价值观问题准确地翻译成智媒体可以识别的语言,并且能够通过编程使得智媒体在面临价值困境时可以作出契合社会主义核心价值观要求的决策。那么,智媒时代的传播机制就需要加入使社会主义核心价值观成为智媒体研发者"广泛接受的价值观"这一环节。但是,有些智媒体的研发者并不在国内,如何让国外智媒体的研发机构和研发者认知和认同社会主义价值,并能够意识到社会主义价值有助于每个人的全面发展就至关重要。目前,许多国外智媒体的研发机构与研发者属于资产阶级,而智媒体成为资产阶级变革社会关系来维护资产阶级利益的新手段,那么,揭穿资产阶级在智媒体研发和运用方面的虚伪性至关重要。马克思恩格斯在《共产党宣言》中指明:"资产阶级除非对生产工具,从而对生产关系,从而对全部社会关系不断地进行革命,否则就不能生存下去。"[①] 从本质上看,智媒体是资产阶级为了自我生存而变革社会关系的一种方式,将剥削的范围从物质领域扩展到精神领域,从生产领域扩展到生活领域,从工作时间扩展到休闲时间。但是,随着广大人民群众主动地参与到智媒时代价值观传播机制的

---

① 《马克思恩格斯文集》第 2 卷,人民出版社,2009,第 34 页。

构建之中，人民群众获得了传播自身价值观的机会，人们生产和传播自身价值观的内容也不断得以丰富，这必将打破资产阶级对智媒体的垄断而实现对智媒体的真正占有。

另一方面，智媒体的发展应成为构建社会主义核心价值观传播机制的强大助力，推动人类走向全面发展的共产主义社会。马克思曾说："个人的全面性不是想象的或设想的全面性，而是他的现实联系和观念联系的全面性。"[1] 智媒体的发展极大地拓宽了人类精神交往的广度与深度，丰富了人们接受社会主义核心价值观的途径和机会，并将世界与人紧密相连，加深了我们对人自身、人与人、人与机器之间的认知。亨利·詹金思（Henry Jenkins）认为："没有一个人能够做到无所不知，但是我们每个人都各有所知。如果我们把各自的资源汇集在一起，把各自的技能结合起来，那么，我们就能把碎片化的信息集中起来，更加全面地了解这个世界。"[2] 在智媒时代，个体在智媒时代的传播地位的上升，有助于拓展自身交往的范围和交往的深度。马克思恩格斯指出，"交往的任何扩大都会消灭地域性的共产主义"[3]，而"每一个单个人的解放的程度是与历史完全转变为世界历史的程度一致的"[4]。马克思恩格斯认为"自由人联合体"有利于实现人的自由全面发展，这既是智媒时代的价值追求，也是社会主义核心价值观传播的应然目标。恰如马克思恩格斯在《共产党宣言》中描述的共产主义的状况："在那里，每个人的自由发展是一切人的自由发展的条件。"[5] 在社会主义的前提之下，智媒体能够用来表达人的真正的价值观念，满足人的价值诉求，使人独立创造自己的精神生活。这不仅是人走向独立的一步，而且是人全面发展的必然条件。智媒

---

[1] 《马克思恩格斯文集》第 8 卷，人民出版社，2009，第 172 页。
[2] Henry Jenkins, *Convergence Culture: When Old and New Media Collide*, New York: New York University Press, 2006, p.4.
[3] 《马克思恩格斯文集》第 1 卷，人民出版社，2009，第 538 页。
[4] 《马克思恩格斯文集》第 1 卷，人民出版社，2009，第 541 页。
[5] 《马克思恩格斯文集》第 2 卷，人民出版社，2009，第 53 页。

时代的发展趋势是保障人们自由交往，推动人的全面发展。这与社会主义核心价值观传播机制的构建目标高度一致。因而，未来社会的传播机制将会更加重视个体发展的全面性，个人将在主流价值观传播机制中成为自己真正的主人。正如恩格斯所说的，"人终于成为自己的社会结合的主人，从而也就成为自然界的主人，成为自身的主人——自由的人。完成这一解放世界的事业，是现代无产阶级的历史使命"[1]。中国共产党作为无产阶级先锋队，必将承担起建构智媒时代社会主义核心价值观传播机制的历史使命，促进人的全面发展，推动人类进入共产主义社会。

---

[1] 《马克思恩格斯文集》第3卷，人民出版社，2009，第566页。

参考文献

一 著作

（一）经典文献

1. 《马克思恩格斯全集》第1卷，人民出版社，1995。
2. 《马克思恩格斯全集》第7卷，人民出版社，1959。
3. 《马克思恩格斯全集》第19卷，人民出版社，2006。
4. 《马克思恩格斯全集》第32卷，人民出版社，1998。
5. 《马克思恩格斯全集》第37卷，人民出版社，2019。
6. 《马克思恩格斯文集》第1~8卷，人民出版社，2009。
7. 《毛泽东选集》第1~4卷，人民出版社，1991。
8. 《邓小平文选》第1~2卷，人民出版社，1994。
9. 《邓小平文选》第3卷，人民出版社，1993。
10. 《习近平谈治国理政》第1卷，外文出版社，2018。
11. 《习近平谈治国理政》第2卷，外文出版社，2017。
12. 《习近平谈治国理政》第3卷，外文出版社，2020。
13. 《习近平谈治国理政》第4卷，外文出版社，2022。
14. 习近平：《论中国共产党历史》，中央文献出版社，2021。
15. 《习近平关于网络强国论述摘编》，中央文献出版社，2021。
16. 《习近平关于社会主义文化建设论述摘编》，中央文献出版社，2017。

17.《习近平著作选读》第1~2卷,人民出版社,2023。

18.《十九大以来重要文献选编》(上),中央文献出版社,2019。

19.《十九大以来重要文献选编》(中),中央文献出版社,2021。

20.《十九大以来重要文献选编》(下),中央文献出版社,2023。

(二)中文著作

1. 陈卫星:《传播的观念》,人民出版社,2004。

2. 戴木才:《中国特色核心价值观的传统、现实与前景》,广西人民出版社,2011。

3. 翟尤、郭晓静、曾宣玮:《AIGC未来已来:迈向通用人工智能时代》,人民邮电出版社,2023。

4. 洪浚浩主编《传播学新趋势》(上、下),清华大学出版社,2014。

5. 李卫东编著《智能新媒体:微课版》,人民邮电出版社,2021。

6. 李彦宏等:《智能革命——迎接人工智能时代的社会、经济与文化变革》,中信出版社,2017。

7. 林代昭、潘国华编《马克思主义在中国——从影响的传入到传播》(上册、下册),清华大学出版社,1983。

8. 刘海龙:《西方科技意识形态批判理论研究》,南京大学出版社,2018。

9. 刘志杰:《智媒时代的传媒经济学》,上海交通大学出版社,2021。

10. 南方都市报编《从纸媒到智媒:南方都市报融合转型战法》,南方日报出版社,2022。

11. 彭兰:《智能与涌现:智能传播时代的新媒介、新关系、新生存》,电子工业出版社,2023。

12. 石义彬:《批判视野下的西方传播思想》,商务印书馆,2014。

13. 宋惠昌主编《社会主义核心价值观专题解读》,中共中央党校出版社,2010。

14. 童兵:《科学发展观与媒介化社会构建——新闻传播学视角的研究》,复旦大学出版社,2010。

15. 吴军：《智能时代：大数据与智能革命重新定义未来》，中信出版社，2016。

16. 易鹏：《社会主义核心价值观网络传播研究》，中国社会科学出版社，2019。

17. 殷晓蓉：《网络传播文化：历史与未来》，清华大学出版社，2005。

18. 曾凡昌：《数智未来：从宇宙到元宇宙》，经济日报出版社，2023。

19. 曾国屏等：《赛博空间的哲学探索》，清华大学出版社，2002。

20. 《中国共产党宣传工作简史》（下卷），人民出版社，2022。

21. 中璋：《操纵：大数据时代的全球舆论战》，中信出版社，2021。

22. 〔法〕阿芒·马特拉：《世界传播与文化霸权：思想与战略的历史》，陈卫星译，中央编译出版社，2001。

23. 〔英〕安德鲁·查德威克：《互联网政治学：国家、公民与新传播技术》，任孟山译，华夏出版社，2010。

24. 〔美〕埃弗里特·E. 丹尼斯、梅尔文·L. 德弗勒：《数字时代的媒介：连接传播、社会和文化》，傅玉辉等译，中国人民大学出版社，2019。

25. 〔英〕巴雷特：《赛伯族状态——因特网的文化、政治和经济》，李新玲译，河北大学出版社，1998。

26. 〔加〕彼得·戴曼迪斯、史蒂芬·科特勒：《未来呼啸而来》，贾拥民译，北京联合出版公司，2021。

27. 〔比〕大卫·德克莱默：《算法同事：人工智能时代的领导学》，赵倩译，中国科学技术出版社，2021。

28. 〔美〕道格拉斯·凯尔纳：《媒体奇观——当代美国社会文化透视》，史安斌译，清华大学出版社，2003。

29. 〔美〕道格拉斯·凯尔纳：《媒体文化：介于现代与后现代之间的文化研究、认同性与政治》，丁宁译，商务印书馆，2013。

30. 〔加〕德里克·德克霍夫：《文化的肌肤：半个世纪的技术变革和文

化变迁》，何道宽译，中国大百科全书出版社，2020。

31. 〔比〕蒂埃里·格尔茨：《数字帝国：人工智能时代的九大未来图景》，叶龙译，文汇出版社，2020。

32. 〔德〕韩炳哲：《在群中：数字媒体时代的大众心理学》，程巍译，中信出版社，2019。

33. 〔美〕亨利·基辛格、埃里克·施密特、丹尼尔·胡滕洛赫尔：《人工智能时代与人类未来》，胡利平、风君译，中信出版社，2023。

34. 〔英〕凯伦·杨、马丁·洛奇编《驯服算法：数字歧视与算法规制》，林少伟、唐林垚译，上海人民出版社，2020。

35. 〔美〕凯斯·R. 桑斯坦：《信息乌托邦：众人如何生产知识》，毕竞悦译，法律出版社，2008。

36. 〔美〕凯文·鲁斯：《智能时代的九大生存法则》，桂曙光、任溶译，中信出版社，2023。

37. 〔丹麦〕克劳斯·布鲁恩·延森：《媒介融合：网络传播、大众传播和人际传播的三重维度》，刘君译，复旦大学出版社，2012。

38. 〔德〕克里斯多夫·库克里克：《微粒社会：数字化时代的社会模式》，黄昆、夏柯译，中信出版社，2018。

39. 〔美〕雷·库兹韦尔：《机器之心：当计算机超越人类，机器拥有了心灵》，胡晓姣、张温卓玛、吴纯洁译，中信出版社，2016。

40. 〔美〕雷·库兹韦尔：《灵魂机器的时代——当计算机超过人类智能时》，沈志彦、祁阿红、王晓冬译，上海译文出版社，2006。

41. 〔美〕雷·库兹韦尔：《奇点临近》，李庆诚、董振华、田源译，机械工业出版社，2011。

42. 〔法〕雷吉斯·德布雷：《媒介学引论》，刘文玲译，中国传媒大学出版社，2014。

43. 〔美〕理查德·扬克：《机器情人：当情感被算法操控》，布晚译，文汇出版社，2020。

44. 〔美〕刘易斯·芒福德:《机器神话（上卷）:技术发展与人文进化》,宋俊岭译,上海三联书店,2017。

45. 〔美〕刘易斯·芒福德:《机器神话（下卷）:权力五边形》,宋俊岭译,上海三联书店,2017。

46. 〔美〕罗伯特·W.麦克切斯尼:《富媒体 穷民主:不确定时代的传播政治》,谢岳译,新华出版社,2004。

47. 〔加〕罗伯特·洛根:《理解新媒介——延伸麦克卢汉》,何道宽译,复旦大学出版社,2012。

48. 〔英〕玛格丽特·博登编著《人工智能哲学》,刘西瑞、王汉琦译,上海译文出版社,2001。

49. 〔美〕马克·波斯特:《第二媒介时代》,范静哗译,南京大学出版社,2005。

50. 〔加〕马歇尔·麦克卢汉、〔美〕昆廷·菲奥里:《媒介与文明》,何道宽译,机械工业出版社,2016。

51. 〔加〕马歇尔·麦克卢汉:《理解媒介:论人的延伸》,何道宽译,商务印书馆,2000。

52. 〔美〕迈克尔·海姆:《从界面到网络空间——虚拟实在的形而上学》,金吾伦、刘钢译,上海科技教育出版社,2000。

53. 〔美〕迈克斯·泰格马克:《生命3.0:人工智能时代人类的进化与重生》,汪婕舒译,浙江教育出版社,2018。

54. 〔美〕曼纽尔·卡斯特:《网络社会的崛起》,夏铸九等译,社会科学文献出版社,2001。

55. 〔美〕曼纽尔·卡斯特主编《网络社会:跨文化的视角》,周凯译,社会科学文献出版社,2009。

56. 〔美〕纳达·桑德斯、约翰·伍德:《人机共融体:智能时代的人、机器与企业》,王柏村、易兵、杨赓译,电子工业出版社,2023。

57. 〔美〕尼尔斯·尼尔森:《理解信念:人工智能的科学理解》,王飞跃、赵学亮译，机械工业出版社，2017。

58. 〔美〕尼古拉·尼葛洛庞帝：《数字化生存》，胡泳、范海燕译，海南出版社，1997。

59. 〔英〕尼克·波斯特洛姆：《超级智能：路线图、危险性与应对策略》，张体伟、张玉青译，中信出版社，2015。

60. 〔美〕皮埃罗·斯加鲁菲：《人类2.0：在硅谷探索科技未来》，牛金霞、闫景立译，中信出版社，2017。

61. 〔英〕瑞恩·艾伯特：《理性机器人：人工智能未来法治图景》，张金平、周睿隽译，上海人民出版社，2021。

62. 〔美〕塞奇威克、韦恩：《算法》，谢路云译，人民邮电出版社，2012。

63. 〔法〕塞德里克·迪朗：《技术封建主义》，陈荣钢译，中国人民大学出版社，2024。

64. 〔澳〕托比·沃尔什：《人工智能会取代人类吗？》，闾佳译，北京联合出版公司，2018。

65. 〔美〕托马斯·达文波特、茱莉娅·柯尔比：《人机共生：智能时代人类胜出的5大策略》，李盼译，浙江人民出版社，2018。

66. 〔德〕托马斯·威施迈耶、蒂莫·拉德马赫编《人工智能与法律的对话2》，韩旭至等译，上海人民出版社，2020。

67. 〔美〕温德尔·瓦拉赫、科林·艾伦：《道德机器：如何让机器人明辨是非》，王小红主译，北京大学出版社，2017。

68. 〔加〕文森特·莫斯可：《数字化崇拜：迷思、权力与赛博空间》，黄典林译，北京大学出版社，2010。

69. 〔英〕亚当·乔伊森：《网络行为心理学：虚拟世界与真实生活》，任衍具、魏玲译，商务印书馆，2010。

70. 〔美〕伊莱·帕里泽：《过滤泡：互联网对我们的隐秘操纵》，方师师、杨媛译，中国人民大学出版社，2020。

71. 〔以色列〕尤瓦尔·赫拉利：《未来简史：从智人到神人》，林俊宏译，中信出版社，2017。

72. 〔以色列〕尤瓦尔·赫拉利:《今日简史:人类命运大议题》，林俊宏译，中信出版社，2018。

73. 〔美〕约翰·布罗克曼编著《AI 的 25 种可能》，王佳音译，浙江人民出版社，2019。

74. 〔美〕约翰·杜海姆·彼得斯:《奇云:媒介即存有》，邓建国译，复旦大学出版社，2020。

75. 〔美〕詹姆斯·巴拉特:《我们最后的发明:人工智能与人类时代的终结》，闾佳译，电子工业出版社，2016。

76. 〔英〕詹姆斯·卡伦、〔韩〕朴明珍编《去西方化媒介研究》，卢家银等译，清华大学出版社，2003。

（三）外文著作

1. Cass R. Sunstein, *Republic.com 2.0*, Princeton: Princeton University Press, 2007.

2. Clifford Stoll, *Silicon Snake Oil: Second Thoughts on the Information Highway*, New York: Doubleday, 1995.

3. Christian Fuchs, *Internet and Surveillance: The Challenges of Web 2.0 and Social Media*, London: Routledge, 2012.

4. David Harvey, *The Condition of Postmodernity: An Enquiry into the Origins of Cultural Change*, Oxford: Blackwell Publishers, 1990.

5. Eric Schmidt and Jared Cohen, *The New Digital Age: Reshaping The Future of People, Nations and Business*, London: John Murray Publishers, 2013.

6. Evgeny Morozov, *The Net Delusion: The Dark Side of Internet Freedom*, New York: Public Affairs, 2011.

7. Graham Meikle and Sherman Young, *Media Convergence: Networked Digital Media in Everyday Life*, Basingstoke: Palgrave Macmillan, 2012.

8. Henry Jenkins, *Convergence Culture: Where Old and New Media Collide*,

New York：New York University Press，2006.

9. Ihab Hassan，*The Postmodern Turn：Essays in Postmodern Theory and Culture*，Ohio：Ohio University Press，1987.

10. Jay David Bolter and Richard Grusin，*Remediation：Understanding New Media*，Cambridge：MIT Press，2000.

11. Jon L. Mills，*Privacy：The Lost Right*，Oxford：Oxford University Press，2008.

12. Karl Bruhn Jensen，*Media Convergence：The Three Degrees of Network，Mass，and Interpersonal Communication*，London：Routledge，2010.

13. Lawrence E. Harrison and Samuel P. Huntington，*Culture Matters：How Values Shape Human Progress*，New York：Basic Books，2000.

14. Marshall McLuhan，*Understanding Media：The Extensions of Man*，New York：McGraw-Hill，1964.

15. Mike Featherstone，*Global Culture：Nationalism，Globalization，and Modernity：a Theory，Culture &Society Special Issue*，London：Sage Publications，1990.

16. Nicholas Carr，*The Shallows：What the Internet is Doing to our Brains*，New York：W. W. Norton & Company，2010.

17. Raymond Henry Williams，*Television：Technology and Cultural Form*，London：Fontana，1974.

18. John B. Thompson，*The Media and Modernity: A Social Theory of the Media*，Cambridge：Polity Press，1995.

19. Yochai Benkler，*The Wealth of Networks：How Social Production Transforms Markets and Freedom*，New Haven：Yale University Press，2006.

二　期刊论文

1. 毕耕、阿克扎肯、刘瑞琪：《全媒体时代社会主义核心价值观在农村的传播机制研究》,《今传媒》2018年第7期。

2. 蔡惠福、刘大勇：《建设社会主义文化强国须搞好核心价值观的对外传播》,《红旗文稿》2012年第5期。

3. 程明、程阳：《论智能媒体的演进逻辑及未来发展——基于补偿性媒介理论视角》,《现代传播（中国传媒大学学报）》2020年第9期。

4. 程明、程阳：《5G时代智能媒体发展逻辑再思考：从技术融合到人媒合一》,《现代传播（中国传媒大学学报）》2021年第11期。

5. 程霞：《论社会主义核心价值观有效传播机制的构建》,《科学·经济·社会》2014年第1期。

6. 邓纯余：《论社会主义核心价值观传播的动力机制》,《社会主义核心价值观研究》2022年第1期。

7. 段鹏：《智能媒体语境下的未来影像发展初探》,《当代电视》2018年第9期。

8. 方兴东、钟祥铭：《智能媒体和智能传播概念辨析——路径依赖和技术迷思双重困境下的传播学范式转变》,《现代出版》2022年第3期。

9. 方兴东、钟祥铭、顾烨烨：《从TikTok到ChatGPT：智能传播的演进机理与变革路径》,《传媒观察》2023年第5期。

10. 方正、叶海涛：《智媒时代凝聚社会价值共识的三点思索》,《理论探索》2020年第2期。

11. 耿磊：《智媒体——媒体融合发展的下一个关键词》,《新闻战线》2018年第22期。

12. 公方彬、崔春来、张明仓：《关于构建社会主义核心价值观若干问题的思考》,《南京政治学院学报》2008年第5期。

13. 郭全中：《技术迭代与深度媒介化：数智媒体生态的演进、实践与未来》,《编辑之友》2024年第2期。

14. 郭媛媛：《新技术发展背景下的媒体与社会》,《新闻文化建设》2020年第2期。

15. 郝雨、路阳：《媒介权力运演及社会权力结构嬗变——新媒体发展对社会权力结构的冲击与重塑》，《新闻大学》2014年第5期。

16. 胡正荣：《媒体的未来发展方向：建构一个全媒体的生态系统》，《中国广播》2016年第11期。

17. 黄冬霞：《社会主义核心价值观的网络培育模式新探——基于网络实践活动进程视角》，《重庆邮电大学学报》（社会科学版）2015年第5期。

18. 黄升民、刘珊：《重新定义智能媒体》，《现代传播（中国传媒大学学报）》2022年第1期。

19. 姜红、鲁曼：《重塑"媒介"：行动者网络中的新闻"算法"》，《新闻记者》2017年第4期。

20. 姜明、王欢：《走好全媒体时代群众路线激活社会治理"智媒体"新动能——以四川日报全媒体为例》，《新闻界》2021年第12期。

21. 金泽军：《智媒体时代算法推送对公众媒介素养的新要求》，《新闻研究导刊》2018年第8期。

22. 李德顺：《关于价值与核心价值》，《学术研究》2007年第12期。

23. 李德毅：《AI——人类社会发展的加速器》，《智能系统学报》2017年第5期。

24. 李嘉莉：《社会主义核心价值观国际传播机制研究》，《社会主义核心价值观研究》2019年第6期。

25. 李鹏：《打造智媒体，实现媒体自我革命》，《传媒》2018年第21期。

26. 李鹏：《深融进化论：技术逻辑与智媒体未来》，《中国记者》2023年第8期。

27. 李越阳：《社会主义核心价值观传播的心理机制》，《吉林工程技术师范学院学报》2018年第7期。

28. 罗新宇：《智媒体传播中"算法推荐"伦理的冲突与规制》，《新闻爱好者》2020年第11期。

29. 罗自文等：《智媒时代传播技术的冲击与美国新闻教育的走向——专访美国加州大学伯克利分校新闻研究生院院长瓦瑟曼教授》，《新闻大学》2021年第3期。

30. 陆小华：《增强体系竞争力：媒体融合平台构建的核心目标——新华社全球视频智媒体平台的探索与思考》，《新闻记者》2019年第3期。

31. 廖祥忠：《何为新媒体？》，《现代传播（中国传媒大学学报）》2008年第5期。

32. 刘胜男：《算法时代"好内容"的定义》，《新闻与写作》2017年第6期。

33. 陆树程、杨倩：《论培育和践行社会主义核心价值观的内在机制》，《毛泽东邓小平理论研究》2014年第8期。

34. 吕尚彬、黄荣：《论智能媒体演进的复杂性维度》，《山东社会科学》2022年第2期。

35. 吕尚彬、李雅岚、侯佳：《智媒体建设的三重逻辑：数据驱动、平台打造与生态构建》，《新闻界》2022年第12期。

36. 吕尚彬、刘奕夫：《传媒智能化与智能传媒》，《当代传播》2016年第4期。

37. 梅琼林：《电子虚拟世界之传播本质》，《学术研究》2006年第6期。

38. 梅晓敏、吴晨倩：《"智媒"时代新闻业态的再造与重构》，《新闻战线》2018年第23期。

39. 彭兰：《智媒化：未来媒体浪潮——新媒体发展趋势报告（2016）》，《国际新闻界》2016年第11期。

40. 彭兰：《未来传媒生态：消失的边界与重构的版图》，《现代传播（中国传媒大学学报）》2017年第1期。

41. 彭兰：《"新媒体"概念界定的三条线索》，《新闻与传播研究》2016年第3期。

42. 彭兰：《新媒体传播：新图景与新机理》，《新闻与写作》2018年第7期。

43. 卿清：《智能媒体：一个媒介社会学的概念》，《青年记者》2021 年第 4 期。

44. 施惠玲：《社会主义核心价值观传播中的两种张力关系》，《中国特色社会主义研究》2012 年第 6 期。

45. 舒毅彪、公红艳：《论社会主义核心价值观传播机制的优化》，《淮北师范大学学报》（哲学社会科学版）2016 年第 6 期。

46. 孙其昂、侯勇：《论社会主义核心价值观建设的现代性境遇与超越》，《中国特色社会主义研究》2011 年第 2 期。

47. 孙伟平：《方兴未艾的智能文化：机遇与挑战》，《江汉论坛》2020 年第 2 期。

48. 孙伟平：《人类交往实践的革命性变迁——虚拟交往及其哲学批判》，《吉林大学社会科学学报》2012 年第 3 期。

49. 汪立夏、李曦：《当代大学生社会主义核心价值观内化机制的创新》，《思想教育研究》2012 年第 12 期。

50. 汪庆华：《高校构建培育和践行社会主义核心价值观协同机制探析》，《思想理论教育导刊》2015 年第 8 期。

51. 吴刚：《构建高校培育践行社会主义核心价值观的具象化机制》，《学习与实践》2016 年第 2 期。

52. 吴海光：《社会主义核心价值观网络传播的机制研究》，《新闻战线》2017 年第 12 期。

53. 熊澄宇：《整合传媒：新媒体进行时》，《国际新闻界》2006 年第 7 期。

54. 许加彪、付可欣：《智媒体时代网络内容生态治理——用户算法素养的视角》，《中国编辑》2022 年第 5 期。

55. 徐桢虎、张华、余欣：《智媒体时代的价值观构建——深入主流媒体算法的研究与实践》，《中国传媒科技》2020 年第 12 期。

56. 许志强：《智能媒体创新发展模式研究》，《中国出版》2016 年第 12 期。

57. 严华勇、吴新颖：《论社会主义核心价值观情感认同的行为引导机制》，《贵州师范大学学报》（社会科学版）2021年第6期。

58. 晏辉：《论核心价值观的原始发生：合法性与合理性》，《湖北大学学报》（哲学社会科学版）2013年第4期。

59. 杨保军、杜辉：《智能新闻：伦理风险·伦理主体·伦理原则》，《西北师大学报》（社会科学版）2019年第1期。

60. 杨欣雨：《智媒体时代重大新闻报道的实践创新与未来进路》，《东南传播》2023年第5期。

61. 叶战备：《适应分众化、差异化传播趋势加快构建舆论引导新格局——网络传播的视角》，《江苏社会科学》2016年第3期。

62. 喻国明：《技术革命主导下新闻学与传播学的学科重构与未来方向》，《新闻与写作》2020年第7期。

63. 喻国明、兰美娜、李玮：《智能化：未来传播模式创新的核心逻辑——兼论"人工智能+媒体"的基本运作范式》，《新闻与写作》2017年第3期。

64. 喻国明、苏健威：《生成式人工智能浪潮下的传播革命与媒介生态——从ChatGPT到全面智能化时代的未来》，《新疆师范大学学报》（哲学社会科学版）2023年第5期。

65. 喻国明、杨名宜：《平台型智能媒介的机制构建与评估方法——以智能音箱为例》，《新疆师范大学学报》（哲学社会科学版）2019年第2期。

66. 张文明：《社会主义核心价值观的新媒体圈群互动传播机制探究》，《西部广播电视》2016年第10期。

67. 张文明：《新媒体传播社会主义核心价值观的个体引入机制探析》，《西部广播电视》2017年第1期。

68. 张耀灿：《榜样文化：社会主义核心价值观培育机制的构建》，《学校党建与思想教育》2014年第13期。

69. 张宗峰、焦娅敏：《社会主义核心价值观培育的文化认同机制探究》，《思想理论教育》2017 年第 1 期。

70. 郑玄：《智媒体时代的算法逻辑与价值反思》，《青年记者》2020 年第 9 期。

71. 周宏菊、何振：《新媒体时代社会主义核心价值观传播机制创新》，《社科纵横》2017 年第 8 期。

72. 朱莉涛、陈延斌：《社会主义核心价值观传播体制机制论略》，《马克思主义理论学科研究》2019 年第 1 期。

后　记

这本书是在国家社科基金项目"新媒体时代社会主义核心价值观的传播机制创新研究"（项目编号：17CKS044）最终成果的基础上修改而成的。自2013年7月获得哲学博士学位以来，我一直学习与研究社会主义核心价值观相关理论与实践。2013年12月，中共中央办公厅印发了《关于培育和践行社会主义核心价值观的意见》（以下简称《意见》）。《意见》印发之后，社会主义核心价值观成为我国理论界研究的热点问题。我从中国梦、全面深化改革、新发展理念等视角开展了社会主义核心价值观的研究工作。在全国哲学社会科学工作办公室发布的"国家社科基金项目2017年度课题指南"中，我深深地被"新媒体时代社会主义核心价值观的传播机制创新研究"这一选题所吸引，并幸运地获得这一课题的立项。历经五年的研究，这一课题于2022年顺利结项。与此同时，ChatGPT、Sora等智媒技术的产生和广泛运用促进了媒体的飞速发展，推动社会进入智媒时代。因此，从智媒时代这个角度来开展社会主义核心价值观传播机制的创新研究就非常必要，且具有重要的时代意义与现实意义。

面对智媒时代给社会主义核心价值观传播机制带来的新机遇与新挑战，我把书名改为《智媒时代社会主义核心价值观的传播机制创新研究》，并开展相关研究。目前，关于社会主义核心价值观传播的图书与文章较多，然而，从智媒时代的视角来研究社会主义核心价值观传播机制的成果则相对较少。当前，我国的社会主义核心价值观传播机制主要是立足中国共产党的宣传系统，在"中央—地方—基层"党委的领导之下开展传播活动。但是，智媒体的发展正在形成"万物皆媒、人人皆媒、人机共生"的全新局面，社会主义核心价值观的传播不再是某一具体部门、某一特定机构的事情，而是需要每一个部门和机构就社会相关问题达成价值共识，引导每一个中国人自觉践行社会主义核心价值观。社会主义核心价值观的传播机制既需要依靠既定的流程来开展传播工作，也需要高效地应对突发状况，有效地治理社会上违背社会主义核心价值观的言行。同时，智媒体的发展本身就充满着风险性。部分学者主张智媒体将具有自我意识，能够取代人类自主地进行价值观的传播活动。因此，如何准确把握智媒体的传播规律与传播趋势本身就极具挑战。而这些挑战对社会主义核心价值观传播机制又将会产生何种影响、以何种方式表现和发挥作用，也充满着不确定性。这些问题是本书重点研究的问题。

值此著作出版之际，非常感谢我的导师王伟光老师。我不仅有幸成为王老师的学生，而且很荣幸地参与到王老师主持的诸多重大课题之中。这使得我对马克思主义理论有了更深入的理解和把握，也对王老师严谨的治学态度有了切身体会。王老师具有深厚的马克思主义理论功底，始终要求我们多读原著，强调运用马克思主义立场、观点和方法来把握时代问题，无数次地纠正我对当前理论热点问题的认知偏差。本书在选题立意、谋篇布局、标题完善等方面得到王老师的悉心指导。由于自身水平有限，著作远未达到老师要求的目标。每念及此，深感愧疚。

衷心感谢北京社科院领导和同事们的热情帮助，对书稿的修改提供了很多真知灼见，提升了著作的质量。在北京社科院的支持之下，我才成功地申请到国家社科基金项目，并顺利地完成相关结项工作。感谢全国社科规划办评审专家们的肯定和建议，这些建议成为本书修改的重要参考。感谢老友宋会存、师姐李霞、师弟曾祥富等的热情帮助，他们就书稿的文字表述、内容观点等提出了良好的修改意见。感谢社会科学文

后　记

献出版社王小艳、赵一琳等编辑在出版过程中的认真审校，帮助我减少了许多错误。

最后，我要特别感谢家人的理解与支持。学术研究的工作减少了我陪伴家人的时间。孩子年幼，老人帮我承担着照顾孩子的工作，让我得以有时间、有精力开展学术研究。爱人经常鼓励我深化学术研究，推进书稿的写作进度。孩子是我生活中最大的收获，给我带来无穷的乐趣。

在深入研究本课题的过程之中，我加深了对社会主义核心价值观传播机制的系统理解，强化了从历史唯物主义出发来深入地把握智媒时代与社会主义社会形态关系的想法。热情地期待感兴趣的读者朋友们就此论题进一步作研讨沟通。同时，敬请各位专家学者、各界朋友对本书进行批评指正！

陈界亭

2024 年 9 月 30 日于北四环中路 33 号

图书在版编目(CIP)数据

智媒时代社会主义核心价值观传播机制创新研究／
陈界亭著．--北京：社会科学文献出版社，2025.5.
ISBN 978-7-5228-5072-6

Ⅰ.D616；G206.2

中国国家版本馆 CIP 数据核字第 2025RG9919 号

智媒时代社会主义核心价值观传播机制创新研究

著　　者／陈界亭

出 版 人／冀祥德
责任编辑／王小艳
文稿编辑／赵一琳
责任印制／岳　阳

出　　版／社会科学文献出版社·马克思主义分社（010）59367126
　　　　　地址：北京市北三环中路甲29号院华龙大厦　邮编：100029
　　　　　网址：www.ssap.com.cn
发　　行／社会科学文献出版社（010）59367028
印　　装／三河市尚艺印装有限公司

规　　格／开本：787mm×1092mm　1/16
　　　　　印张：17　字数：240千字
版　　次／2025年5月第1版　2025年5月第1次印刷
书　　号／ISBN 978-7-5228-5072-6
定　　价／98.00元

读者服务电话：4008918866

版权所有 翻印必究